高等职业教育土木建筑类专业新形态教材

铁路工程量清单计价

主　编　赵淑敏

副主编　薛晓辉　叶

参　编　林　伟　付卫朋

　　　　蒋桂梅　张春光

主　审　曹树强

北京理工大学出版社

BEIJING INSTITUTE OF TECHNOLOGY PRESS

内容提要

本书依据新基建背景下大商务工程造价人才培养要求，引入工程造价的新规范、新标准进行编写。本书共分为4个项目，主要包括铁路工程概预算相关费用的计算、路基工程量清单计价文件的编制、桥涵工程量清单计价文件的编制、轨道工程量清单计价文件的编制等内容。全书以能力为导向，确定学习目标；以工作过程为导向，确定学习内容；以学生为主体，以行动为导向，开展教学：旨在通过学生参与投标报价过程，系统地学习综合单价计算原理及投标报价的方法、技巧。

本书可作为高等职业院校工程造价、工程管理、高速铁路工程技术、铁道工程技术等专业的教材，也可供各类从事铁路工程概预算编制和铁路工程投标报价工作的人员参考使用。

图书在版编目（CIP）数据

铁路工程量清单计价 / 赵淑敏主编. -- 北京：北京理工大学出版社，2024.1（2024.2重印）

ISBN 978-7-5763-3567-5

Ⅰ.①铁… Ⅱ.①赵… Ⅲ.①铁路工程－工程造价－高等学校－教材 Ⅳ.①U215.1

中国国家版本馆CIP数据核字（2024）第039317号

责任编辑：江　立　　文案编辑：江　立

责任校对：周瑞红　　责任印制：王美丽

出版发行 / 北京理工大学出版社有限责任公司

社　　址 / 北京市丰台区四合庄路 6 号

邮　　编 / 100070

电　　话 / （010）68914026（教材售后服务热线）

（010）68944437（课件资源服务热线）

网　　址 / http：//www.bitpress.com.cn

版 印 次 / 2024 年 2 月第 1 版第 2 次印刷

印　　刷 / 河北鑫彩博图印刷有限公司

开　　本 / 787 mm × 1092 mm　1/16

印　　张 / 18.5

字　　数 / 470 千字

定　　价 / 58.00 元（含配套图纸）

FOREWORD

前言

铁路作为国民经济大动脉、国家重要基础设施和大众化交通工具，在我国经济社会发展中的地位和作用至关重要。为提振经济和扩大内需，铁路投资规模逐年增加，为更好地控制投资，对工程造价岗位的专业程度要求越来越高，也对高等职业院校造价人才的培养提出了更高的挑战。在此背景下，为适应铁路工程大商务工程造价人才培养以及高校课程思政融入课堂需求，进行了“铁路工程量清单计价”课程配套思政化和数字化教材建设。

本书依据《铁路工程工程量清单规范》（TZJ 2006—2020）（国铁科法〔2020〕8号）、《铁路工程设计概（预）算编制办法》（国铁科法〔2017〕30号）、《铁路工程设计概预算费用定额》（国铁科法〔2017〕31号）、2017年《铁路工程预算定额》第一册 路基工程、2017年《铁路工程预算定额》第二册 桥涵工程、2017年《铁路工程预算定额》第四册 轨道工程、2017年《铁路工程预算定额》铁路工程基本定额、《铁路工程造价继续教育培训教材》，以及最新铁路工程造价相关文件进行编制。

本书编写具有以下特点：

1. 思政化

按照中高职思政课一体化建设的要求，本书将社会主义核心价值观、爱国主义情怀等思政元素融入教材中，拓展课堂教学内容。

2. 实用性

以真实的工程图纸为载体，将企业工作任务转换为学习任务引导学生完成工程量清单计价文件的编制，将每个工作过程融于教学中，培养学生的方法能力；将创新思维融于学习过程中，培养学生的创新能力；以成果为导向，培养学生的实操能力。

3.数字化

“互联网+教育”新生态下，本书内容融合了传统纸质教材与数字化教学资源。数字化教学资源包括视频、课件、课后题及答案、过程性考核资料等。

本书由陕西铁路工程职业技术学院赵淑敏担任主编，由陕西铁路工程职业技术学院薛晓辉、叶超担任副主编，陕西铁路工程职业技术学院林伟、中铁二十五局集团二公司付卫朋、陕西铁路工程职业技术学院蒋桂梅、中铁一局集团公司张春光参与了本书的编写工作。具体编写分工为：赵淑敏负责编写项目1；赵淑敏、林伟负责编写项目2；薛晓辉、付卫朋负责编写项目3；蒋桂梅、张春光负责编写项目4。全书由中铁十九局集团广州工程有限公司曹树强主审。

本书在编写过程中参阅了大量国内外有关的著作和文献资料，在此一并表示深深的感谢。

由于编者水平有限，书中不妥之处在所难免，恳请广大读者批评指正。

编 者

CONTENTS 目录

CONTENTS

CONTENTS

项目 1　铁路工程概预算相关费用的计算

项目描述

本项目介绍人工费用、材料费、施工机具使用费、运杂费、措施费、间接费等各项费用内容、计算方法及相关费率的确定。

拟实现的教学目标

1. 思政目标

(1)工程造价人员具备爱岗敬业的职业素养；

(2)树立遵守规则、按章办事工作态度；

(3)争做遵纪守法好公民。

2. 专业目标

(1)了解铁路工程概预算的组成；

(2)掌握各种费用的内容组成；

(3)掌握各种费用的计算方法。

视频：课程介绍

任务 1.1　铁路概预算费用的组成

1.1.1　铁路工程预算定额体系的组成

《铁路工程预算定额》按一定的顺序，分章、节、项汇编成册，共 13 个专业分册，各分册内容为

第一册　路基工程

第二册　桥涵工程

第三册　隧道工程

第四册　轨道工程

第五册　通信工程

第六册　信号工程

第七册　信息工程

第八册　电力工程

第九册　电力牵引供电工程

第十册　房屋工程

第十一册　给水排水工程

第十二册　机务车辆机械工程

第十三册　站场工程

1.1.2　铁路工程概预算组成

(1)静态投资费用。静态投资费用主要是在设计阶段按概算编制期价格水平计算完成全部建筑安装工程、设备购置、与工程建设相连带的其他费用及基本预备费用。按投资构成划分，静态投资费用包括下列五种费用：

1)建筑工程费(费用代号：Ⅰ)。建筑工程费是指路基、桥涵、隧道及明洞、轨道、通信、信号、信息、灾害监测、电力、电力牵引供电、房屋、给水排水、机务、车辆、动车、站场、工务、其他建筑工程等和属于建筑工程范围内的管线敷设、设备基础、工作台等，以及迁改工程、大型临时设施和过渡工程中应属于建筑工程费用内容的费用。

2)安装工程费(费用代号：Ⅱ)。安装工程费是指各种需要安装的机电设备的装配、装置工程，与设备相连的工作台、梯子等的装设工程，附属于被安装设备的管线敷设，以及被安装设备的绝缘、刷油、保温和调试等所需的费用。

3)设备购置费(费用代号：Ⅲ)。设备购置费是指一切需要安装与不需要安装的生产、动力、弱电、起重、运输等设备(包括备品备件)的购置费，以及构成固定资产的工器具(包括备品备件)、专用工具(包括备品备件)等购置。

4)其他费(费用代号：Ⅳ)。其他费是指土地征(租)用及拆迁补偿费、项目建设管理费、建设单位印花税及其他税费、建设项目前期费、施工监理费、勘察设计费、设计文件审查费、其他咨询服务费、营业线施工配合费、安全生产费、研究试验费、联调联试等有关费用、利用外资有关费用、生产准备费、其他等。

5)基本预备费。基本预备费是指为建设阶段各种不可预见因素的发生而预留的可能增加的费用。

(2)动态投资费用。动态投资费用特指概预算编制期至竣工期间，由于价格因素的正常变动，预计需增加的工程投资。动态投资由建设期投资贷款利息和价差预备费两部分组成。

(3)机车车辆购置费和铺底流动资金。机车车辆购置费和铺底流动资金是反映在竣工验收后投产运营所需的与基础设施投资相关的必要配套投资。

铁路工程概预算费用组成示意如图1-1-1所示。

素养课堂

通过总费用由各项目费用汇总而成的学习，从而培养学生从小事做起，明白“不积跬步无以至千里，不积小流无以成江海”的道理。

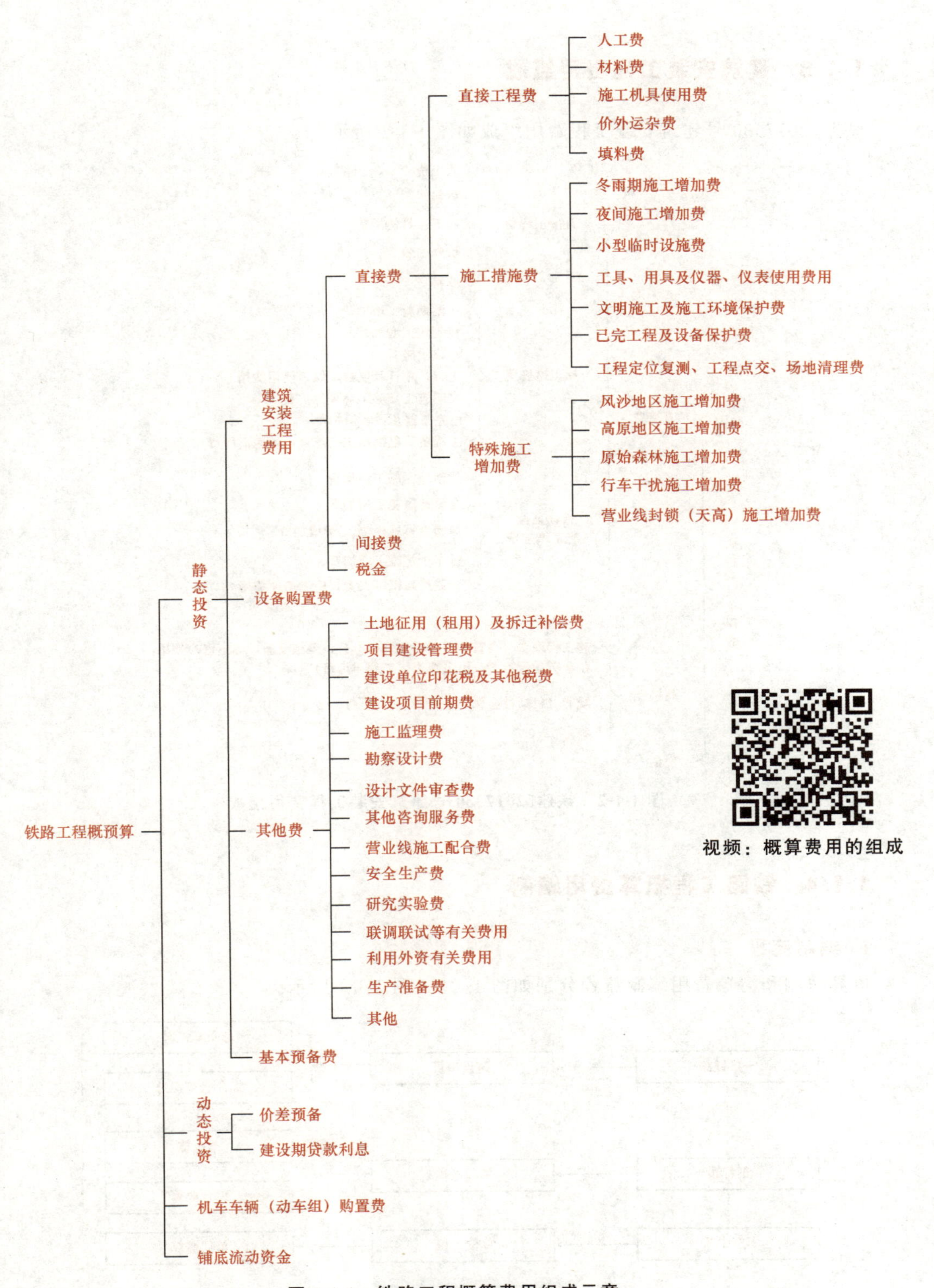

图 1-1-1　铁路工程概算费用组成示意

1.1.3 建筑安装工程费用组成

铁路〔2017〕30 号建筑安装工程费用组成如图 1-1-2 所示。

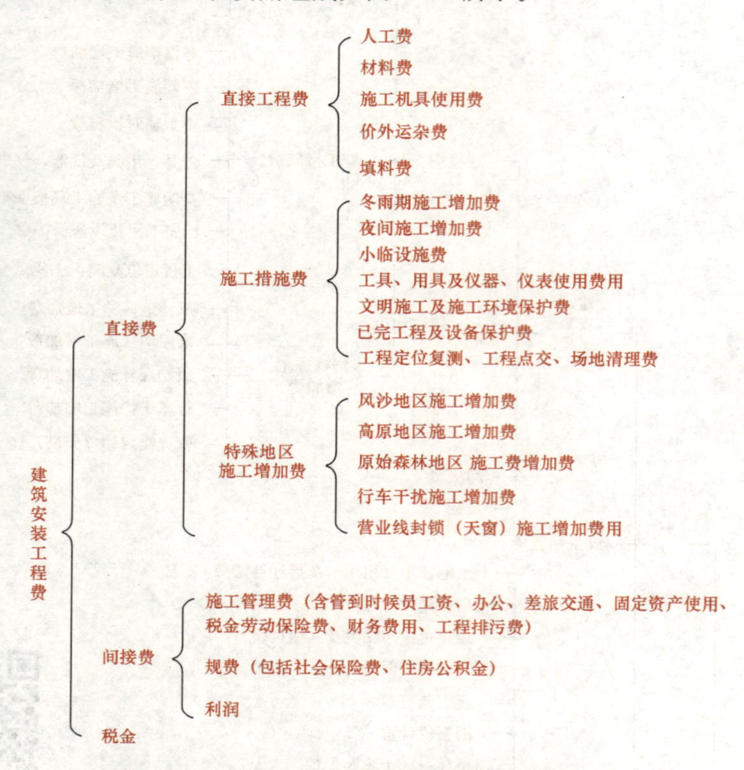

图 1-1-2 铁建〔2017〕30 号建筑安装工程费用组成

1.1.4 铁路工程概算费用编制

1. 编制流程

概算费用和清单费用编制流程分别如图 1-1-3、图 1-1-4 所示。

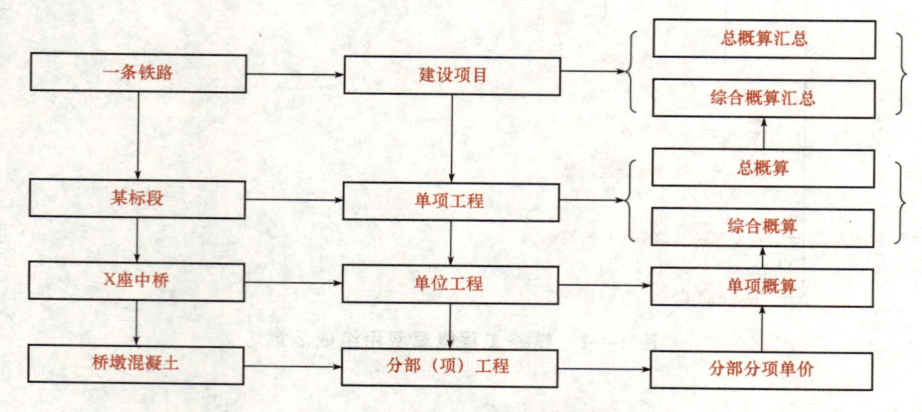

图 1-1-3 概算费用编制流程

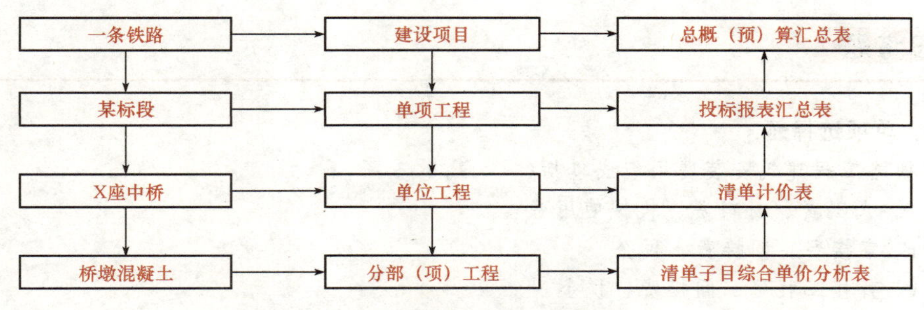

图 1-1-4　清单费用编制流程(投标)

2. 编制程序及各项费用的计算

各项费用计算见表 1-1-1。

表 1-1-1　各项费用计算

<table>
<tr><th>序号</th><th colspan="2">费用名称</th><th>计算式</th></tr>
<tr><td>(1)</td><td colspan="2">基期人工费</td><td rowspan="3">按设计工程量和基期价格水平计列</td></tr>
<tr><td>(2)</td><td colspan="2">基期材料费</td></tr>
<tr><td>(3)</td><td colspan="2">基期施工机具使用费</td></tr>
<tr><td>(4)</td><td colspan="2">定额直接工程费</td><td>(1) + (2) + (3)</td></tr>
<tr><td>(5)</td><td colspan="2">价外运杂费</td><td>指需要单独计列的运杂费，按施工组织设计的材料供应方案及本办法的有关规定计算</td></tr>
<tr><td>(6)</td><td rowspan="4">价差</td><td>人工费价差</td><td rowspan="3">基期至编制期价差按有关规定计算</td></tr>
<tr><td>(7)</td><td>材料费价差</td></tr>
<tr><td>(8)</td><td>施工机械使用费价差</td></tr>
<tr><td>(9)</td><td>价差合计</td><td>(6) + (7) + (8)</td></tr>
<tr><td>(10)</td><td colspan="2">填料费</td><td>按设计数量和购买价计算</td></tr>
<tr><td>(11)</td><td>直接工程费</td><td>直接工程费</td><td>(4) + (5) + (9) + (10)</td></tr>
<tr><td>(12)</td><td>施工措施费</td><td>施工措施费</td><td>[(1)+(3)]×费率</td></tr>
<tr><td>(13)</td><td>特殊地区施工增加费</td><td>特殊地区施工增加费</td><td>编制期人工费、编制期施工机具使用费为计算基数</td></tr>
<tr><td>(14)</td><td>直接费</td><td>直接费</td><td>(11) + (12) + (13)</td></tr>
<tr><td>(15)</td><td>间接费</td><td>间接费</td><td>[(1)+(3)]×费率</td></tr>
<tr><td>(16)</td><td>税金</td><td>税金</td><td>[(14)+(15)]×费率</td></tr>
<tr><td>(17)</td><td>单项概算价值</td><td>单项概算价值</td><td>(14) + (15) + (16)</td></tr>
</table>

复习思考题

一、单项选择题

1. 铁路工程建筑安装费用组成包括(　　)。

A. 人工费、材料费、机械使用费

B. 直接费、间接费、税金

C. 直接工程费、间接费、税金

D. 静态投资、动态投资、铺底流动资金、机车车辆购置费

2. 铁路工程概预算费用组成包括(　　)。

A. 人工费、材料费、机械使用费

B. 直接费、间接费、税金

C. 直接工程费、间接费、税金

D. 静态投资、动态投资、铺底流动资金、机车车辆购置费

二、多项选择题

1. 定额直接工程费用由(　　)组成。

A. 基期人工费用　　B. 基期材料费用

C. 价差　　D. 基期机具使用费

E. 运杂费用

2. 直接工程费用由(　　)项目组成。

A. 直接费用　　B. 定额直接费用

C. 运杂费用　　D. 价差

E. 材料费用

任务 1.2　人工费及人工价差的计算

1.2.1　人工费的概念及组成

1. 概念

人工费是指直接从事建筑安装工程施工的生产工人开支的各项费用。

视频：人工费用

2. 组成

(1)基本工资；

(2)津贴和补贴；

(3)生产工人辅助工资；

(4)职工福利费；

(5)生产工人劳动保护费。

注意：人工费不包括以下费用：
(1)材料采购及保管人员的工资；
(2)材料到达工地以前的搬运、装卸等人员的工资；
(3)驾驶施工机械、运输工具的工人工资；
(4)管理费支出的人员工资。

1.2.2 综合工费标准

综合工费标准见表 1-2-1。

表 1-2-1 综合工费用标准

综合工费类别	工程类别	综合工费标准/(元·工日$^{-1}$)
Ⅰ类工	路基(不含路基基床表层及过渡段的级配碎石、砂砾石)、涵洞、一般生产房屋和附属、给水排水、站场(不含旅客地道、天桥、雨棚)等的建筑工程，取弃土(石)场处理，大型临时设施工程	66
Ⅱ类工	路基基床表层及过渡段的级配碎石、砂砾石	68
Ⅲ类工	桥梁(不含箱梁的预制、运输、架设、现浇、桥面系)，通信、信号、信息、灾害监测、电力、电力牵引供电、机务、车辆、动车、工务、其他建筑及设备等建筑工程	70
Ⅳ类工	设备安装工程(不含通信、信号、信息、灾害监测、电力、电力牵引供电的设备安装工程)	71
Ⅴ类工	箱梁(预制、运输、架设、现浇)钢梁、钢管拱架设、桥面系、粒料道床，站房(含站房综合楼)，旅客地道、天桥、雨棚	73
Ⅵ类工	轨道(不含粒料道床)，通信、信号、信息、灾害监测、电力、电力牵引供电的设备安装工程	77
Ⅶ类工	隧道	82

注：1. 表中的基期综合工费单价，不含特殊地区津贴、补贴；
2. 特殊地区津贴、补贴按国家有关部门和省(自治区、直辖市)的规定计算，按人工费价差计列；
3. 海拔 3 000 m 及以上高原地区工资补贴以基本工资为计算基数，按表 1-2-2 列出的补贴比例计算；
4. 基本工资按综合工费用单价的 40%计算；
5. 计列高原地区工资补贴后，不再计列该地区生活费用补贴和艰苦边远地区津贴；
6. 掘进机、盾构机施工的隧道综合工费单价结合其实际情况另行分析确定；
7. 过渡工程执行同类正式工程综合工费单价；
8. 本表工程类别外的其他工程，执行Ⅰ类工单价

表 1-2-2 高原地区工资补贴

海拔高度/m	工资补贴比例/%
3 000(含)～3 500(含)	70
3 500(不含)～4 000(含)	100
4 000(不含)～4 500(含)	140
4 500 以上	165

【例 1-2-1】 在海拔 3 400 m 高原上进行路基土方施工，其高原地区工资补贴是多少？

【解】 第一步确定工资补贴比例是 70%；

第二步确定路基土方施工综合工费标准为 66 元/工日；

第三步根据综合工费标准确定高原施工基本工资为 66×40%＝26.4(元)；

第四步确定高原地区补贴为 26.4×70%＝18.48(元)。

【练 1-2-1】 在海拔 4 200 m 高原上进行桥梁钻孔桩施工，其高原地区工资补贴是多少？

1.2.3 人工费用的计算

素养课堂

牵记规则，按章办事。

人工费用＝Σ人工消耗量×综合工费标准

人工消耗量＝工程量/定额单位×定额人工消耗工日数

基期人工费用＝工程量/定额单位×Σ定额人工费

【例 1-2-2】 海南省某新建铁路，路基土方(普通土)的工程数量为 10 000 m^3，采用≤1.0 m^3 挖掘机挖、8 t 自卸汽车运，运距为 900 m，试计算该项工程在基期的人工费(查表 1-2-3 定额 LY-10 挖土方需要的工日为 0.426 工日/100 m^3)。

表 1-2-3 定额费用

电算代号	定额编号			LY-9	LY-10	LY-11
	项目		单位	≤1.0 m^3 挖掘机		
				松土	普通土	硬土
单位				100 m^3		
基价			元	158.12	181.08	207.43
其中	人工费			24.55	28.12	32.21
	材料费			—	—	—
	机具使用费			133.57	152.96	175.22
质量			t	—	—	—
1	人工		工具	0.372	0.426	0.488
9100003	履带式液压单斗挖掘机≤1.0 m^3		台班	0.186	0.213	0.244

【解】 方法一：

(1)查“综合工费标准表”，由已知该工程类别为路基工程，属Ⅰ类工，工费标准为66元/工日。

(2)定额人工消耗量：查《铁路工程预算定额》编号为LY-10得所需定额工日为0.426工日/100。

人工费=(10 000/100)×0.426×66=2 812(元)

方法二：

(1)查定额LY-10，得定额人工费为28.12元。

(2)根据“基期人工费用=工程量/定额单位×∑定额人工费”可得

基期人工费用=(10 000/100)×28.12=2 812(元)

【练1-2-2】 某大桥工程承台混凝土300 m^3，计算基期人工费用[查定额QY-329得所需定额工日为3.29工日/10(m^3)]。

1.2.4 人工费价差的计算

人工费价差=工程数量/定额单位×定额消耗工日数×(编制期人工综合单价－基期人工综合单价)

【例1-2-3】 海南省某新建铁路，路基土方(普通土)的工程数量为10 000 m^3，采用≤1.0 m^3挖掘机进行挖掘、8 t自卸汽车运输，运距为900 m，若编制期人工单价为82元/工日，试计算该项工程的人工费价差[查定额LY-10挖土方需要的工日为0.426工日/100(m^3)]。

【解】 人工费价差=10 000/100×0.426×(82－66)=681.6(元)

【练1-2-3】 某大桥工程承台混凝土300 m^3，若编制期人工单价为82元/工日，试计算该项工程的人工费价差[查定额QY-329得所需定额工日为3.29工日/10(m^3)]。

任务1.3 材料费及材料价差的计算

1.3.1 材料费的概念

材料费是指施工过程中耗用的构成工程实体的原材料、辅助材料、构配件、零件、半成品、成品的费用，以及不构成工程实体的一次性材料消耗费用和周转材料摊销费用等。

视频：材料费

1.3.2 材料分类

1. 按材料列算范围分类

(1)工程本身材料：直接用于工程且构成工程实体所需的材料，可按定额计算其用量；

(2)辅助材料：施工中必需但不构成结构本体的材料，可按定额计算其用量；

(3)周转性材料：为完成工程实体而周转使用的材料但不构成结构本体，按倒运次数摊入定额计算；

(4)零星材料：定额中未列出其用量，综合为其他材料费，以"元"表示。

2. 按材料供应渠道分类

(1)外来供应材料：指由材料供应部门供应的材料。

(2)当地自备料：指由施工单位自行组织采购、开采或制作的材料、构配件等。

1.3.3 材料预算价格组成

材料预算价格由材料原价、价内运杂费、采购及保管费组成。

材料预算价格＝(材料原价＋价内运杂费)×(1＋采购及保管费费率)

(1)材料原价，指材料的出厂价或指定交货地点价格。

(2)价内运杂费，指材料自来源地(生产厂或指定交货地点)运至工地所发生的计入材料费的有关费用，包括运输费、装卸费及其他有关运输费用。

(3)采购及保管费，指材料在采购、供应和保管过程中所发生的各项费用，包括采购费、仓储、工地保管费、运输损耗费、仓储损耗费，以及办理托运所发生的费用(如由托运单位负担的包装、捆扎、支垫等的料具耗损费，从钢厂到焊轨基地的钢轨座架使用费，转向架租用费和托运签条)等。采购及保管费费率见表 1-3-1。

表 1-3-1　材料采购及保管费费率

序号	材料名称	费率/%
1	水泥	3.78
2	碎石(包括道碴及中、小卵石)	3.45
3	砂	4.47
4	砖、瓦、石灰	4.98
5	钢轨、道岔、轨枕、钢梁、钢管拱、斜拉索、钢筋混凝土梁、铁路桥梁支座、电杆、铁塔、钢筋混凝土预制桩、接触网支柱及硬横梁、机柱	1.1
6	其他材料	2.65

1.3.4 材料预算价格的确定

(1)水泥、木材、钢材、砖、瓦、砂、石、石灰、粉煤灰、风沙路基防护用稻草(芦苇)、黏土、花草苗木、土工材料、钢轨、道岔、轨枕、钢轨扣件(混凝土枕用)、钢梁、钢管拱、斜拉索、桥梁高强度螺栓、钢筋混凝土梁、铁路桥梁支座、桥梁防水卷材、防水涂料、钢筋混凝土预制桩、隧道防水板、火工品、电杆、铁塔、机柱、接触网支柱、接触网及电力线材、光电缆线、给水排水管材、钢制防护栅栏网片等主要材料(表 1-3-2)的基期价格按《铁路工程材料基期价格》执行，编制期价格采用不含可抵扣进项税额的价格由设计单位调查分析确定。若调查价格中未含采购及保管费，要计算其按不含可抵扣进项税额的调查价格计取的采购及保管费；若调查价格为指定交货地点(非工地)的价格，还需在单项概(预)算中单独计算由指定交货地点运至工地所发生的价外运杂费。

(2)设计单位自行补充材料的预算价格比照主要材料预算价格的确定方法确定。

(3)施工机械用油燃料的预算价格为包含该材料全部运杂费和采购及保管费的价格。基期价格按《铁路工程材料基期价格》执行，编制期价格采用不含可抵扣进项税额的价格，由设计单位调查分析确定。编制期价格与基期价格的差额按价差计列，计入施工机具使用费价差。

(4)除上述材料外的其他材料(辅助材料)的预算价格为包含该材料全部运杂费和采购及保管费的价格。基期价格按《铁路工程材料基期价格》执行，其编制期与基期的价差按有关部门颁布的辅助材料价差系数计算。

表 1-3-2 采用调查价格材料品类及电算代号

序号	材料名称	电算代号
1	水泥	1010002～1010015
2	木材	1110001～1110018
3	钢材	1900014～1910109，1920001～1962001，1980012，1980050，1980053，2000001～2000027，2200100～2201071，2220016～2240019，2810023～2810115
4	钢筋混凝土管、铸铁管、塑料管	1400001～1403004，2300010～2300512，2330010～2330055，3372010～3372041，3372150～3372399
5	砂	1260022～1260024
6	石	1230001～1240121，1300010，1300011
7	石灰、黏土	1200014～1200015，1210004，1210016
8	粉煤灰、矿粉	1260129～1260132、1210020
9	砖、瓦	1300001～1300002，1300060～1300070，1300085～1300088，1310002～1310005
10	花草苗木	1170050～1170075
11	风沙路基防护用稻草(芦苇)	1150002
12	土工材料	3410010～3412012
13	钢制防护栅栏网片	2547322
14	钢轨	2700010～2700401
15	道岔	2720218～2726206
16	轨枕	2741012～2741120，2741200～2741704
17	钢轨扣件(混凝土枕用)	2750020～2750021，2750024，2750026，2750029，2750030，2760015～2761012，2762012～2762015，2762018～2763011，2765012，2766020，2766022，2766026～2766029，2766101～2766113
18	钢梁、钢管拱、斜拉索	2624010～2624152
19	钢筋混凝土梁	2601110～2601219

续表

序号	材料名称	电算代号
20	铁路桥梁支座	2610010～2612116，2613110～2613181
21	桥梁防水卷材、涂料	1710050，1710054，1710056，1710061，1710101～1710106
22	桥梁高强度螺栓	2750027，2750028
23	钢筋混凝土预制桩	1405001～1405103
24	隧道防水板	3341021～3341044
25	火工品	3220012～3220013，3220110～3220214
26	电杆、铁塔、机柱	1410001～1413006，7812010～7812112，8111036～8111038
27	接触网支柱	5200303～5200703，5300202～5322203
28	接触网及电力线材	2120015，5800201～5800332，5811022～5866401
29	光电缆线	4710010 ～ 4715112，4720010 ～ 4732517，4732610 ～ 4732692，4732801～4732840，4733010～4734403，7010010～7310116，7311010～7311012，7311110 ～7312311，8010010～8017010，8018101～8018120

1.3.5 材料费用的计算

1. 基期材料费用

基期材料费＝工程数量/定额单位× ∑相应材料定额消耗量×相应材料预算单价

或基期材料费＝工程数量/定额单位×定额中的材料费

其中：相应材料预算单价在基期材料费用定额(2017 年)中查找。

2. 材料价差的计算

(1)计算调查价差的材料：调查价差材料按表 1-3-2 采用调查价格材料品类及电算代号确定。

(2)调查价差的计算公式。

调查价差＝工程数量×∑每种材料定额消耗量×(相应材料编制期价格－相应材料基期价格)

辅助材料(系数)价差的计算：

辅助材料价差＝基期辅助材料费×(价差系数－1)

基期辅助材料费＝工程数量/定额单位× ∑定额辅助材料消耗量×基期价格

【例 1-3-1】 某实体墩台身片石混凝土 720 m^3，查表试计算基期人工费和基期材料费。

【解】 查 QY-338，人工费基价为 350.7 元/(10 m^3)，材料费基价为 508.6 元/(10 m^3)。

基期人工费：350.7×720/10＝25 250.4(元)

基期材料费：508.6×720/10＝36 619.2(元)

【例 1-3-2】 某实体墩台身片石混凝土 720 m^3，若编制期人工费用 82 元/工日，试计算编制期人工价差。

【解】 查 QY-338，定额人工工日为 5.01 工日/(10 m^3)。

人工费价差为 720/10×5.01×(82－70)＝4 328.64(元)

【例 1-3-3】 某实体墩台身片石混凝土 720 m^3，若编制期材料价格见本书 124 页表 3-1-2，辅助材料价差系数为 1.24。试计算材料价差。

【解】 查 QY-338，2017 材料预算价格及编制期价，确定材料价差表见表 1-3-3。

表 1-3-3 材料价差

定额编号	材料名称	单位	工程数量	材料定额消耗量	基期单价	编制期单价	价差/元
QY-338	锯材	m^3	72	0.026	1 332.42	1 318	−26.994 24
	片石	m^3	72	2.22	24.31	92.25	10 859.53
	焊接钢管	kg	72	5.4	2.95	4.37	552.096
	铁线钉	kg	72	1	2.96		
	定型钢模板	kg	72	69.552	5.3	6.5	6 009.292 8
	其他材料费	元	72	31.068	1		
	水	t	72	4	0.35	2.8	705.6
	调查价差						17 393.92
	系数价差基期材料费	元				213.5	
	系数价差						51.24

【练 1-3-1】 某实体墩台身水上混凝土 300 m^3，查 QY-341，试计算基期人工费和基期材料费。

【练 1-3-2】 某实体墩台身水上混凝土 300 m^3，查 QY-341，若编制期人工费用 100 元/工日，试计算编制期人工价差。

【练 1-3-3】 某实体墩台身水上混凝土 300 m^3，查 QY-341，若编制期材料价格见本书 124 页表 3-1-2，辅助材料价差系数为 1.24。试计算材料价差。

任务 1.4　价外运杂费的计算

1.4.1　价外运杂费的概念

视频：运杂费用

1. 概念

价外运杂费是指需在材料费之外单独计列的材料运杂费，包括材料自指定交货地点运至工地所发生的运输费、装卸费、其他有关运输费之和计算取的采购及保管费。

2. 需计算价外运杂费的材料

需计算价外运杂费的材料包括水泥、木材、钢材、砖、瓦、砂、石、石灰、粉煤灰、风沙路基防护用稻草(芦苇)、黏土、花草苗木、土工材料、钢轨、道岔、轨枕、钢轨扣件(混凝土枕用)、钢梁、钢管拱、斜拉索、桥梁高强度螺栓、钢筋混凝土梁、铁路桥梁支座、桥梁防水卷材、防水涂料、钢筋混凝土预制桩、隧道防水板、火工品、电杆、铁塔、机柱、接触网支柱、接触网及电力线材、光电缆线、给水排水管材、钢制防护栅栏网片等，即表 1-3-2 中材料全部计算价外运杂费。

1.4.2　价外运杂费的内容及计算

1. 内容组成

(1)运输费；

(2)装卸费；

(3)采购及保管费；

(4)其他有关运输费用。

2. 计算公式

价外运杂费$=\Sigma$(运输费+装卸费+其他有关运输费)×(1+采购及保管费费率)

1.4.3　运输费单价的计算

1. 火车运价的计算(元/t)

火车运输方式：营业线火车、临管线火车、工程列车、其他铁路。

1)营业线火车运价。

营业线火车运价(元/t)$=K_1\times$(基价 1+基价 2×运价里程)+附加费运价

其中：附加费运价$=K_2\times$(电气化附加费费率×电气化里程+新路新价均摊费费率×运价里程+铁路建设基金费率×运价里程)。

单片梁重≥120 t 32 m 梁营业线火车运价$=K_1\times$(基价 1+基价 2×运价里程)$+K_2\times$(电气化附加费费率×电气化里程+新路新价均摊费费率×运价里程+铁路建设基金费费率×运价里

程＋D型长大货物车使用费单价×运价里程)＋D型长大货物车空车回送费。

铁路运价号与综合系数见表1-4-1。

表1-4-1　铁路运价号与综合系数

序号	分类名称	运价号	综合系数 K_1	综合系数 K_2
1	砖、瓦、石灰、砂石料	2	1	1
2	道砟	2	1.2	1.2
3	钢轨(≤25 m)、道岔、轨枕、钢梁、电杆、机柱、钢筋混凝土管桩、接触网圆形支柱	5	1.08	1.08
4	500 m长钢轨、25 m轨排	5	1.43	1.43
5	100 m定尺钢轨	5	1.8	1.8
6	单片梁重≥120 t、32 m T形梁	5	3.01	1.47
7	其他钢筋混凝土T形梁	5	3.48	1.64
8	接触网方形支柱、铁塔、硬横梁	5	2.35	2.35
9	接触网及电力线材、光电缆线	5	2.0	2.0
10	其他材料	5	1.05	1.05

基价1与基价2的确定见表1-4-2。

表1-4-2　基价1与基价2的确定

办理类别	运价号	基价1		基价2	
		单位	标准	单位	标准
整车	1	元/t	7.4	元/(t·km)	0.056 5
	2	元/t	7.9	元/(t·km)	0.065 1
	3	元/t	10.5	元/(t·km)	0.07
	4	元/t	13.8	元/(t·km)	0.075 3
	5	元/t	15.40	元/(t·km)	0.084 9
	6	元/t	22	元/(t·km)	0.011 46
	7			元/(轴·km)	0.402 5
	机械冷藏车	元/吨	16.7	元/(t·km)	0.113 4
零担	21	元/(10 kg)	0.168	元/(10 kg·km)	0.000 86
	22	元/(10 kg)	0.235	元/(10 kg·km)	0.000 12
集装箱	20英尺箱	元/箱	387.5	元/(箱·km)	1.732 5
	40英尺箱	元/箱	527.00	元/(箱·km)	2.356 2

电气化附加费费率见表 1-4-3。

表 1-4-3　电气化附加费费率

种类项目		计费单位	费率
整车货物		元/(t·km)	0.012 00
零担货物		元/(10 kg·km)	0.000 12
自轮运转货物		元/(轴·km)	0.036 00
集装箱	1 吨箱	元/(轴·km)	0.007 20
	5、6 吨箱	元/(轴·km)	0.06
	10 吨箱	元/(轴·km)	0.100 80
	20 英尺箱	元/(轴·km)	0.192 00
	40 英尺箱	元/(轴·km)	0.408 00

铁路建设基金费率见表 1-4-4。

表 1-4-4　铁路建设基金费率

种类		计费单位	农药	磷矿石	其他货物
整车货物		元/(t·km)	0.019	0.028	0.033
零担货物		元/(10 kg·km)	0.000 19	0.000 33	
自轮运转货物		元/(轴·km)	0.099 0		
集装箱	1 吨箱	元/(箱·km)	0.019 8		
	5、6 吨箱	元/(箱·km)	0.165		
	10 吨箱	元/(箱·km)	0.277 2		
	20 英尺箱	元/(箱·km)	0.528 0		
	40 英尺箱	元/(箱·km)	1.122 0		

新路新价均摊运费费率见表 1-4-5。

表 1-4-5　新路新价均摊运费费率

种类		项目	
		计费单位	费率
整车货物		元/(t·km)	0.011
零担货物		元/(kg·km)	0.000 011
自轮运转货物		元/(轴·km)	0.003 3
集装箱	1 吨箱	元/(箱·km)	0.000 065
	10 吨箱	元/(箱·km)	0.009 24
	5.6 吨箱	元/(箱·km)	0.005 5
	20 英尺箱	元/(箱·km)	0.017 6
	40 英尺箱	元/(箱·km)	0.037 4

(2)临管线火车运价。执行批准的运价。

(3)工程列车运价

$$工程列车运价(元/t)=1.4\times K_2\times(基价1+基价2\times运价里程)$$

单片梁重≥120 t 32 m 梁营业线火车运价$=1.4\times K_2\times$(基价 1＋基价 2×运价里程＋D 型长大货物车使用费单价× 运价里程)

[2101 单片 T 形梁重 139.283 t，2201 单片 T 形梁重 146.31 t，每片梁需 2 辆 D 型车(标重 75 t)和 1 辆平板车(标重 60 t)。D 型长大货物车空车回送费：2101 梁 22.975 元/t，2201 梁 21.871 元/t。]

(4)其他铁路。执行其部门的规定。

【例 1-4-1】 某工程采用营业线火车整车运送道砟，从华山站运输到西安火车站，全部为电气化铁路，电气化铁路运价里程为 130 km，试计算营业线火车运价。

【解】 由公式，营业线火车运价(元/t)$=K_1\times$(基价 1＋基价 2×运价里程)$+K_2\times$(电气化附加费费率×电气化里程＋新路新价均摊费费率×运价里程＋铁路建设基金费费率×运价里程)，查表 1-4-1 得$K_1=K_2=1.2$；由表 1-4-1 的货物运价号 2，查表 1-4-2～表 1-4-4，整车运输基价 1＝7.9，基价 2＝0.065 1，电气化附加费费率＝0.012 00，铁路建设基金费率＝0.033。代入公式营业线火车运价(元/t)$=1.2\times(7.9+0.065\,1\times130)+1.2\times(0.012\times130+0+0.033\times130)=26.66$(元/t)。

【例 1-4-2】 某工程采用营业线工程列车运送钢梁，从西安站运输到渭南火车站，铁路运价里程为 65 km，试计算工程列车运价。

【解】 由公式，工程列车运价(元/t)$=1.4\times K_2\times$(基价 1＋基价 2×运价里程)查表 1-4-1 得 $K_2=1.08$，由表 1-4-1 的货物运价号 5，查表 1-4-2，整车运输基价 1＝15.4，基价 2＝0.084 9，代入公式列车运价$=1.4\times1.08\times(15.4+0.084\,9\times65)=31.63$(元/t)。

【练 1-4-1】 某工程采用火车整车运送钢筋，从宝鸡站运输到西安火车站，全部为电气化铁路，电气化铁路运价里程为 130 km，试计算火车运价。

【练 1-4-2】 某工程采用工程火车整车运送长钢轨，从宝鸡站运输到兰州火车站，铁路运价里程为 486 km，试计算工程列车运价。

2. 汽车运价的计算(元/t)

汽车运价＝公路综合运价率×公路运距＋汽车运输便道综合运价率×汽车运输便道运距

(1)公路综合运价率[元/t·km]：材料运输道路为公路时，考虑过路过桥费等因素，以建设项目所在地不含可抵扣进项税额的汽车运输单价乘以 1.05 的系数计算。

(2)汽车运输便道综合运价率[元/t·km]：材料运输道路为汽车运输便道时，结合地形、道路状况等因素，按当地不含可抵扣进项税额的汽车运输单价乘以 1.2 的系数计算。

(3)公路运距：应按发料地点起算，至卸料地点止所途经的公路长度计算。运距以千米为单位，尾数不足 1 km 的，四舍五入。

(4)汽车运输便道运距：应按发料地点起算，至卸料地点止所途经的汽车运输便道长度计算。运距以 km 为单位，尾数不足 1 km 的，四舍五入。

3. 船舶运价

按照建设项目所在地标准计列。

【例 1-4-3】 某工程中粗砂采用汽车运输，公路运输里程为 65 km，便道运输里程为 22 km，汽车运输单价为 0.4 元/(t·km)，试计算汽车运价。

【解】 汽车运价＝公路综合运价率×公路运距＋汽车运输便道综合运价率×汽车运输便道运距＝0.4×1.05×65＋0.4×1.2×22＝37.86(元/t)

【练 1-4-3】 某工程碎石采用汽车运输，公路运输里程为 32 km，便道运输里程为 15 km，汽车运输单价为 0.6 元/(t·km)，试计算汽车运价。

1.4.4 装卸费单价的计算

(1)火车、汽车装卸单价按表1-4-6规定确定。其中，装占60%，卸占40%。

表1-4-6 装卸费用单价表

元/t

一般材料	钢轨、道岔、接触网支柱	其他1 t以上的构件
3.4	12.5	8.4

(2)水运等的装卸单价，按工程所在地的有关市场价格执行，在编制设计概(预)算时应扣除其中包含的可抵扣进项税额。

(3)双(单)轮车、单轨车、大平车、轻轨斗车、轨道平车、小型运输车、人力挑抬等的装卸单价，可另行分析确定，但应扣除其中包含的可抵扣进项税额。

素养课堂

按章办事、规范运作、严格管理。

1.4.5 其他有关运输费用单价

(1)取送车费(调车费)。用铁路机车往专用线、货物支线(包括站外出岔)或专用铁路的站外交接地点调送车辆时，核收取送车费。计算取送车费的里程，应自车站中心线起算，到交接地点或专用线最长线路终端止，里程往返合计(以km计)。取送车费按《铁路货物运价规则》计列，在编制设计概(预)算时应扣除其中包含的可抵扣进项税额。目前，取送车费按0.10元/(t·km)计列。

(2)汽车运输的渡船费。按工程所在地的有关市场价格执行，在编制设计概(预)算时应扣除其中包含的可抵扣进项税额。

(3)长钢轨供应有关费用按有关费用定额分析计列，但不应包含可抵扣进项税额。

1.4.6 采购及保管费单价

以运输费单价、装卸费单价及其他有关运输费用单价之和为基数，按照采购及保管费表1-3-1费率计取，列入运杂费。

采购及保管费单价=(运输费单价+装卸费单价+其他有关运输费单价)×采购及保管费费率

1.4.7 运杂费用计算

1. 计算公式

该项工程某种材料运杂费单价=运输费单价+装卸费单价+其他有关运输费单价+采购保

管费用单价或(运输费单价+装卸费单价+其他有关运输费单价)×(1+采购及保管费费率)

该项工程材料运杂费=∑该项工程某种材料运杂费单价×该项工程对应材料总质量

2. 运输距离的确定

材料运距是指材料供应点到工地料库或堆料地点的实际距离(考虑规定的起码运距和进级)。为了计算简便,对多工点用料,应综合求出各类材料的运输重心的运距,即平均运距。

$$平均运距=\frac{\sum[各种所运材料质量(t)\times 该种材料的运距(km)]}{\sum 各种所运材料总质量(t)}$$

【例 1-4-4】 按材料供应计划表(表 1-4-7),计算下列材料的运杂费。

表 1-4-7 材料供应计划

材料名称	数量	来源地	运输终点	运输方式
水泥	510 333 kg	水泥厂	工地	汽车运输 20 km,其中便道 5 km
钢材	961 kg	钢厂	工地	汽车运输 80 km,其中便道 5 km
	2 005 kg	钢厂	工地	汽车运输 240 km,其中便道 5 km
碎石	167 m^3	石场	工地	汽车运输 12 km,其中便道 5 km
卵石	833 m^3	石场	工地	汽车运输 11 km,其中便道 5 km
中粗砂	490 m^3	砂场	工地	汽车运输 17 km,其中便道 5 km
其他主材	18 t	厂家	工地	汽车运输 23 km,其中便道 5 km

主要材料平均运杂费单价分析表见表 1-4-8。

【练 1-4-4】 管桩内浇筑混凝土 150 m^3,QY-262 定额,运输方式见表 1-4-9,试计算定额中消耗材料的运杂费[HT-6186 汽车运价率 0.4 元/(t·km),工程列车]。

表 1-4-8　主要材料平均运杂费单价分析表

<table>
<tr><td colspan="6">适用范围</td><td colspan="6"></td><td colspan="2">编号</td><td colspan="2"></td></tr>
<tr><td rowspan="4">材料名称</td><td rowspan="4">工程量</td><td colspan="12">各种运输方法的全程运价/t</td><td colspan="2">全程综合运价/t</td></tr>
<tr><td colspan="4">运输费</td><td colspan="3">杂　费</td><td rowspan="3">小计</td><td rowspan="3">采购及保管费费率/%</td><td rowspan="3">采购及保管费</td><td rowspan="3">共计/元</td><td rowspan="3">运输方法比重/%</td><td rowspan="3">运杂费/元</td><td rowspan="3">合计/元</td></tr>
<tr><td rowspan="2">运输方法</td><td rowspan="2">运距/km</td><td rowspan="2">单价/元</td><td rowspan="2">小计/元</td><td>装卸</td><td rowspan="2">装卸单价/元</td><td>小计</td></tr>
<tr><td>次数</td><td>元</td></tr>
<tr><td rowspan="2">水泥</td><td rowspan="2">510.333</td><td rowspan="2">汽车运输</td><td>15</td><td>0.42</td><td>6.3</td><td rowspan="2">1</td><td rowspan="2">3.4</td><td rowspan="2">3.4</td><td rowspan="2">12.1</td><td rowspan="2">3.78</td><td rowspan="2">0.46</td><td rowspan="2">12.56</td><td rowspan="2">100</td><td rowspan="2">12.56</td><td rowspan="2">6 408.45</td></tr>
<tr><td>5</td><td>0.48</td><td>2.4</td></tr>
<tr><td rowspan="2">中粗砂</td><td rowspan="2">700.7</td><td rowspan="2">汽车运输</td><td>12</td><td>0.42</td><td>5.04</td><td rowspan="2">1</td><td rowspan="2">3.4</td><td rowspan="2">3.4</td><td rowspan="2">10.84</td><td rowspan="2">4.47</td><td rowspan="2">0.48</td><td rowspan="2">11.32</td><td rowspan="2">100</td><td rowspan="2">11.32</td><td rowspan="2">7 935.11</td></tr>
<tr><td>5</td><td>0.48</td><td>2.4</td></tr>
<tr><td rowspan="2">碎石 40 以内</td><td rowspan="2">250.5</td><td rowspan="2">汽车运输</td><td>7</td><td>0.42</td><td>2.94</td><td rowspan="2">1</td><td rowspan="2">3.4</td><td rowspan="2">3.4</td><td rowspan="2">8.74</td><td rowspan="2">3.45</td><td rowspan="2">0.30</td><td rowspan="2">9.04</td><td rowspan="2">100</td><td rowspan="2">9.04</td><td rowspan="2">2 264.90</td></tr>
<tr><td>5</td><td>0.48</td><td>2.4</td></tr>
<tr><td rowspan="2">卵石</td><td rowspan="2">1 291.2</td><td rowspan="2">汽车运输</td><td>6</td><td>0.42</td><td>2.52</td><td rowspan="2">1</td><td rowspan="2">3.4</td><td rowspan="2">3.4</td><td rowspan="2">8.32</td><td rowspan="2">3.45</td><td rowspan="2">0.29</td><td rowspan="2">8.61</td><td rowspan="2">100</td><td rowspan="2">8.61</td><td rowspan="2">11 112.98</td></tr>
<tr><td>5</td><td>0.48</td><td>2.4</td></tr>
<tr><td rowspan="2">钢筋</td><td rowspan="2">2.966</td><td rowspan="2">汽车运输</td><td>183.2</td><td>0.42</td><td>76.927 2</td><td rowspan="2">1</td><td rowspan="2">3.4</td><td rowspan="2">3.4</td><td rowspan="2">82.73</td><td rowspan="2">2.65</td><td rowspan="2">2.19</td><td rowspan="2">84.92</td><td rowspan="2">100</td><td rowspan="2">84.92</td><td rowspan="2">251.87</td></tr>
<tr><td>5</td><td>0.48</td><td>2.4</td></tr>
<tr><td rowspan="2">主材</td><td rowspan="2">18</td><td rowspan="2">汽车运输</td><td>18</td><td>0.42</td><td>7.56</td><td rowspan="2">1</td><td rowspan="2">3.4</td><td rowspan="2">3.4</td><td rowspan="2">13.36</td><td rowspan="2">2.65</td><td rowspan="2">0.35</td><td rowspan="2">13.71</td><td rowspan="2">100</td><td rowspan="2">13.71</td><td rowspan="2">246.85</td></tr>
<tr><td>5</td><td>0.48</td><td>2.4</td></tr>
<tr><td></td><td></td><td></td><td></td><td></td><td></td><td></td><td></td><td></td><td></td><td></td><td></td><td></td><td></td><td></td><td>28 220.16</td></tr>
</table>

表 1-4-9 材料运输方式

序号	材料名称	材料来源	运输方式
1	砂	新兴砂厂	汽车公路运输 20 km，汽车便道运输 2 km
2	碎石及片石	长城石料厂	汽车公路运输 26 km，汽车便道运输 2 km
3	水泥	大坝水泥厂	汽车公路运输 20 km，汽车便道运输 2 km
4	木材、锯材及模板	鲁班木材加工厂	汽车公路运输 10 km，汽车便道运输 2 km
5	钢材	柳州钢铁厂	铁路运输 146 km，汽车公路运输 20 km，汽车便道运输 2 km

任务 1.5 施工机具使用费及施工机具使用费价差的计算

1.5.1 施工机具使用费的概念

施工作业所发生的施工机械、仪器、仪表的使用费或租赁费即施工机具使用费。一般情况下，其计量单位为台班，正常情况下每台班工作时间按 8 h 计，不足 8 h 也按一个台班计算，但每天最多为 3 个台班。隧道工程施工的机械设备每 6 h 为一个台班。

视频：施工机具费用

1.5.2 施工机具使用费的组成

1. 施工机械台班费用的组成

施工机械台班费用由折旧费、检修费、维护费、安装拆卸费、人工费、燃料动力费、其他费组成。

(1)折旧费。折旧费是指施工机械在规定的耐用总台班内，陆续收回其预算价格的费用。

(2) 检修费。检修费是指施工机械在规定的耐用总台班内，按规定的检修间隔进行必要的检修，以恢复其正常功能所需的费用。

(3) 维护费。维护费是指施工机械在规定的耐用总台班内，按规定的维护间隔进行各级维护和临时故障排除所需的费用，包括为保障机械正常运转所需替换设备与随机配备工具附具的摊销费用、机械运转及日常维护所需润滑与擦拭的材料费用及机械停滞期间的维护费用等。

(4) 安装拆卸费。安装拆卸费是指施工机械在现场进行安装与拆卸所需的人工、材料、机械和试运转费用以及机械辅助设施的折旧、搭设、拆除等费用。

(5)人工费。人工费是指机上司机(司炉)和其他操作人员的人工费。

(6) 燃料动力费。燃料动力费是指施工机械在作业中所耗用的燃料及水、电等费用。

(7) 其他费。其他费是指施工机械按照国家规定应缴纳的车船税、保险费及检测费等。

2. 施工仪器仪表台班费用的组成

施工仪器仪表台班费用由折旧费、维护费、校验费、动力费组成。

(1)折旧费。折旧费是指施工仪器仪表在规定的耐用总台班内，陆续收回其预算价格的费用。

(2) 维护费。维护费是指施工仪器仪表各级维护、临时故障排除所需的费用及为保证仪器仪表正常使用所需备件(备品)的维护费用。

(3)校验费。校验费是指施工仪器仪表按规定进行标定与检验的费用。

(4)动力费。动力费是指施工仪器仪表在使用过程中所耗用的电费。

1.5.3 施工机具台班单价取定

施工机械台班单价＝折旧费＋检修费＋维护费＋安装拆卸费＋人工费＋油燃料动力费＋其他费用

施工仪器仪表台班单价＝折旧费＋维护费＋校验费＋动力费

本书以现行的《铁路工程施工机具台班费用定额》(TZJ 3004—2017)作为施工机械台班单价及施工仪器仪表台班单价的依据；以《铁路工程材料基期价格》(TZJ 3003—2017)中油燃料及《铁路工程施工机具台班费用定额》(TZJ 3004—2017)规定的基期综合工费标准、基期水电单价等计算台班单价作为基期施工机械单价及基期施工仪器仪表单价；以编制期的折旧费、综合工费单价、油燃料价格、水电单价等计算出的台班单价作为编制期施工机械台班单价和编制期仪器仪表台班单价；编制期折旧费以基期折旧费为基数乘以表 1-5-1 规定的系数。编制期与基期的施工机械台班单价的差额按价差处理。

表 1-5-1　施工机具折旧费调查系数表

施工组织设计的建设项目开工日期	施工机具折旧费调查系数
2017 年 5 月 1 日—2018 年 4 月 30 日	1.111
2018 年 5 月 1 日—2019 年 4 月 30 日	1.094
2019 年 5 月 1 日—2020 年 4 月 30 日	1.077
2020 年 5 月 1 日—2021 年 4 月 30 日	1.06
2021 年 5 月 1 日—2022 年 4 月 30 日	1.043
2022 年 5 月 1 日—2023 年 4 月 30 日	1.026
2023 年 5 月 1 日—2024 年 4 月 30 日	1.013
2024 年 5 月 1 日—2025 年 4 月 30 日	1.004
2025 年 5 月 1 日以后	1.0

1.5.4 施工机具使用费计算

1. 基期施工机具使用费

施工机具使用费＝施工机械使用费＋施工仪器仪表使用费

施工机械使用费＝工程数量/定额单位× $\sum$ (定额施工机械台班消耗量×施工机械台班单价)

施工仪器仪表使用费＝工程数量/定额单位× $\sum$ (定额施工仪器仪表台班消耗量×施工仪器仪表台班单价)

2. 施工机具使用费用价差

施工机械使用费价差 ＝ 工程数量/定额单位× $\sum$ [定额施工机械台班消耗量×(编制期施工机械台班单价 － 基期台班单价)]

施工机械编制期台班单价＝折旧费×折旧费系数＋检修费＋维护费＋安装拆卸费＋台班定额中人工消耗工日数×人工编制期单价＋油燃料动力消耗量×油燃料动力编制期单价＋其他费用

【例 1-5-1】 某挖孔桩工程，桩孔为次坚石，试分析该工程桩孔开挖施工所用机械台班单价及开挖 350 m^3 的基期机械使用费和机械使用费用价差。

其中：2019 年 4 月 1 日开始施工，人工费单价为 90 元/工日，柴油的单价为 7.84 元/kg，电单价为 1.0 元/(kW · h)。

【解】 (1)查《铁路工程预算定额》QY-236，各类机械消耗量为

气腿式凿岩机　　2.97 台班/(10 m^3)

气动锻钎机 $d\leqslant 90$ mm　　0.19 台班/(10 m^3)

内燃空气压缩机≤9 m^3/min　　0.99 台班/(10 m^3)

单筒慢速卷扬机≤30 kN　　3.91 台班/(10 m^3)

(2)分析机械台班单价(表 1-5-2)。

(3)计算 350 m^3 桩孔开挖，各类机械消耗数量。

①根据《铁路工程预算定额》计算各种机械消耗量；

②根据《铁路工程施工机具台班定额》分析机械台班单价；

③计算基期机具使用费和机具使用费用价差。

(4)计算基期施工机具使用费。

施工机具使用费＝工程数量/定额单位×$\sum$(定消耗量×台班单价)

＝(2.97×8.29＋0.19×230.95＋0.99×420.9＋3.91×104.23)×350/10

＝31 245.62(元)

施工机械使用费价差＝工程数量/定额单位×$\sum$[消耗量×(编制期台班单价－基期台班单价)]

＝[2.97×(8.53－8.29)＋0.19×(324.8－230.95)＋0.99×(575.54－420.9)＋3.91×(144.93－104.23)]×350/10

＝11 577.1(元)

表 1-5-2　机械台班单价

机械规格名称	电算代号	基期台班单价	编制台班单价	折旧费/元	检修费/元	维护费/元	安折费/元	人工/(70 元 · 工日$^{-1}$)		柴油/(5.23 元 · kg^{-1})		电/[0.47 元 · (kW · h)$^{-1}$]	
								定额	费用	定额	费用	定额	费用
气腿式凿岩机	9100611	8.29	8.53	2.6	0.71	4.98							
气动锻钎机 $d\leqslant 90$ mm	9100621	230.95	324.80	8.16	3.57	2.78		1	70	28	146.44		
内燃空气压缩机 ≤9 m^3/min	9101102	420.9	575.54	30.01	12.59	43.81		1	70	50.55	264.38		
单筒慢速卷扬机 ≤30 kN	9102613	104.23	144.93	3.70	2.19	4.36	5.93	1	70			38.4	18.05

【练 1-5-1】 某钻孔桩工程，钻孔为土层，桩径 1 m 的旋挖钻施工(QY-86)，试分析该工程开挖 35 m 的机械使用费和机械使用费价差[2017 年 5 月施工，其中：编制期人工费单价为 80 元/工日，柴油价格为 6.84 元/kg，电价为 1.0 元/(kW·h)]。

【练 1-5-2】 某Ⅰ级铁路，时速＞160 km /h，填筑土方为 3 800 m^3，填土压实选用定额为 LY-168，试分析该路基工程填土压实施工所用机械基期的机械使用费和价差[2019 年 5 月开始施工，其中：人工费单价为 75 元/工日，柴油价格为 7.84 元/kg，电价为 1.0 元/(kW·h)]。

【练 1-5-3】 某工程 2020 年 5 月 1 日开工，挖普通土 5 200 m^3(LY-13)，编制期人工单价为 120 元/工日，柴油价格为 5.59 元/kg，计算基期人工费用、基期机具使用费用、人工价差、机具使用费用价差。

1.5.5 工程用水、电综合单价

1. 工程用水综合单价

(1)工程用水基期价格为 0.35 元/t；

(2)特殊缺水地区或取水困难的工程，按施工组织设计确定供水方案，另行分析工程用水单价，分析水价与基期水价差额按价差处理；

(3)在大中城市施工时，必须使用自来水的，按当地自来水价格分析工程用水单价，与基期水价差额按价差处理。

2. 工程用电综合单价

(1)工程用电基期价格为 0.47 元/(kW·h)；

(2)编制概预算时，根据施工组织设计确定供电方案，分析计算供电方式的单价。

3. 工程用油燃料综合单价

(1)工程用柴油基期价格为 5.23 元/kg；

(2)工程用汽油基期价格为 6.08 元/kg；

(3)工程用煤基期价格为 377.28 元/t。

素养课堂

节约用水，从我做起，培养学生的节约意识。

任务 1.6　填料费与施工措施费用的计算

1.6.1　填料费

1. 概念

填料费是指购买不作为材料对待的土方、石方、渗水料、矿务料等填筑用料所支出的费用。若设计为临时占地取填料，其发生的租用土地、青苗补偿、拆迁补偿、复垦及其他所有与土地有关的费用等纳入临时用地费项下。

2. 计算

填料费计算公式如下：

填料费＝填料消耗量×填料价格

1.6.2　施工措施费

视频：施工措施费

1. 概念

施工措施费是指为完成铁路建设工程施工，发生于该工程施工前和施工过程中的需综合计算的费用。

2. 内容

(1)冬雨期施工增加费。冬雨期施工增加费是指建设项目的某些工程需在冬期、雨期施工，为保证工程质量，按相关规范、规程中的冬雨期施工要求，需要采取的防寒、保温、防雨、防潮和防护等措施，不需改变技术作业过程的人工与机械的功效降低等，所需增加的有关费用。

(2) 夜间施工增加费。夜间施工增加费是指必须在夜间连续施工或在隧道内铺砟、铺轨，敷设电线、电缆，架设接触网等工程，所发生的工作效率降低、夜班津贴，以及增设照明设施(包括所需照明设施的装拆、摊销、维修及油燃料、电)等增加的有关费用。

(3)小型临时设施费。小型临时设施费是指施工企业为进行建筑安装工程施工，所必须修建的生产和生活用的一般临时建筑物、构筑物和其他小型临时设施所发生的费用。

1)小型临时设施项目：

①为施工及施工运输(包括临管)所需修建的临时生活及居住房屋、文化教育及公共房屋(如职工宿舍、食堂、开水间、洗衣房、卫生间、洗浴室、多功能室、广播室、会议室、资料室、看护房屋、文体活动场所等)和办公、生产房屋(如办公室、实验室、货运室、发电站、变电坊、空压机站、料库、火工品库、车库等房屋，铺架工程临时调度房屋，材料棚、停机棚、加工棚等，不包括轨枕预制场、轨道板预制场、管片预制场主体厂房)及上述各类房屋的配套设施。

②为施工及施工运输而修建的小型临时设施，如通往涵洞等工程和施工队伍驻地及料库、车库等的运输便道引入线(含便桥、涵)，列入大临的工地内沿线纵向运输便道以外的工地内运输便道(含便桥、涵)、轻便轨道、吨位＜10 t或长度＜100 m的龙门式起重机走行线、由干线到工地或施工队伍驻地的电力线、地区通信线和达不到大临给水管路要求的给水管路等。

③为施工及施工运输(包括临管)而修建的临时建筑物、构筑物。如临时给水设施(水塔、水

池、井深＜50 m的水井等），临时排水沉淀池、隔油池，钻孔用泥浆池、沉淀池，临时整备设施（检修、上油、上沙等设施），临时信号，临时通信（指地区线路及引入部分），临时供电，临时站场建筑，接触网预配场、杆塔存放场地，分散的预制构件存放场，钢结构等加工场，架桥机等大型机械设备安拆拼装场地及配套设施等。

④其他。大型临时设施和过渡工程项目内容以外的临时设施。

2)小型临时设施费用：

①小型临时设施的场地土石方、地基处理、硬化面、砌筑等的工程费用，以及小型临时设施的搭设、移拆、维修、摊销及拆除恢复等费用。

②因修建小型临时设施而发生的租用土地、青苗补偿、拆迁补偿、复垦及其他所有与土地有关的费用等，不含大型临时设施中临时场站生产区的土地有关费用。

(4)工具、用具及仪器、仪表使用费。工具、用具及仪器、仪表使用费是指施工生产所需不属于固定资产的生产工具、检验用具及仪器、仪表等的购置、摊销和维修费，以及支付给生产工人自备工具的补贴费。

(5)工程定位复测、工程点交、场地清理费。

(6)文明施工及施工环境保护费。文明施工及施工环境保护费是指现场文明施工费用及防噪声、防粉尘、防振动干扰、生活垃圾清运排放等费用。

(7)已完工程及设备保护费。已完工程及设备保护费是指竣工验收前，对已完工程及设备进行保护所需费用。

3. 费用计算

施工措施费分不同工程类别按下式计算：

施工措施费=(基期人工费+基期施工机具使用费）×施工措施费费率

施工措施费地区划分按表1-6-1执行。施工措施费费率按表1-6-2执行。

表1-6-1　施工措施费地区划分表

地区编号	地域名称
1	上海、江苏、河南、山东、陕西(不含榆林市、延安市)、浙江、安徽、湖北、重庆、云南(不含昭通市、迪庆藏族自治州、贡山独龙族怒族自治县、宁蒗彝族自治县)、贵州(不含毕节市)、四川(不含凉山彝族自治州西昌市以西地区、阿坝藏族羌族自治州、甘孜藏族自治州、雅安市宝兴县、绵阳市的平武县和北川羌族自治县)
2	广东、广西、海南、福建、江西、湖南
3	北京、天津、河北(不含张家口市、承德市)、山西(不含大同市、朔州市、忻州市原平以西各县)、陕西延安市、甘肃(不含酒泉市、嘉峪关市、张掖市、金昌市、武威市、甘南藏族自治州、临夏回族自治州积石山保安族东乡族撒拉族自治县、临夏县、和政县、定西市岷县及漳县、陇南市文县)、宁夏、贵州毕节市、云南昭通市、迪庆藏族自治州(不含德钦县)贡山独龙族怒族自治县、宁蒗彝族自治县、四川凉山彝族自治州西昌市以西地区、阿坝藏族羌族自治州(不含壤塘县、阿坝县、若尔盖县)、甘孜藏族自治州(不含石渠县、德格县、甘孜县、白玉县、色达县、理塘县)雅安市宝兴县、绵阳市的平武县和北川羌族自治县、新疆和田地区、喀什地区(含图木舒克市)，吐鲁番市、巴音郭楞蒙古自治州(不含若羌县、且末县)
4	河北张家口市(不含康保县)、承德市(不含围场满族蒙古族自治县)，山西大同市、朔州市、忻州市原平以西各县，陕西榆林市，辽宁，内蒙古呼和浩特市、包头市、乌海市，巴彦淖尔市、鄂尔多斯市、阿拉善盟

续表

地区编号	地域名称
5	新疆阿克苏地区(含阿拉尔市)、克孜勒苏柯尔克孜自治州、伊犁哈萨克自治州、哈密市，甘肃酒泉市(不含阿克塞哈萨克族自治县、肃北蒙古族自治县马鬃山镇以外地区)。嘉峪关市、张掖市(不含肃南裕固族自治县皇城镇、山丹县及民乐县南部山区)、金昌市、武威市(不含天祝藏族自治县)
6	河北张家口市康保县、承德市围场满族蒙古族自治县，内蒙古赤峰市、乌兰察布市、通辽市、兴安盟、锡林郭勒盟锡林浩特以南各旗（县)，甘肃甘南藏族自治州、酒泉市阿克塞哈萨克族自治县及肃北蒙古族自治县马鬃山镇以外地区、张掖市肃南裕固族自治县皇城镇和山丹县及民乐县南部山区、武威市天祝藏族自治县、临夏回族自治州积石山保安族东乡族撒拉族自治县、临夏县及和政县，定西市岷县及漳县，陇南市文县，吉林，青海西宁市、海东市、黄南藏族自治州、海南藏族自治州、海北藏族自治州(不含祁连县、门源回族自治县)、海西蒙古族藏族自治州格尔木—都兰及以北地区(不含大柴旦—德令哈—天峻以北地区)，新疆乌鲁木齐市(含石河子市)、昌吉回族自治州(含五家渠市)、博尔塔拉蒙古自治州(不含温泉县)塔城地区、克拉玛依市、巴音郭楞蒙古自治州若羌县及且末县，西藏林芝市雅鲁藏布江以南地区、山南市错那县，云南迪庆藏族自治州德钦县，四川甘孜藏族自治州石渠县、德格县，甘孜县、白玉县、色达县、理塘县，阿坝藏族羌族自治州壤塘县、阿坝县、若尔盖县
7	黑龙江(不含大兴安岭地区)，内蒙古呼伦贝尔市阿尔山—图里河一线以东各旗(县)锡林郭勒盟锡林浩特及以北各旗(县)，新疆阿勒泰地区(含北屯市)博尔塔拉蒙古自治州温泉县，青海海西蒙古族藏族自治州格尔木—都兰以南地区(不含唐古拉山镇)及大柴旦—德令哈—天峻以北地区、玉树藏族自治州(不含曲麻莱县及其以西地区)果洛藏族自治州(不含玛多县)，西藏拉萨市(不含当雄县)昌都市，林芝市雅鲁藏布江及以北地区、山南市(不含错那县)日喀则市(不含萨嘎县、仲巴县、昂仁县、谢通门县)
8	内蒙古呼伦贝尔市阿尔山—图里河及以西各旗(县)，黑龙江大兴安岭地区，青海玉树藏族自治州曲麻莱县及其以西地区、海北藏族自治州祁连县、门源回族自治县、果洛藏族自治州玛多县、海西蒙古族藏族自治州格尔木市辖的唐古拉山镇，西藏拉萨市当雄县、阿里地区那曲市、日喀则市的萨嘎县、仲巴县、昂仁县、谢通门县

表 1-6-2　施工措施费率表

类别代号	工程类别 \ 地区编号	1	2	3	4	5	6	7	8	附注
		费率/%								
1	人力施工土石方	8.0	8.3	10.2	11.2	11.3	12.6	12.9	13.5	包括人力拆除工程，绿色防护，各类工程中单独挖填的土石方，石方爆破工程
2	机械施工土石方	5.7	6.1	9.2	10.1	10.3	12.5	13.0	13.8	包括机械拆除工程，填级配碎石、砂砾石、渗水土，公路路基路面，各类工程中单独挖填的土石方、综合维修通道、大临土石方工程

续表

类别代号	地区编号 工程类别	1	2	3	4	5	6	7	8	附注
		费率/%								
3	汽车运输土石方采用定额“增运”部分	3.6	3.5	3.8	4.4	4.5	4.8	4.9	5.4	仅指区间路基土石方及站场土石方，包括隧道出渣洞外运输
4	特大桥，大桥下部建筑	6.7	5.9	8.3	9.2	9.7	9.7	9.8	10.	含附属工程
5	预制混凝土梁	13.6	10.7	19.1	21.0	22.8	22.9	23.2	23.7	含各种桥梁桥面系、支座、梁的横向连接和湿接缝
6	现浇混凝土梁	10.3	8.0	14.5	16.0	17.4	17.5	17.7	18.1	包括分段预制后拼接的混凝土梁
7	运架混凝土简支箱梁	4.1	4.1	4.2	4.5	4.6	4.8	4.9	5.1	
8	隧道、明洞、棚洞，自采砂石	6.8	6.6	7.1	7.7	7.8	7.8	7.9	7.9	不含隧道的照明，通风与空调等工程，不含掘进机、盾构施工的隧道
9	路基附属工程(不含附属土石方)	7.4	6.9	8.2	8.8	8.9	9.0	8.9	8.9	含区间线路防护栅栏、与路基同步施工的接触网支柱基础等
10	框架桥、公路桥、中小桥下部(含附属工程)涵洞，轮渡码头，一般生产房屋和附属、给水排水、工务、站场、其他建筑物等建筑工程	7.2	6.7	8.2	8.9	9.2	9.2	9.3	9.3	含除大临土石方，大临轨道、临时电力，临时通信以外的大临工程，环保降噪声工程
11	铺轨、铺岔、架设其他混凝土梁、钢梁、钢管拱，钢结构站房(含站房综合楼)钢结构雨棚、钢结构车库等	12.7	12.6	13.1	14.1	14.4	15.7	16.7	20.6	简支箱梁除外，包括轨道附属工程，线路备料及大临轨道；钢管拱包括钢管、钢管内混凝土、系杆、吊杆、梁及桥面板

续表

类别代号	地区编号 / 工程类别	1	2	3	4	5	6	7	8	附注
		费率/%								
12	铺砟	6.1	5.3	7.6	8.4	8.6	9.1	9.4	10.2	包括道床清筛、沉落整修，有砟轨道调整
13	无砟道床	16.3	13.4	21.4	23.8	25.5	25.6	25.9	26.3	包括道床过渡段
14	通信、信号、信息、灾害监测、电力、牵引变电供电段、机务、车辆、动车的建筑工程，所有安装工程	10.9	11.0	11.2	12.0	12.1	12.3	12.5	13.0	含桥梁、隧道的照明工程，隧道通风与空调工程、临时电力、临时通信、管线路防护、管线迁改
15	接触网建筑工程	14.5	13.6	16.0	17.1	17.2	17.4	17.7	17.9	含不与路基同步施工的接触网支柱基础

注：过渡工程按表列同类正式工程的费率计列，大型临时设施按表列同类正式工程的费率乘以 0.45 的系数计列；掘进机、盾构施工的隧道施工措施费费率另行分析计列

【例 1-6-1】 京沈客专(辽宁省沈阳市)特大桥明挖基础土方施工 500 m^3(QY-1)，计算施工措施费用。

【解】 查表 1-6-1 及表 1-6-2 得施工措施费费率为 9.2%，由定额 QY-1 得

$$500/10\times(10.5+31.05)\times9.2\%=191.13(\text{元})$$

【练 1-6-1】 宝兰客专(陕西宝鸡境内)利用土(普通土)填方 12 000 m^3(LY-168)，设计时速为 250 km/h，计算施工措施费用。

【练 1-6-2】 宝兰客专(甘肃境内)撒草籽 800 m^2(LY-227)，计算施工措施费用。

【练 1-6-3】 洛湛客专(湖南境内)悬浇连续箱梁混凝土 0 号块 2 400 m^3(QY-540)，计算施工措施费用。

任务 1.7 特殊施工增加费的计算

特殊施工增加费是指在特殊地区及特殊施工环境下进行建筑安装工程施工时，所需增加的费用。

1.7.1 风沙地区施工增加费

1. 定义

风沙地区施工增加费是指在非固定沙漠或戈壁地区施工时，月（或连续30天）平均风力在四级以上（平均风速>5.5 m/s）的风季，在相应的风沙区段进行室外建筑安装工程时，由于受风沙影响应增加的费用。

视频：风沙地区施工增加费

2. 内容

风沙地区施工增加费的内容包括防风防沙的措施费，材料费，人工、机械降效增加的费用，风力预警观测设施费用，以及积沙、风蚀的清理修复等费用。

3. 计算

(1)风沙地区施工增加费=(编制期人工费+编制期机具使用费)×费率。

(2)风沙地区施工增加费费率为2.6%。

注：大风高发月（或连续30天）平均风力达四级以上（平均风速>5.5 m/s）且小时极大风速大于13.9 m/s的风力累计85 h以上的风沙、大风地区，可根据调查资料另行分析计算本项费用。

【练 1-7-1】 内蒙古地区施工明挖基础土方施工500 m^3（QY-1），编制期人工单价77元/工日，柴油价格为5.65元/kg，2017年5月1日施工，计算风沙地区施工增加费用。

【练 1-7-2】 新疆地区利用土填方12 000 m^3（LY-168），编制期人工单价79元/工日，柴油为5.65元/kg，2018年10月1日施工，计算风沙地区施工增加费用。

【练 1-7-3】 甘肃境内，悬浇连续箱梁混凝土0号块2 400 m^3（QY-540），撒草籽800 m^2（LY-227），编制期人工单价54元/工日，2018年5月1日施工，计算风沙地区施工增加费用[柴油价格为5.65元/kg，电价为1元/(kW·h)]。

1.7.2 高原地区施工增加费

1. 定义

视频：高原地区施工增加费

高原地区施工增加费是指设计线路高程在海拔 2 000 m 以上的高原地区施工时，由于人工和机械受气候、气压的影响而降低工作效率，所应增加的费用。

2. 计算

高原地区施工增加费＝定额工日×编制期综合工费单价×高原地区工日定额增加幅度＋定额机械(仪器仪表)台班量×编制期机械(仪器仪表)台班单价×高原地区机具台班定额增加幅度

3. 高原地区施工定额增加幅度

高原地区施工定额增加幅度见表 1-7-1。

表 1-7-1 高原地区施工定额增加幅度

海拔高度/m	增加幅度/%	
	工天定额	施工机具台班定额
2 000(含)～3 000(含)	12	20
3 000(不含)～4 000(含)	22	34
3 000(不含)～4 000(含)	33	54
3 000(不含)～4 000(含)	40	60
3 000(不含)～4 000(含)	60	90

注：通过辅助坑道施工的隧道工程，按辅助坑道最高海拔确定高原地区施工定额增加幅度；海拔高度范围内的长大隧道(隧长>4 千米)，其高原地区施工定额增加幅度按提高一个档别计算

【练 1-7-4】 西宁地区(海拔 2 700 m)施工明挖基础土方施工 5 00 m^3(QY-1)，编制期人工单价为 80 元/工日，柴油价格为 5.95 元/kg，计算高原地区施工增加费用(2019 年 5 月 17 日施工)。

【练 1-7-5】 青海湖(海拔 3 900 m)利用土填方 12 000 m^3(LY-168)，编制期人工单价为 79 元/工日，柴油价格为 5.95 元/kg，计算高原地区施工增加费用(2018 年 6 月 17 日施工)。

【练 1-7-6】 格尔木(海拔 5 500 m)，悬浇箱梁混凝土 2 400 m^3(QY-540)，撒草籽 800 m^2(LY-227)，编制期人工单价为 74 元/工日，柴油价格为 5.95 元/kg，电价为 1 元/(kW·h)。计算高原地区施工增加费用(2018 年 6 月 17 日施工)。

1.7.3 原始森林地区施工增加费

视频：行车干扰
施工增加费

1. 定义

原始森林地区施工增加费是指原始森林地区进行新建或增建二线铁路施工，由于受环境影响，其路基土方工程应增加的费用。

2. 计算

原始森林地区施工增加费＝(路基土方工程定额工天×编制期综合工费单价＋路基土方工程定额机械台班量×编制期机械台班单价)×30％

【练 1-7-7】 大兴安岭地区利用土填方 12 000 m^3(LY-168)，编制期人工单价为 79 元/工日，柴油价格为 6.95 元/kg，计算原始森林地区施工增加费用(2019 年 6 月 17 日施工)。

【练 1-7-8】 小兴安岭地区挖掘机装车(LY-10)和自卸汽车运土(LY-34)路基土方 8 000 m^3，编制期人工单价为 79 元/工日，柴油价格为 7.95 元/kg，计算原始森林地区施工增加费用(2019 年 5 月 27 日施工)。

1.7.4 行车干扰施工增加费

视频：原始森林地区
施工增加费用

1. 定义

行车干扰施工增加费是指在不封锁的营业线上，在维持通车的情况下，或本线封锁施工，邻线维持通车的情况下，进行建筑安装工程施工时，由于受行车影响造成局部停工或妨碍施工而降低工作效率等所需增加的费用。

在未移交运营的线路上施工和在避难线、安全线、存车线及其他段管线上施工均不计列行车干扰施工增加费。

2. 行车干扰范围

行车干扰范围见表 1-7-2。

表 1-7-2 行车干扰范围

名称	受行车干扰范围	受行车干扰项目	包括	不包括
路基	在行车线上或在行车线中心平距 12.5 m 及以内	填挖土方、填石方，地基处理工程	路基抬高落坡全部工程	
	在行车线的路堑内	土石方工程及路堑内的挡土墙、护墙、护坡、侧沟、吊沟的全部砌筑工程		控制爆破开挖石方
	平面跨越行车线运土石方	跨越运输的全部土石方	隧道弃渣	

续表

名称	受行车干扰范围	受行车干扰项目	包括	不包括
桥涵	在行车线上或在行车线中心平距 12.5 m 及以内	涵洞的主体砌筑，桥梁工程的下部建筑主体砌筑，桥梁架设、现浇	桥梁的锥体护坡及桥头填土	桥涵其他附属工程及桥面系等，框架桥、涵管的挖土、顶进，框架桥内、涵洞内的路面、排水等工程
隧道及明洞	在行车线的隧道、明洞内	改扩建隧道或增设通风、照明设备的全部工程	明洞、棚洞的挖基及衬砌工程	明洞、棚洞拱上的回填及防水层、排水沟等
轨道	在行车线上或在行车线中心平距 12.5 m 及以内或在行车线的线间距≤12.5 m 的邻线上施工	全部工程	拆铺、改拨线路，更换钢轨、轨枕及线路整修作业	线路备料
电力牵引供电	在行车线上或在行车线中心平距 12.5 m 及以内或在行车线的线间距≤12.5 m 的邻线上施工	在既有线上非封锁线路作业的全部工程和邻线未封锁而本线封锁线路作业的全部工程		封锁线路作业的项目（邻线未封锁的除外）；牵引变电及供电段的全部工程
其他室外建筑安装及拆除	在行车线上或在行车线中心平距 12.5 m 及以内	全部工程	靠行车线较近的基本站台、货物站台、天桥、跨线站房、灯桥、雨棚、地道的上下楼梯	站台土方不跨线取土者

3. 行车干扰施工增加费内容

行车干扰施工增加费包含施工期间人工、机械受行车影响降效增加的费用，因行车而应做的整理和养护工作费用，以及在施工时为防护所需的信号工、电话工、看守工等的人工费用及防护用品的维修、摊销费用等。

4. 行车干扰施工增加费的计算

(1)土石方施工及跨股道运输的行车干扰施工增加费，无论施工方法如何，均按下列算法计列：

行车干扰增加费＝土石方施工及跨股道运输的行车干扰的工日(表 1-7-3)×编制期综合工费单价×受干扰土石方数量×每昼夜行车次数×0.4%

表 1-7-3　土石方施工及跨股道运输计行车干扰的工日

工日/(100 m³ 天然密度体积)

序号	工　作　内　容	土方	石方
1	仅挖、装(爆破石方仅为装)在行车干扰范围内	15.7	7.7
2	仅卸在行车干扰范围内	3.1	4.6
3	挖、装、卸(爆破石方为装、卸)均在行车干扰范围内	18.9	12.3
4	平面跨越行车线运输土石方，仅跨越一股道或跨越双线、多线股道的第一股道	15.7	23.1
5	平面跨越行车线运输土石方，每增跨一股道	3.1	4.6

【练 1-7-9】 某工程增建二线施工，路基土方运输 3 000 m^3，跨越三个股道，编制期人工费用为 92 元/工日，每昼夜行车次数为 13 次，计算行车干扰增加费用。

(2)接触网工程的行车干扰施工增加费按下列算法计列：

接触网工程的行车干扰施工增加费＝受行车干扰范围内的工程数量×(所对应定额的应计行车干扰的工日×编制期综合工费单价＋所对应定额的应计行车干扰的机具台班量×编制期机具台班单价)×每昼夜行车次数×0.48％

(3)其他工程的行车干扰施工增加费按下列算法计列：

其他工程的行车干扰施工增加费＝受行车干扰范围内的工程数量×(所对应定额的应计行车干扰的工日×编制期综合工费单价＋所对应定额的应计行车干扰的机具台班量×编制期机具台班单价)×每昼夜行车次数×0.4％

(4)邻近或在列车运行速度＞200 km/h 的营业线上施工时，原则上不考虑按行车间隔施工的方案。

【练 1-7-10】 某营业线铁路每昼夜行车 8 次，施工涵洞基础混凝土 650 m^3(QY-711)，编制期人工单价为 79 元/工日，汽油价格为 6.8 元/kg，电价为元/(kW·h)，柴油价格为 5.95 元/kg，计算其行车干扰增加费用(2018 年 7 月 1 日)。

1.7.5　营业线封锁(天窗)施工增加费

视频：营业线封锁增加费

1. 定义

营业线封锁(天窗)施工增加费是指为确保营业线行车和施工安全，需封锁线路施工而造成的施工效率降低等所发生的费用。

2. 计算

营业线封锁(天窗)施工增加费＝根据相关规定及施工组织确定的需封锁线路施工或利用天窗时间施工的工程数量×(编制期人工费＋施工机具使用费)×工日与施工机具台班定额增加幅度(表 1-7-4)

表 1-7-4　营业线封锁(天窗)施工定额增加幅度

序号	工程类别	工日与施工机具台班定额增加幅度/%
1	人力拆铺轨	340
2	机械拆铺轨	180
3	拆铺道岔	170
4	粒料道床	180
5	线路有关工程	120
6	接触网恒张力架线	130
7	接触网非恒张力架线	250
8	接触网其他工程	250
9	架设预应力混凝土 T 形梁	150
10	架设预应力混凝土箱梁及其他上跨结构	100
11	其他工程	260

【练 1-7-11】 架设混凝土 T 形梁 40 孔(QY-486)编制期人工单价为 80 元/工日，汽油价格为 7.12 元/kg，电价为 1 元/(kW·h)，柴油价格为 6.4 元/kg，计算其行车干扰增加费用(2020 年 5 月 1 日施工)，计算营业线封锁施工增加费用。

任务 1.8　大型临时设施和过渡工程费用

1.8.1　大型临时设施和过渡工程费用的定义

大型临时设施费和过渡工程费是指施工企业为进行建筑安装工程施工及维持既有线正常运营，根据施工组织设计确定所需的大型临时建筑和过渡工程修建及拆除恢复所发生的费用。

1.8.2 大型临时设施项目组成

(1)铁路便线(含便桥、隧、涵)是指通往临时场站、砂石(道砟)场的临时铁路线、架梁岔线及场内铁路便线、机车转向用的三角线等，独立特大桥的起重机走行线，以及重点桥隧等工程专设的铁路运料便线等。

(2)汽车运输便道(含便桥、隧、涵)是指汽车运输干线、沿线纵向运输便道及通往重点土石方工点、桥梁、隧道、站房、取弃土石场、砂石(道砟)场、区间牵引变电所及临时场站等的引入线。

(3)运梁便道是指专为运架大型混凝土成品梁而修建的运输便道。

(4)临时给水设施是指为解决工程用水而铺设的给水干管路(管径 100 mm 及以上或长度 2 km 及以上)及隧道工程的水源点至山上蓄水池的给水管路，缺水地区临时贮水站，井深 50 m 及以上的深水井等。

(5)临时电力线(供电电压在 6 kV 及以上)包括临时电力干线及通往隧道、特大桥、大桥和临时场站、砂石(道砟)场等的电力引入线[集中发电站、集中变电站(包括升压站和降压站)]。

(6)临时通信基站是指在没有通信条件的边远山区、无人区等区域设置的无线通信基站。

(7)临时场站是指根据施工组织设计需要确定的大型临时场站，包括材料场、填料集中加工站、混凝土集中拌合站、独立设置的混凝土构配件预制场、制(存)梁场(含提梁站)、钢梁拼装场(含提梁站)、掘进机拼装场、盾构泥水处理场、管片预制场、仰拱预制场、轨节拼装场、长钢轨焊接(存放)基地、换装站、道砟存储场、轨枕预制场、轨道板预制场等。

(8)隧道污水处理站是指根据特殊环保要求(如有水源保护区、高类别功能水域等保护要求)必须设置的隧道污水处理站。

(9)渡口、码头、浮桥、吊桥、天桥、地道是指通行汽车为施工服务的设施。

1.8.3 大型临时设施费的内容

(1)铁路便线、汽车运输便道、运梁便道、临时给水设施、临时电力线、临时通信基站、渡口、码头、浮桥、吊桥、天桥、地道等的工程费用及养护维修费用。

(2)轨道板预制场、轨枕预制场、管片预制场的主体厂房工程费用。

(3)临时场站、集中发电站、集中变电站、隧道污水处理站等的场地土石方地基处理、生产区硬化面、砌体，吨位≥10 t 且长度≥100 m 的龙门式起重机走行线等的工程费用。

(4)修建大型临时设施而发生的租用土地、青苗补偿、拆迁补偿、复垦及其他所有与土地有关的费用等。其中，临时场站中应计列的所有与土地有关的费用列入临时用地费项下。

1.8.4 过渡工程费用

(1)过渡工程费用组成：改建既有线、增建第二线等工程施工，需要确保既有线(或车站)运营工作的安全和不间断运行，同时为了加快建设进度，尽可能地减少运输与施工之间的相互干扰和影响而对部分既有工程设施必须采取的施工过渡措施。

(2)费用内容：临时性便线、便桥和其他建筑物及设备，以及由此引起的租用土地、青苗补偿、拆迁补偿，复垦及其他所有与土地有关的费用等。

1.8.5 费用的计算

(1)大型临时设施和过渡工程，应根据施工组织确定的项目、规模及工程量，采用定额按单项概预算计算程序计算或按类似指标计列。

(2)大型临时设施和过渡工程，均应结合具体情况，充分考虑借用本建设项目正式工程的材料，尽可能节约投资，其有关费用计算要求如下：

1)借用正式工程的材料。

①钢轨、道岔计列一次铺设的施工损耗，钢轨扣配件、轨枕、电杆计列铺设和拆除各一次的施工损耗(拆除损耗与铺设同)，便桥枕木垛所用的枕木，计列一次搭设的施工损耗。

②该类材料一般应计列由材料堆存地点至使用地点和使用完毕由材料使用地点运至指定归还地点的运杂费。

③该类材料在设计概(预)算中一般不计使用费，材料工地搬运及操作损耗率按《铁路工程基本定额》执行。

2)使用施工企业的工程器材。使用施工企业的工程器材，按表1-8-1中所列的施工器材年使用费率计算使用费。

表1-8-1　施工器材使用费率表

序号	材料名称	年使用费率/%
1	钢轨、道岔	10
2	钢筋混凝土电杆	10
3	铁横担	10
4	铸铁管、钢管、万能杆件、钢铁构件	16
5	木制电杆、油浸电杆	16
6	素材构件、木横担	20
7	通信、信号、电力线材(不含光缆、电杆及横担)	30
8	过渡工程用设备	25

注：(1)无论按摊销或折旧计算，均一律按表列费率作为编制设计概(预)算的依据。其中，通信信号及电力线材的使用年限超过3年时，超过部分的年使用费率按10%计。困难山区使用的钢筋混凝土电杆，无论其使用年限多少，均按100%摊销。

(2)光缆、接触网混凝土支柱无论其使用年限多少，均按100%摊销。

(3)计算单位为季度，不足一季度，按一季度计

3)利用旧道砟，除计运杂费外，还应计列必要的清筛费用。

4)不能倒用的材料，如砌筑用料，道砟(不能倒用时)等，计列全部价值。

(3)铁路便线的养护费计费定额。为使铁路便线经常保持完好状态，其养护费按表 1-8-2 所列的定额计算。

表 1-8-2 铁路便线养护费用

项目	人工	零星材料费	道砟/[m^3·(月·km)$^{-1}$]		
			3 个月以内	3～6 个月	6 个月以上
便线	32 工日/(月·km)	—	20	10	5
便线中的便桥	11 工日/(月·百换算米)	1.25 元/(月·延长米)	—	—	—

注：(1)人工费按设计概(预)算编制期Ⅰ类综合工费单价计算。

(2)便线长度不满 100 m 者，按 100 m 计；便桥长度不满 1 m 者，按 1 m 计。计算便线长度，不扣除道岔及便桥长度。

(3)便桥换算长度的计算：

钢梁桥：1 m=1 换算米

木便桥：1 m=1.5 换算米

砌筑及钢筋混凝土梁桥：1 m=0.3 换算米

(4)养护的期限，根据施工组织设计确定，按月计算，不足一个月者，按一个月计。

(5)道砟数量采用累计法计算。

[例：1 km 便线当其使用期为一年时，所需道砟数量=3×20+3×10+6×5 =120(m^3)]。

(6)定额内包括冬期积雪清除和雨期养护等一切有关养护内容。

(7)通行工程列车或临管列车的便线，并需计列运费者，因运价中已包括了养护费用，不应另列养护费；运土、运料等临时便线，只计取送车费或机车、车辆租用费者，可计列养护费。

(8)营业线上施工，为保证不间断行车而修建通行正式运营列车的便线，在未办理交接前，其养护费按照表列定额加倍计算

【练 1-8-1】 新建铁路便线 1 500 m，其中木便桥 260 m，养护期限 140 天，道砟单价为 200 元/m^3，计算便线的养护费用。

【练 1-8-2】 新建铁路便线 3 500 m，其中钢筋混凝土梁桥 300 m，养护期限 400 天，道砟单价为 280 元/m^3，计算便线的养护费用。

(4)汽车便道养护费计费定额。为使通行汽车运输便道经常保持完好的状态，其养护费按表 1-8-3 所列定额计算。

表 1-8-3　公路便线养护定额

项目		人工	零星材料费
		工日/(月·km)	m^3/(月·km)
土路		15	—
粒料路(包括泥结碎石路面)	干线	25	2.5
	引入线	15	1.5

注：(1)人工费按设计概(预)算编制期Ⅰ类综合工费单价计算。
(2)计算便道长度，不扣除便桥长度。不足 1 km 者，按 1 km 计。
(3)养护的期限，根据施工组织设计确定，按月计算，不足一个月者，按一个月计。
(4)定额内包括冬期积雪清除和雨期养护等一切有关养护内容。
(5)便道中的便桥不另计养护费

【练 1-8-3】 新建公路干线 2 500 m，其中便桥 260 m，养护期限 100 天，碎石单价为 80 元/m^3，计算便线的养护费用。

【练 1-8-4】 新建公路引入线 1 500 m，其中钢筋混凝土梁桥 200 m，养护期限 300 天，卵石单价为 40 元/m^3，计算便线的养护费用。

任务 1.9　间接费用和税金的计算

间接费是指施工企业为完成承包工程而组织施工生产和经营管理所发生的费用。

1.9.1　间接费用内容

视频：间接费用计算

间接费包括企业管理费、规费和利润。

1. 企业管理费

企业管理费是指建筑安装企业组织施工生产和经营管理所需的费用。内容如下：

(1)管理人员工资。管理人员工资是指管理人员的基本工资、津贴和补贴、辅助工资、职工福利费、劳动保护费等。

(2)办公费。办公费是指管理办公用的文具、纸张、账表、印刷、邮电、书报、宣传、通信、会议、水、电、煤(燃气)等费用。

(3)差旅交通费。差旅交通费是指职工因公出差、调动工作的差旅费，驻勤补助费，市内交通费和误餐补助费，职工探亲路费，劳动力招募费，职工退休、退职一次性路费，工伤人员就医路费以及管理部门使用的交通工具的油料、燃料及牌照费。

(4)固定资产使用费。固定资产使用费是指管理和试验部门及附属生产单位使用的属于固定资产的房屋、车辆、设备仪器等的折旧、大修、维修或租赁费。

(5)工具用具使用费。工具用具使用费是指管理使用的不属于固定资产的生产工具、器具、家具、交通工具和检验、试验、测绘、消防用具等的购置、维修和摊销费。

(6)检验试验费。检验试验费是指施工企业按照规范和施工质量验收标准的要求，对建筑安装的设备、材料、构件和建筑物进行一般鉴定、检查所发生的费用，包括自设试验室进行试验所耗用的材料和化学药品费用等，以及根据需要由施工单位委外检验试验的费用。不包括应由研究试验费和科技三项费用支出的新结构、新材料的试验费；不包括建设单位要求对具有出厂合格证明的材料进行试验，对构件破坏性试验及其他特殊要求检验试验的费用；不包括由建设单位委外检验试验的费用；不包括施工质量验收标准以外设计要求的检验试验费用。

(7)财产保险费。财产保险费是指施工管理用财产、车辆保险费用。

(8)税金。税金是指企业交纳的房产税、车船税、土地使用税、印花税、城市维护建设税、教育费附加、地方教育附加等各项税费。

(9)施工单位进退场及工地转移费。施工单位进退场及工地转移费是指施工单位根据建设任务需要，派遣人员和机具设备从基地迁往工程所在地或从一个项目迁至另一个项目所发生的往返搬迁费用及施工队伍在同一建设项目内，因工程进展需要，在本建设项目内往返转移，以及劳动工人上下班路上所发生的费用。包括：承担任务职工的调遣差旅费，调遣期间的工资，施工机械、工具、用具、周转性材料及其他施工装备的搬运费用；施工队伍在转移期间所需支付的职工工资、差旅费、交通费、转移津贴等；劳动工人上、下班路上所需的车船费、途中食宿补贴及行李运费等。

(10)劳动保险费。劳动保险费是指由企业支付离、退休职工的易地安家补助费、职工退职金、6 个月以上病假人员的工资及支付给离休干部的各项经费等。

(11)工会经费。工会经费是指企业按照职工工资总额计提的工会经费。

(12)职工教育经费。职工教育经费是指企业为职工学习先进技术和提高文化水平，按职工工资总额计提的费用。

(13)财务费用。财务费用是指企业为筹集资金而发生的各种费用，包括企业经营期间发生的短期贷款利息净支出，金融机构手续费，担保费，以及其他财务费用。

(14)工程排污费。工程排污费是指施工现场按规定缴纳的工程排污费用。

(15)其他。其他包括技术转让费、技术开发费、业务招待费、绿化费、广告费、公证费、法律顾问费、审计费、咨询费、无形资产摊销费、投标费、企业定额测定费、企业信息化管理系统建设及使用费、工程验收配合费等。

2. 规费

规费是指按政府和有关部门规定必须缴纳的社会保障费用。内容如下：

(1)社会保险费。社会保险费是指企业按规定缴纳的基本养老保险费、失业保险费、基本医疗保险费、工伤保险费、生育保险费等。

(2)住房公积金。住房公积金是指企业按规定缴纳的住房公积金。

3. 利润

利润指施工企业完成所承包的工程应获得的盈利。

1.9.2 间接费用的计算

间接费分不同工程类别按下式计算：

间接费＝（基期人工费＋基期施工机具使用费）×间接费费率

间接费费率按不同工程类别采用表 1-9-1 所规定的计列。

表 1-9-1　间接费费率表

类别代号	工程类别	费率/%	附注
1	人力施工土石方	47.4	包括人力拆除工程，绿色防护，各类工程中单独挖填的土石方，石方爆破工程
2	机械施工土石方	21.9	包括机械拆除工程，填级配碎石、砂砾石、渗水土，公路路基路面，各类工程中单独挖填的土石方、综合维修通道、大临土石方工程
3	汽车运输土石方采用定额“增运”部分	10.9	仅指区间路基土石方及站场土石方，包括隧道出渣洞外运输
4	特大桥、大桥下部建筑	26.4	含附属工程
5	预制混凝土梁	56.7	含各种桥梁桥面系、支座、梁横向连接和湿接缝
6	现浇混凝土梁	43.6	包括分段预制后拼接的混凝土梁
7	运架混凝土简支箱梁	29.9	
8	隧道、明洞、棚洞、自采砂石	33.9	不含隧道的照明、通风与空调等工程，不含大型机械化施工及掘进机、盾构施工的隧道
9	路基附属工程(不含附属土石方)	33.5	含区间线路防护栅栏、与路基同步施工的接触网支柱基础等
10	框架桥、公路桥、中小桥下部(含附属工程)涵洞，轮渡、码头，一般生产房屋和附属、给水排水、工务、站场、其他建筑物等建筑工程	44.2	含除大临土石方、大临轨道、临时电力、临时通信外的大临工程，环保降噪声工程
11	铺轨、铺岔、架设其他混凝土梁、钢梁、钢管拱，钢结构站房(含站房综合楼)、钢结构雨棚、钢结构车库等	89.5	简支箱梁除外，包括轨道附属工程，线路备料及大临轨道；钢管拱包括钢管、钢管内混凝土、系杆、吊杆、梁及桥面板
12	铺砟	40.4	包括道床清筛、沉落整修，有砟轨道调整
13	无砟道床	67.1	包括道床过渡段含不与路基同步施工的接触网支柱基础
14	通信、信号、信息、灾害监测、电力、牵引变电、供电段、机务、车辆、动车，所有安装工程	59.8	含桥梁、隧道的照明工程，隧道通风与空调工程、临时电力、临时通信、管线路防护、管线迁改

续表

类别代号	工程类别	费率/%	附注
15	接触网建筑工程	59.4	含不与路基同步施工的接触网支柱基础
注：1. 采用大型机械化施工开挖定额的隧道工程，间接费费率按 25.9%计，掘进机、盾构施工的隧道间接费费率另行分析计列。 2. 过渡工程按表列同类正式工程的费率计列，大型临时设施按表列同类正式工程的费率乘以 0.8 的系数计列			

【练 1-9-1】 特大桥实体桥墩混凝土 1 200 m^3(QY-338，YY-38，YY-47，YY-48)计算间接费用。

1.9.3 税金

视频：税金

(1)概念：税金是指按照设计概(预)算构成及国家税法等有关规定计算的增值税税额。

(2)建筑安装工程费税金计算：

税金＝(基期人工费＋基期材料费＋基期施工机具使用费＋价外运杂费＋
价差＋填料费＋施工措施费＋特殊施工增加费＋间接费)×税率

税金＝(直接费＋间接费)×税率

(3)税率：建筑安装工程费税金的税率为 9%。

【练 1-9-2】 西安地区路基挖掘机挖土方 8 000 m^3(LY-10)，计算税金(编制期人工费用为 70 元/工日，柴油价格为 5.95 元/kg，2018 年 5 月 1 日施工)。

【练 1-9-3】 河南郑州特大桥挖基础土方 1 300 m^3(QY-1)，编制期人工费用为 96 元/工日，柴油价格为 6.2 元/kg，2019 年 5 月 1 日施工。计算税金。

【练 1-9-4】 某工程位于河南省，路基边坡水泥砂浆抹面 4 430 m^2(LY-279)，编制期材料价格见本书 124 页(表 3-1-2)，运输方式见本书 130 页(表 3-1-5)。编制期人工费用为 84 元工日，水价为 3 元/m^3，电价为 1.2 元/(kW · h)，2020 年 5 月 1 日施工，公路管理部门公布的汽车运输单价为 0.6 元/(t · km)。计算税金。

项目 2　路基工程量清单计价文件的编制

项目描述

路基工程由区间路基土石方、站场土石方、路基附属工程三部分组成，每一组成部分又分成若干清单子目，这些清单子目形成路基工程量清单。

拟实现的教学目标

1. 思政目标

(1)具备工程造价人员认真仔细的职业素养；

(2)逐步养成干净整洁的书写习惯；

(3)逐步培养“认真负责，精益求精”的工匠精神。

2. 专业目标

(1)能够识读路基施工图纸；

(2)能够熟练编制路基工程量清单；

(3)能够熟练地进行路基工程量清单费用的计算。

相关案例——路基工程量清单的编制

典型工作任务 1　铁路工程工程量清单规范

知识点

(1)工程量清单的编制；

(2)工程量清单格式；

(3)工程量清单规则。

视频：工程量清单计价概述

工作任务

(1)什么是工程量清单？

(2)什么是招标工程量清单？

(3)什么是已标价的工程量清单？

(4)工程量清单格式是什么样的？

(5)已标价的工程量清单格式是什么样的？

相关配套知识

2.1.1 术语

1. 工程量清单

工程量清单是指载明工程项目、暂列金额、甲供材料设备、自购设备等的名称和相应数量的明细清单。

2. 招标工程量清单

招标工程量清单是指招标人依据国家法规、招标文件、图纸和现场施工条件将招标工程的全部项目和内容，按照统一的工程量计算规则、统一的工程量清单子目设置原则编制的工程量清单，包括其说明和表格。

3. 已标价工程量清单

已标价工程量清单是指构成合同文件组成部分的由投标人按照规定的格式和要求填写并标明价格的工程量清单。

4. 暂列金额

暂列金额是指招标人在工程量清单中暂定并包括在合同价款中的一笔款项。用于施工合同签订时未确定或者不可预见的所需材料、设备、服务的采购，施工中可能发生的工程变更、合同约定调整因素出现时的工程价款调整，以及发生的索赔、现场签证确认等的费用。

5. 甲供材料设备

甲供材料设备是指在招标文件和合同中明确的，由招标人负责采购的工程材料和设备。

6. 自购设备

自购设备是指投标人自行采购的、属于招标文件和合同中明确列出的工程设备。

7. 子目编码

子目编码是指工程量清单项目名称的数字标识。

8. 子目划分特征

子目划分特征是对清单子目的类型、结构、材质、规格等特征的描述，是设置下一级清单子目的依据。

9. 综合单价

综合单价是指完成最低一级的清单子目计量单位全部具体工程(工作)内容所需的人工费、材料费、施工机具使用费、填料费、施工措施费、特殊施工增加费、间接费、税金，以及招标文件和合同中明确的一定范围内风险费用。

10. 计日工

计日工是指对零星工作采取的一种计价方式，按招标文件和合同中明确的计日工子目及其单价计价。

2.1.2 一般规定

(1)工程量清单。工程量清单是编制招标文件、投标报价、签订工程合同、支付工程款、调整工程量和办理工程结算等活动的基础。

(2)工程量清单应按统一格式编制。

(3)招标工程量清单应由具有编制能力的招标人或受其委托，具有相应资质的工程造价机构和全国造价执业资格的工程造价人员编制，招标人可委托第三方工程造价咨询人对其成果进行核对。

(4)招标工程量清单的准确性和完整性由招标人负责。

(5) 工程量清单中的综合单价应按招标文件和规范的相关规定编制，包含完成该子目全部工程(工作)内容的费用。

(6)工程量清单中综合单价因工程量变化或技术标准变更等因素需调整时，应由合同约定或协商确定。

(7)旅客站房工程量清单中的综合单价组成可根据项目所在地具体情况调整。

(8)工程量清单计价应包含按招标文件和合同规定，完成工程量清单所列子目的全部费用。

(9)单价承包模式下工程量清单中所列工程数量仅作为投标的共同基础，不能作为最终计价的依据。实际计量应根据合同约定的计量方式，按规范的工程量计算规则执行。

2.1.3 工程量清单编制

1. 子目编码

子目编码采用数字表示，其中，第一级节号码，由两位数字 01～99 构成；后续层级为子目码，根据子目所属工程内容按主从属关系顺序编排，各层均由两位数字 01～99 构成。建筑、安装工程费、新建、改建工程层级不编号，其对应的下一级或子级延续编码。图 2-1-1 所示的虚框位代表根据编码数字及分类可取舍。旅客站房已统一编码子目的下级子目，可根据项目所在地具体情况自行编码。

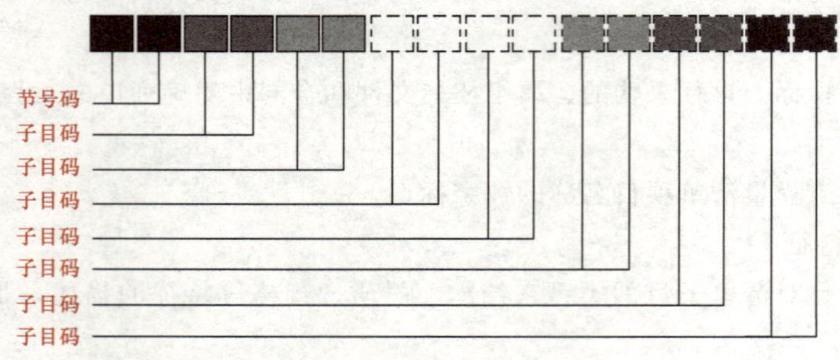

图 2-1-1 子目编码

2. 计量单位

(1)计量单位——一般采用以下基本单位：

1)以体积计算的子目——立方米(m^3)。

2)以面积计算的子目——平方米(m^2)。

3)以长度计算的子目——米或公里(m 或 km)。

4)以重量计算的子目——千克或吨(kg或t)。

5)以自然计量单位计算的子目——台、个、处、孔、组、座或其他可以明示的自然计量单位。

6)没有具体数量的子目——元。

(2)工程数量小数点后有效位数应按以下规定取定:

1)计量单位为“立方米”“平方米”“米”“千克”的取2位，第3位四舍五入。

2)计量单位为“千米”的，轨道工程取5位，第6位四舍五入:其他工程取3位，第4位四舍五入。

3)计量单位为“吨”的取3位，第4位四舍五入。

4)计量单位为“元”的取整。

5)计量单位为“个、处、孔、组、座或其他可以明示的自然计量单位”和“元”的取整，小数点后第1位四舍五入。

3. 子目划分特征

在编制工程量清单时，可根据项目的特点按子目划分特征编列或自行补充清单子目。子目划分特征为“综合”的，即最低一级的清单子目，是投标报价和合同签订后工程实施中计量的清单子目，其下不得再设置细目。

4. 工程量计算规则

(1)工程量计算规则是在各类工程界面划分明确的基础上对清单子目工程量的计算规定。

1)路基与桥梁工程界面划分:设置桥台过渡段时桥台后过渡段为路基工程;未设置桥台过渡段时，桥台后缺口填筑为桥梁工程。

2)路基与隧道工程界面划分:设置斜切式洞门时，以洞门的斜切面与设计内轨顶面的交线同线路中线的交点为界，靠隧道一侧计入隧道工程，靠路基一侧计入路基工程。

3)隧道与桥梁工程界面划分:桥台进洞时，桥台基坑开挖、防护、回填等计入桥梁工程，隧道边坡、仰坡防护等计入隧道工程。

4)室内外界线划分。

①给水管道:设置入户水表井(或交汇井)时，以井为界，水表井(或交汇井)计入室外给水管道未设置入户水表井(或交汇井)时，以建筑物外墙皮为界。

②排水管道:以出户第一个排水检查井(或化粪池)为界，检查井、化粪池均计入室外。

③热网管道、工艺管道:以建筑物外墙皮为界。

④电力、照明线路:以入户配电箱为界，入户配电箱计入室内。

5)清单子目的土方和石方，指单独挖填土石方的子目和无须砌筑的各种沟渠等的土石方。砌体等工程的子目工程(工作)内容已含土石方挖填的清单子目，土石方不单独计量。

(2)除另有规定及说明外，清单子目工程量均以设计图示的工程实体净值计算。施工中的各种损耗和因施工工艺需要所增加的工程量，应由投标人在投标报价时考虑，计入综合单价，不单独计量。计量支付仅以设计图示实体净值为准。

1)计算钢筋(预应力)混凝土的体积时，不扣除钢筋、预埋件和预应力筋张拉孔道所占的体积。

2)非预应力钢筋的质量按设计图示长度(应含架立钢筋、定位钢筋)乘理论单位质量计算，不含焊接、绑扎料、接头套筒、垫块等材料的质量。

3)预应力钢筋(钢丝、钢绞线)的质量按设计下料长度乘理论单位质量计算，不含锚具、管道、锚板及连接钢板、封锚、捆扎、焊接材料等的质量。

4)钢结构的质量按设计图示尺寸计算，不含焊接材料、下脚料、缠包料和垫衬物、涂装料等的质量。

5)砌体、混凝土体积按设计图示尺寸以实体体积计算，除另有规定外，不扣除预留孔洞、预埋件、钢筋(钢丝、钢绞线)的体积。

6)除房屋工程外，各种桩基如以体积计量时，其体积按设计图示桩顶至桩底的长度(混凝土灌注桩每根另加 1 m)乘以设计桩径断面面积计算，不得将扩孔(扩散)因素或护壁砌体计入工程数量。如需试桩，按设计文件的要求计入工程数量。桩帽(筏板)混凝土按设计体积计算，桩帽(筏板)钢筋按设计质量计算。

7)工程量以面积计量时，除另有规定外，其面积按设计图示尺寸计算，不扣除各类井和在 1 m^2 及以下的构筑物所占的面积。

8)工程量以长度计量时，除另有规定外，按设计图示中心线的长度计算，不扣除接头、检查井等所占的长度。

(3)在新建铁路工程项目中，与路基、桥梁、隧道等工程同步施工的电缆沟、槽及光(电)缆防护、接触网滑道，应在路基、桥梁、隧道等工程的清单子目中计量，四电部分不得重复计列。对既有线改造项目，应根据工程实际情况计列。

(4)房屋工程以外的地基处理仅指各章节室外工程的地基处理，所有室内工程的地基处理应在房屋相应的清单子目中计量。

5. 工程(工作)内容

(1)工程(工作)内容是指完成该清单子目的具体工程(工作)，除已列明的工程(工作)内容外，还包括场地平整、原地面挖台阶、原地面碾压，工程定位复测，测量、放样，工程点交、场地清理，材料(含成品、半成品、周转性材料)和各种填料的采备保管运输装卸，小型临时设施，按照规范和施工质量验收标准的要求对建筑安装的设备、材料构件和建筑物进行检验、试验、检测、观测，防寒、保温设施，防雨、防潮设施，照明设施，文明施工(施工标识、防尘、防噪声等)和环境保护、水土保持、防风防沙、卫生防疫措施，已完工程及设备保护措施、竣工文件编制等内容。

(2)对于改建工程的清单子目或距既有线(既有建筑物)较近工程的清单子目，除另有说明或单列清单子目外，还包括既有线(既有建筑物)的拆(凿)除(凿毛)、整修、改移、加固、防护、更换构件和与相关产权单位的协调、联络、封锁线路要点施工或行车干扰降效等内容。

(3)对于使用旧料修建的工程，还包括对旧料的整修、选配等内容。

(4)施工中引起的过渡费用应计入相应的清单子目，另有说明或单列清单子目除外。

(5)常用工程(工作)内容的表示方法如下：

1)基坑(工作坑检查井孔)挖填包括筑岛、围堰及拆除(桥涵工程除外)，土石挖、装、运、弃，弃方整理，坑(孔)壁支护及拆除，降水排水，修坡，修底，垫层铺设，回填(含原土回填和外运填料或砌体回填)、压实。

2)桩(井)孔开挖包括桩(井)孔土石挖运、弃，弃方整理，孔壁支护及拆除，通风，降水排水，清孔。

3)沟槽挖填包括管沟、排水沟、光(电)缆沟等的筑岛、围堰及拆除，土石挖运、弃，弃方整理，沟壁支护及拆除，降水排水，修坡，修底，地基一般处理(含换填，垫层铺设)，回填(含原土回填和外运填料回填)、压实，标志埋设。

4)砌体(干砌和浆砌)砌筑包括砂浆配料、拌制，石料或砌块选修，挂线，填塞，勾缝，抹面，养护。

5)混凝土浇筑包括配料(含各种外加剂)，拌制，运输，浇筑，振捣，养护。

6)钢筋及预埋件制安包括调直、除锈，切割、钻孔、弯曲、捆束、堆放、焊接、套筒连接绑扎、安放、定位检查、校正、垫块。

7)模板制安拆包括制作、挂线放样、模板及配件安装，校正，紧固、涂刷脱模剂，拆除、整修、涂油、堆放。

8)(钢筋)混凝土预制构件制安包括脚手架搭拆，钢筋及预埋件制安，预制场内模板制安拆、混凝土浇筑，安砌(装)，勾缝，抹面，养护。

9)金属构件制安包括放样、除锈、切割、钻孔、煨制、堆放安装连接、检查校正，涂装。

10)管道铺(架)设包括管道基础浇筑，支(吊)架、支墩制安，管道、管件制安，阀门、计量表安装，接口处理，防腐、保温处理，管道试验。

11)杆坑挖填包括土石挖、运、弃，弃方整理，坑(孔)壁支护及拆除，降水排水，修坡，修底，垫层铺设，回填(含原土回填和外运填料或砌筑回填)、压实等。

12)立杆(电杆、信号机柱)包括清坑、杆(柱)架立、整正，底盘、卡盘安装，撑杆、拉线桩(盘)制安，根部加固及防护(培土砌筑等)，接地连接，杆上附属装置制安，铭牌制安。

13)立杆(接触网支柱)包括清坑、支杆，整正回填，接地连接，根部加固及防护(培土、砌筑等)。

14)光(电)缆敷设包括检查，配盘、量裁，沿电缆沟、槽、管道敷设，架空敷设，盘留固定余缆，测试。分支地线敷设及连接，引接线端子排安装及连接，接地体制安。洞口封堵恢复，缠绕线环，线端核对，编绑整理。除管槽外的光(电)缆线路防护。

15)导线架设包括横担组装绝缘子、防震锤安装，导线架设，紧固，接续，端头处理，测试。

16)铁塔组立包括构件组装，铁塔架立、固定，接地连接，防腐处理，警告牌制安，根部加固及防护(培土砌筑等)。

17)防雷设施制安包括坑、沟挖填，地线盘、地网接地极、避雷线(针)、避雷器、消雷器、防雷器制安，加降阻剂，设标志，防腐处理，接地电阻试验。

18)设备安装、调试包括开箱检验，机架(柜)、底座、支架、配件制安，模块、机盘安装，打孔洞，插件插板安装，配线敷设，电气安装，相应软件的安装调试，单机测试。

2.1.4 工程量清单格式

(1)招标工程量清单表格的设置应满足工程计价的需要，方便使用。

(2)招标工程量清单使用表格：

1)封面(封-1)。

2)填表须知(扉-1)。

3)总说明(表-1)。

4)招标工程量清单表(表-2)。

5)计日工表。

①计日工人工(表-3-1)。

②计日工材料(表-3-2)。

③计日工施工机具(表-3-3)。

6)甲供材料设备表。

①甲供材料数量及价格表(表-4-1)。

②甲供设备数量及价格表(表-4-2)。

7)自购设备数量表(表-5)。

8)补充工程量清单计量规则表(表-6)。

(3)招标工程量清单表格的填写应符合下列规定：

1)招标工程量清单应由招标人填写，随招标文件发至投标人。

2)填表须知(扉-1)除规范规定的内容外，招标人可根据具体情况补充完善。

3)招标工程量清单中出现规范工程量清单计量规则表以外的清单子目，应按规范的规定编制补充工程量清单计量规则表，并随招标工程量清单发至投标人。

(4)总说明(表-1)应按下列内容填写：

1)工程概况：建设规模、工程特征、计划工期、施工现场实际情况、交通运输情况、自然地理条件、环境保护和安全施工要求等。

2)工程招标和分包范围。

3)工程量清单编制依据。

4)工程质量、材料施工等的特殊要求。

5)其他需说明的问题。

(5)甲供材料数量及价格表由招标人根据拟建工程的具体情况，详细列出甲供材料的材料代号、名称及规格、计量单位、交货地点、数量、不含税单价等。

(6)甲供设备数量及价格表应由招标人根据拟建工程的具体情况，详细列出甲供设备专业名称、设备代号、设备名称及规格型号、安装子目编码、交货地点、计量单位数量、不含税单价等。

(7)自购设备数量表由招标人根据拟建工程的具体情况，详细列出自购设备对于清单中专业名称、设备代号、设备名称及规格型号、安装子目编码、计量单位和数量等。

封-1

建设项目名称：______________

标　　段：______________

工程量清单

招　标　人：______________（单位签字盖章）

法定代表人或
授权代理人：______________（签字盖章）

中介机构
法定代表人：______________（签字盖章）

造价工程师
及注册证号：______________（签字盖执业专用章）

编制时间：______________

扉-1

填 表 须 知

(1)工程量清单中所有要求签字、盖章的地方，必须由规定的单位和人员签字、盖章。

(2)工程量清单中的任何内容不得随意删除或涂改。

(3)已标价工程量清单中列明的所有需要填报的单价(由招标人填写的单价除外)和合价，投标人均应填报(其中计量单位为“元”的子目单价栏填“1”，合价栏与数量栏的数额相同)，未填报的单价和合价，视为此项费用已含在工程量清单的其他单价和合价中。

(4)金额(价格)均应以__________币表示。

表-1

总 说 明

标段：　　　　　　　　　　　　　　　　　　　　　　　　　第　页共　页

表-2

招标工程量清单表

标段：　　　　　　　　　　　　　　　　　　　　　　　　　　　　第　页共　页

第××章××××			
子目编码	名称	计量单位	工程数量

计日工表

表-3-1

A. 计日工　人工

标段：　　　　　　　　　　　　　　　　　　　　　　　　　　　　第　页共　页

序号	名称	计量单位	数量

表-3-2

B. 计日工　材料

标段：　　　　　　　　　　　　　　　　　　　　　　　　　　　　第　页共　页

序号	名称及规格	计量单位	数量

表-3-3

C. 计日工　施工机具

标段：　　　　　　　　　　　　　　　　　　　　　　　　　　　　第　页共　页

序号	名称及型号	计量单位	数量

甲供材料设备表

表-4-1

A. 甲供材料数量及价格表

标段：　　　　　　　　　　　　　　　　　　　　　　　　　　　　第　页共　页

序号	材料代号	材料名称及规格	计量单位	交货地点	不含税单价/元			不含税合价/元
					出厂价	运杂费	综合单价	
合计								
税金								
总计								

表-4-1

B. 甲供设备数量及价格表

标段： 第　页共　页

序号	专业名称	设备代号	设备名称及规格	安装子目编码	交货地点	计量单位	数量	不含税单价/元			不含税合价/元
								出厂价	运杂费	综合单价	
合计											
税金											
总计											
注：安装子目编号指该设备所属安装工程费的子目编码											

表-5

自购设备数量表

标段： 第　页共　页

0序号	专业名称	设备代号	设备名称及规格	安装子目编码	交货地点	计量单位	数量
注：安装子目编号指该设备所属安装工程费的子目编码							

表-6

补充工程量清单计量规则表

标段：　　　　　　　　　　　　　　　　　　　　　　　　　　　　　第　页共　页

子目编码	名称	计量单位	子目划分特征	工程量计算规则	工程(工作)内容	附注

2.1.5 已标价工程量清单格式

素养课堂

按章办事、规范运作。

(1)已标价工程量清单表格的设置应满足工程计价的需要，方便使用。

(2)已标价工程量清单表格：

1)封面(封-2)。

2)投标报价总额(表-7)。

3)已标价工程量清单表。

①已标价工程量清单投标报价总表(表-8-1)。

②已标价工程量清单章节表(表-8-2)。

4)计日工费用计算表。

①计日工人工费计算表(表-9-1)。

②计日工材料费计算表(表-9-2)。

③计日工施工机具使用费计算表(表-9-3)。

④计日工费用汇总表(表-9-4)。

5)甲供材料设备表。

①甲供材料费计算表(表-10-1)。

②甲供设备费计算表(表-10-2)。

6)自购设备费计算表(表-11)。

7)工程量清单子目综合单价分析表(表-12)。

(3)已标价工程量清单表格的填写应符合下列规定：

1)已标价工程量清单表格应由投标人填写。

2)封面应按规定内容填写、签字、盖章。

3)投标报价总额应按已标价工程量清单投标报价总表中的“投标报价总额”填写。

4)已标价工程量清单投标报价总表各章节的金额应与已标价工程量清单章节表的金额一致。

5)已标价工程量清单章节表中的综合单价应与工程量清单子目综合单价分析表中的综合单价一致。

6)已标价工程量清单章节表和工程量清单子目综合单价分析表中的子目编码名称、计量单位、工程数量应与招标人提供的招标工程量清单一致。

7)工程量清单子目综合单价分析表应由投标人根据自身的施工和管理水平按综合单价组成分项自主填写，但间接费中的规费和税金应按国家有关规定计算。

8)暂列金额按招标文件规定的费率计算。

9)计日工费用计算表中的人工、材料施工机具名称、计量单位和相应数量应与招标人提供的计日工表一致，工程竣工后按实际完成的数量结算费用。

10)甲供材料费计算表中的材料代号、材料名称及规格、计量单位、交货地点数量不含税单价等应与招标人提供的甲供材料数量及价格表一致。

11)甲供设备费计算表中的专业名称、设备代号、设备名称及规格型号、安装子目编码、计量单位和数量等应与招标人提供的甲供设备数量及价格表一致。

12)自购设备费计算表中的专业名称、设备代号、设备名称及规格型号、安装子目编码、计量单位和数量等应与招标人提供的自购设备数量表一致，单价由投标人自主填报。

封-2

建设项目名称：______________

标　　　　段：______________

工程量清单投标报价表

投　标　人：______________________________（单位签字盖章）

法定代表人或
授权代理人：______________________________（签字盖章）

编制时间：______________________________

表-7

投　标　报　价　总　额

建设项目名称：______________________________

标　　　段：______________________________

投标报价总额（小写）：______________________________

（大写）：______________________________

投　标　人：______________________（单位签字盖章）

法定代表人或
授权代理人：______________________（签字盖章）

编 制 时 间：______________________________

表-8-1

已标价的工程量清单表

已标价工程量清单投标报价总表

标段：　　　　　　　　　　　　　　　　　　　　　　　　　　第　页共　页

章号	节号	名　　称	金　额/元
第一章	01	迁改工程	
第二章		路基	
	02	区间路基土石方	
	03	站场土石方	
	04	路基附属工程	
第三章		桥涵	
	05	特大桥	
	06	大桥	
	07	中桥	
	08	小桥	
	09	涵洞	
第四章		隧道及明洞	
	10	隧道	
	11	明洞	
第五章		轨道	
	12	正线	
	13	站线	
	14	线路有关工程	
第六章		通信、信号及信息	
	15	通信	
	16	信号	
	17	信息	
	18	灾害监测	
第七章		电力及电力牵引供电	
	19	电力	
	20	电力牵引供电	
第八章		房屋	
	21	旅客站房	

续表

章号	节号	名　称	金　额/元
	22	其他房屋	
第九章		其他运营生产设备及建筑物	
	23	给水排水	
	24	机务	
	25	车辆	
	26	动车	
	27	站场	
	28	工务	
	29	其他建筑及设备	
第十章	30	大型临时设施和过渡工程	
第十一章	31	其他费	
第一章～第十一章清单合计 A			
暂列金额 B			
含在暂列金额中的计日工			
自购设备 C			
投标报价总价 $D(A+B+C)$			

表-8-2

已标价工程量清单章节表

标段：　　　　　　　　　　　　　　　　　　　　　　　　　第　页共　页

子目编码	名　称	计量单位	工程数量	金额/元	
				综合单价	合 价

计日工费用计算表

表-9-1

A. 计日工　人工费计算表

标段：　　　　　　　　　　　　　　　　　　　　　　　　第　页共　页

序号	名称	计量单位	数量	金额/元	
				单价	合价
计日工　人工费合计______元					

表-9-2

B. 计日工　材料费计算表

标段：　　　　　　　　　　　　　　　　　　　　　　　　第　页共　页

序号	名称及规格	计量单位	数量	金额/元	
				单价	合价
计日工　材料费合计______元					

表-9-3

C. 计日工　施工机具使用费计算表

标段：　　　　　　　　　　　　　　　　　　　　　　　　第　页共　页

序号	名称及型号	计量单位	数量	金额/元	
				单价	合价
计日工　施工机具使用费合计______元					

表-9-4

D. 计日工　费用汇总表

标段：　　　　　　　　　　　　　　　　　　　　　　　　第　页共　页

名称	金额/元
1. 计日工人工费合计	
2. 计日材料费合计	
3. 计日施工机具使用费合计	
计日工费用总额______元 结转“已标价工程量清单投标报价总表”	

甲供材料设备表

表-10-1

A. 甲供材料费计算表

标段：　　　　　　　　　　　　　　　　　　　　　第　页共　页

序号	材料代号	材料名称及规格	计量单位	交货地点	不含税单价/元			不含税合价/元
					出厂价	运杂费	综合单价	
合计								
税金								
甲供材料费用合计＿＿＿＿＿＿元								

表-10-2

B. 甲供设备费计算表

标段：　　　　　　　　　　　　　　　　　　　　　第　页共　页

序号	专业名称	设备代号	设备名称及规格	安装子目编码	交货地点	计量单位	数量	不含税单价/元			不含税合价/元
								出厂价	运杂费	综合单价	
合计											
税金											
甲供设备费用合计＿＿＿＿＿＿元											
注：安装子目编号指该设备所属安装工程费的子目编码											

表-11

自购设备费计算表

标段：　　　　　　　　　　　　　　　　　　　　　　　　　　　　　　　　　　第　页共　页

序号	专业名称	设备代号	设备名称及规格	安装子目编码	计量单位	数量	不含税单价/元	不含税合价/元
合计								
税金								
甲供设备费用合计＿＿＿＿＿＿元								
注：安装子目编号指该设备所属安装工程费的子目编码								

表-12

工程量清单子目综合单价分析表

标段：　　　　　　　　　　　　　　　　　　　　　　　　　　　　　　　　　　第　页共　页

第××章×××节												
子目编码	名称	计量单位	综合单价组成/元									综合单价/元
			人工费	材料费	机具使用费	填料费	价外运杂费用	施工措施费	特殊施工增加费	间接费	税金	

小结

掌握清单规范的内容，熟悉已标价的工程清单的计算程序和基本思路，能根据《铁路基本建设工程设计概（预）算编制办法》（国铁科法〔2017〕30号文）和国铁科法〔2020〕8号《铁路工程工程量清单规范》（TZJ 2006—2020）的内容进行投标报价。

复习思考题

1. 工程量清单与已标价的工程量清单的联系与区别有哪些？
2. 工程清单规定有哪些？

典型工作任务 2　区间路基土石方工程清单计价

知识点

(1)土石方调配方案；
(2)挖土方综合单价确定；
(3)利用土填方综合单价确定；
(4)借土填方综合单价确定；
(5)改良土综合单价确定；
(6)级配碎石综合单价确定。

视频：清单子目
综合单价分析表

视频：清单子目
综合单价分析表的编制

工作任务

新建宝鸡至兰州铁路客运专线(时速为 260 km/h)甘肃段(DK827＋579～DK852＋136.35)路基土石方工程量清单见表 2-2-1。根据招标文件，本次招标材料价格采用 2017 年第四季度材料价格。路基断面图见附录，路基土石方数量调配明细表见配套图纸。

表 2-2-1　工程量清单

编码	章节	名称	计量单位	工程数量	金额/元	
					单价	合价
02	2	区间路基土石方	断面方	12 160		
		Ⅰ. 建筑工程费	断面方	12 160		
0201		一、土方	m^3	9 776		
020101		(一)挖土方(弃土)	m^3	4 328		
020102		(二)挖土方(利用方)	m^3	1 436		
020104		(四)借土填方	m^3	4 012		
0205		五、填改良土	m^3	1 436		
020501		(一)利用土改良	m^3	1 436		
0206		五、级配碎石(砂砾石)	m^3	948		
0200601		(一)基床表层	m^3	948		

(1)对该区间路基土石方工程清单进行投标报价

①根据挖土方(弃方)的工作内容确定挖土方的综合单价，完成相应表格(表 2-2-2～表 2-2-5)的填写。

表 2-2-2　单项工程概算表

建设名称			编号		
工程名称			工程总量		
工程地点			概算价值		
所属章节			概算指标		
单价编号	工作项目或费用名称	单位	数量	费用/元	
				单价	合价

表 2-2-3　人工价差计算表

定额编号	项目名称	单位	工程数量	定额消耗/工日	基期人工单价/元	编制期人工单价/元	人工价差/元

表 2-2-4　机械台班价差计算表

序号	机械名称	定额单位	工程数量	定额消耗/台班	基期价格/元	编制期价格/元	价差/元

表 2-2-5　工程量清单子目综合单价分析表

标段：　　　　　　　　　　　　　　　　　　　　第　页共　页

第 2 章 2 节												
子目编码	名称	计量单位	综合单价组成/元									综合单价/元
			人工费	材料费	机具使用费	填料费	价外运杂费用	施工措施费	特殊施工增加费	间接费	税金	

②根据挖土方(利用方)的工作内容确定挖土方的综合单价，完成相应表格(表 2-2-6～表 2-2-9)的填写。

表 2-2-6　单项工程概算表

建设名称			编号		
工程名称			工程总量		
工程地点			概算价值		
所属章节			概算指标		
单价编号	工作项目或费用名称	单位	数量	费用/元	
				单价	合价

表 2-2-7　人工价差计算表

定额编号	项目名称	单位	工程数量	定额消耗/工日	基期人工单价/元	编制期人工单价/元	人工价差/元

表 2-2-8　机械台班价差计算表

序号	机械名称	定额单位	工程数量	定额消耗/台班	基期价格/元	编制期价格/元	价差/元

表 2-2-9　工程量清单子目综合单价分析表

标段：　　　　第　页共　页

第 2 章 2 节											
子目编码	名称	计量单位	综合单价组成/元								综合单价/元
			人工费	材料费	机具使用费	填料费	价外运杂费用	施工措施费	特殊施工增加费	间接费	税金	

③根据借土填方的工作内容确定借土填方的综合单价，并完成相应表格(表 2-2-10～表 2-2-13)的填写。

表 2-2-10　单项工程概算表

<table>
<tr><td>建设名称</td><td colspan="2"></td><td>编号</td><td colspan="2"></td></tr>
<tr><td>工程名称</td><td colspan="2"></td><td>工程总量</td><td colspan="2"></td></tr>
<tr><td>工程地点</td><td colspan="2"></td><td>概算价值</td><td colspan="2"></td></tr>
<tr><td>所属章节</td><td colspan="2"></td><td>概算指标</td><td colspan="2"></td></tr>
<tr><td rowspan="2">单价编号</td><td rowspan="2">工作项目或费用名称</td><td rowspan="2">单位</td><td rowspan="2">数量</td><td colspan="2">费用/元</td></tr>
<tr><td>单价</td><td>合价</td></tr>
<tr><td></td><td></td><td></td><td></td><td></td><td></td></tr>
<tr><td></td><td></td><td></td><td></td><td></td><td></td></tr>
<tr><td></td><td></td><td></td><td></td><td></td><td></td></tr>
<tr><td></td><td></td><td></td><td></td><td></td><td></td></tr>
<tr><td></td><td></td><td></td><td></td><td></td><td></td></tr>
<tr><td></td><td></td><td></td><td></td><td></td><td></td></tr>
<tr><td></td><td></td><td></td><td></td><td></td><td></td></tr>
<tr><td></td><td></td><td></td><td></td><td></td><td></td></tr>
<tr><td></td><td></td><td></td><td></td><td></td><td></td></tr>
<tr><td></td><td></td><td></td><td></td><td></td><td></td></tr>
<tr><td></td><td></td><td></td><td></td><td></td><td></td></tr>
<tr><td></td><td></td><td></td><td></td><td></td><td></td></tr>
<tr><td></td><td></td><td></td><td></td><td></td><td></td></tr>
<tr><td></td><td></td><td></td><td></td><td></td><td></td></tr>
<tr><td></td><td></td><td></td><td></td><td></td><td></td></tr>
<tr><td></td><td></td><td></td><td></td><td></td><td></td></tr>
<tr><td></td><td></td><td></td><td></td><td></td><td></td></tr>
<tr><td></td><td></td><td></td><td></td><td></td><td></td></tr>
<tr><td></td><td></td><td></td><td></td><td></td><td></td></tr>
<tr><td></td><td></td><td></td><td></td><td></td><td></td></tr>
<tr><td></td><td></td><td></td><td></td><td></td><td></td></tr>
<tr><td></td><td></td><td></td><td></td><td></td><td></td></tr>
<tr><td></td><td></td><td></td><td></td><td></td><td></td></tr>
</table>

表 2-2-11　人工价差计算表

定额编号	项目名称	单位	工程数量	定额消耗/工日	基期人工单价/元	编制期人工单价/元	人工价差/元

表 2-2-12　机械台班价差计算表

序号	机械名称	定额单位	工程数量	定额消耗/台班	基期价格/元	编制期价格/元	价差/元

表 2-2-13　工程量清单子目综合单价分析表

标段：　　　　　　　　　　　　　　　　　　　　　　第　页共　页

<table>
<tr><td colspan="13">第 2 章 2 节</td></tr>
<tr><td rowspan="2">子目编码</td><td rowspan="2">名称</td><td rowspan="2">计量单位</td><td colspan="9">综合单价组成/元</td><td rowspan="2">综合单价/元</td></tr>
<tr><td>人工费</td><td>材料费</td><td>机具使用费</td><td>填料费</td><td>价外运杂费用</td><td>施工措施费</td><td>特殊施工增加费</td><td>间接费</td><td>税金</td></tr>
<tr><td></td><td></td><td></td><td></td><td></td><td></td><td></td><td></td><td></td><td></td><td></td><td></td><td></td></tr>
<tr><td></td><td></td><td></td><td></td><td></td><td></td><td></td><td></td><td></td><td></td><td></td><td></td><td></td></tr>
</table>

④根据改良土的工作内容确定改良土的综合单价，并完成相应表格(表 2-2-14～表 2-2-18)的填写。

表 2-2-14　单项工程概算表

建设名称			编号		
工程名称			工程总量		
工程地点			概算价值		
所属章节			概算指标		
单价编号	工作项目或费用名称	单位	数量	费用/元	
				单价	合价

表 2-2-15　人工价差计算表

定额编号	项目名称	单位	工程数量	定额消耗/工日	基期人工单价/元	编制期人工单价/元	人工价差/元

表 2-2-16　机械台班价差计算表

序号	机械名称	定额单位	工程数量	定额消耗/台班	基期价格/元	编制期价格/元	价差/元

表 2-2-17　工程量清单子目综合单价分析表

标段：　　　　　　　　　　　　　　　　　　　　　　　　　　　　　　第　页共　页

<table>
<tr><td colspan="13">第 2 章 2 节</td></tr>
<tr><td rowspan="2">子目编码</td><td rowspan="2">名称</td><td rowspan="2">计量单位</td><td colspan="9">综合单价组成/元</td><td rowspan="2">综合单价/元</td></tr>
<tr><td>人工费</td><td>材料费</td><td>机具使用费</td><td>填料费</td><td>价外运杂费用</td><td>施工措施费</td><td>特殊施工增加费</td><td>间接费</td><td>税金</td></tr>
<tr><td></td><td></td><td></td><td></td><td></td><td></td><td></td><td></td><td></td><td></td><td></td><td></td><td></td></tr>
<tr><td></td><td></td><td></td><td></td><td></td><td></td><td></td><td></td><td></td><td></td><td></td><td></td><td></td></tr>
</table>

表 2-2-18　运杂费用计算表

建设名称

适用范围												编号			
材料名称	工程量	各种运输方法的全程运价/t											全程综合运价/t		
		运输费				杂　费									
		运输方法	运距/km	单价/元	小计/元	装卸次数	装卸单价/元	小计 元	小计	采购及保管费费率/%	采购及保管费	共计/元	运输方法比重/%	运杂费/元	合计/元

⑤根据级配碎石的工作内容确定级配碎石的综合单价，并完成相应表格(表 2-2-19～表 2-2-24)的填写。

表 2-2-19　单项工程概算表

建设名称			编号		
工程名称			工程总量		
工程地点			概算价值		
所属章节			概算指标		
单价编号	工作项目或费用名称	单位	数量	费用/元	
				单价	合价

表 2-2-20　人工价差计算表

定额编号	项目名称	单位	工程数量	定额消耗/工日	基期人工单价/元	编制期人工单价/元	人工价差/元

表 2-2-21　材料价差计算表

定额编号	材料名称	单位	工程数量	材料定额消耗量	基期单价	编制期单价	价差/元

表 2-2-22　机械台班价差计算表

序号	机械名称	定额单位	工程数量	定额消耗/台班	基期价格/元	编制期价格/元	价差/元

表 2-2-23　工程量清单子目综合单价分析表

标段：　　　　　　　　　　　　　　　　　　　　　　　　　　　　　　第　页共　页

<table>
<tr><td colspan="13">第 2 章 2 节</td></tr>
<tr><td rowspan="2">子目编码</td><td rowspan="2">名称</td><td rowspan="2">计量单位</td><td colspan="9">综合单价组成/元</td><td rowspan="2">综合单价/元</td></tr>
<tr><td>人工费</td><td>材料费</td><td>机具使用费</td><td>填料费</td><td>价外运杂费用</td><td>施工措施费</td><td>特殊施工增加费</td><td>间接费</td><td>税金</td></tr>
<tr><td></td><td></td><td></td><td></td><td></td><td></td><td></td><td></td><td></td><td></td><td></td><td></td><td></td></tr>
<tr><td></td><td></td><td></td><td></td><td></td><td></td><td></td><td></td><td></td><td></td><td></td><td></td><td></td></tr>
<tr><td></td><td></td><td></td><td></td><td></td><td></td><td></td><td></td><td></td><td></td><td></td><td></td><td></td></tr>
<tr><td></td><td></td><td></td><td></td><td></td><td></td><td></td><td></td><td></td><td></td><td></td><td></td><td></td></tr>
<tr><td></td><td></td><td></td><td></td><td></td><td></td><td></td><td></td><td></td><td></td><td></td><td></td><td></td></tr>
</table>

表 2-2-24　运杂费用计算表

建设名称

<table>
<tr><td colspan="6">适用范围</td><td colspan="7"></td><td colspan="2">编号</td><td></td></tr>
<tr><td rowspan="3">材料名称</td><td rowspan="3">工程量</td><td colspan="11">各种运输方法的全程运价/t</td><td colspan="3">全程综合运价/t</td></tr>
<tr><td colspan="4">运输费</td><td colspan="3">杂　费</td><td rowspan="2">小计</td><td rowspan="2">采购及保管费费率/%</td><td rowspan="2">采购及保管费</td><td rowspan="2">共计/元</td><td rowspan="2">运输方法比重/%</td><td rowspan="2">运杂费/元</td><td rowspan="2">合计/元</td></tr>
<tr><td>运输方法</td><td>运距/km</td><td>单价/元</td><td>小计/元</td><td>装卸次数</td><td>装卸单价/元</td><td>小计元</td></tr>
<tr><td rowspan="2"></td><td rowspan="2"></td><td rowspan="2"></td><td></td><td></td><td></td><td rowspan="2"></td><td rowspan="2"></td><td rowspan="2"></td><td rowspan="2"></td><td rowspan="2"></td><td rowspan="2"></td><td rowspan="2"></td><td rowspan="2"></td><td rowspan="2"></td><td rowspan="2"></td></tr>
<tr><td></td><td></td><td></td></tr>
<tr><td rowspan="2"></td><td rowspan="2"></td><td rowspan="2"></td><td></td><td></td><td></td><td rowspan="2"></td><td rowspan="2"></td><td rowspan="2"></td><td rowspan="2"></td><td rowspan="2"></td><td rowspan="2"></td><td rowspan="2"></td><td rowspan="2"></td><td rowspan="2"></td><td rowspan="2"></td></tr>
<tr><td></td><td></td><td></td></tr>
<tr><td rowspan="2"></td><td rowspan="2"></td><td rowspan="2"></td><td></td><td></td><td></td><td rowspan="2"></td><td rowspan="2"></td><td rowspan="2"></td><td rowspan="2"></td><td rowspan="2"></td><td rowspan="2"></td><td rowspan="2"></td><td rowspan="2"></td><td rowspan="2"></td><td rowspan="2"></td></tr>
<tr><td></td><td></td><td></td></tr>
<tr><td rowspan="2"></td><td rowspan="2"></td><td rowspan="2"></td><td></td><td></td><td></td><td rowspan="2"></td><td rowspan="2"></td><td rowspan="2"></td><td rowspan="2"></td><td rowspan="2"></td><td rowspan="2"></td><td rowspan="2"></td><td rowspan="2"></td><td rowspan="2"></td><td rowspan="2"></td></tr>
<tr><td></td><td></td><td></td></tr>
</table>

⑥完成挖土方、借土填方、利用土改良、填级配碎石章节清单表的填写。

(2)总结路基土石方工程投标报价的计算过程。

相关配套知识

1. 工程量计算规则

(1)清单规定。

1)利用隧道、路基、站场、桥涵弃土石方的运输距离界面划分：以设计确定的取料点为界，料源点至取料，点的运输距离计入弃方工程中，取料点至填筑点(含运至填料拌合站)的运输距离计入填筑工程中。

2)挖方以设计开挖断面计算，为天然密实体积；填方以设计填筑断面计算，为压实后体积。

3)因设计要求清除表土后或原地面压实后回填至原地面标高所需的土石方按设计图示确定的数量计算，纳入路基填方数量。

4)路堤填筑按照设计图示填筑线计算土石方数量，护道土石方、需要预留的沉降数量计入填方数量。

5)既有线改造工程所引起的既有路基落底抬坡的土石方数量应按相应的土石方的清单子目计量。

(2)定额规定。

1)土石方开挖工程，除工作内容说明以外，还包括路堑修坡检底、取土坑整修等所需的人工、材料、机械消耗量。

2)天然密实体积与压实体积的换算系数问题。《铁路工程预算定额》明确了开挖与运输数量以天然密实体积计算，填筑数量以压实体积计算。因此，在土石方调配与套用定额时需要用到天然密实体积与压实体积的换算系数，见表 2-2-25。

表 2-2-25　天然密实体积与压实体积的换算系数

岩土类别铁路等级		土方			石方
		松土	普通土	硬土	
设计速度 200 km/h 及以上铁路	区间	1.258	1.156	1.115	0.941
	站场	1.230	1.130	1.090	0.920
设计速度 160 km/h 及Ⅰ级以下铁路	区间	1.225	1.133	1.092	0.921
	站场	1.198	1.108	1.068	0.900
Ⅱ级以下铁路	区间	1.125	1.064	1.023	0.859
	站场	1.10	1.040	1.000	0.840

该系数已经包括了因机械施工需要两侧超填的土石方数量，计算工程数量一律以净设计断面为准。特别应注意除填石路基采用石方的系数外，以石代土的填方工程也应采用石方系数。故此，需要使用者在采用该系数时做好详细的土石方调配表和区分填料的性质。

2. 路基土石方包括的清单子目、子目划分特征、工作内容

路基土石方包括的清单子目、子目划分特征、工作内容见表 2-2-26。

表 2-2-26　路基土石方包括的清单子目、子目划分特征、工作内容

子目编码	名称	计量单位	子目划分特征	工程量计算规则	工程(工作)内容	附注
02	区间路基土石方	区间路基千米				
	Ⅰ. 建筑工程费	m^3				
0201	一、土方	m^3				
020101	(一)挖土方(弃方)	m^3	综合	按设计图示开挖体积计算	挖、装、运、卸,弃方整理	工点装运至弃土场
020102	(二)挖土方(利用方)	m^3	综合	按设计图示开挖体积计算	挖、装、运、卸,利用方整理	指本体利用土方由取料点装运至临时堆放点:A、B组填料,改良土由取料点装运至填料拌合站
020103	(三)利用土填方	m^3	综合	按设计图示压实体积计算	1. 挖、装、运、卸; 2. 分层填筑、洒水(翻晒)、压实、修整	指本体利用土方由取料点或临时堆放点装运至填筑点
020104	(四)借土填方	m^3	综合	按设计图示压实体积计算	1. 挖、装、运、卸; 2. 分层填筑、洒水(翻晒)、压实、修整	取料点装运至填筑点(含运至临时堆放点)
0202	二、A、B组填料	m^3				含A、B组
020201	(一)利用方	m^3	综合	按设计图示开挖体积计算	1. 装、运、卸; 2. 配料、破碎、拌制; 3. 分层摊铺、洒水(翻晒)、压实、修整	取料点或填料拌合站装运至填筑点

续表

子目编码	名称	计量单位	子目划分特征	工程量计算规则	工程(工作)内容	附注
020202	(二)借方	m^3	综合	按设计图示压实体积计算	1. 挖、装、运、卸； 2. 配料、拌制； 3. 分层摊铺、洒水(翻晒)、压实、修整	取料点装运至填筑点(含运至填料拌合站)
020203	(三)利用隧道弃方	m^3	综合	按设计图示压实体积计算	1. 装、运、卸； 2. 配料、拌制； 3. 分层摊铺、洒水(翻晒)、压实、修整	取料点装运至填筑点(含运至填料拌合站)
0203	三．石方	m^3				
020301	(一)挖石方(弃方)	m^3				工点装运至弃土场
02030101	1. 爆破石方	m^3				
0203010101	(1)常规爆破	m^3	综合	按设计图示开挖体积计算	1. 爆破、解小； 2. 挖、装、运、卸，弃方整理	
0203010102	(2)控制爆破	m^3	综合	按设计图示开挖体积计算	1. 爆破、爆破体覆盖、解小； 2. 挖、装、运、卸，弃方整理	
0203010103	(3)静态爆破	m^3	综合	按设计图示开挖体积计算	1. 爆破、解小； 2. 挖、装、运、卸，弃方整理	
02030102	2. 非爆破石方	m^3				

续表

子目编码	名称	计量单位	子目划分特征	工程量计算规则	工程(工作)内容	附注
0203010201	(1)人工开凿	m^3	综合	按设计图示开凿体积计算	1. 开凿; 2. 挖、装、运、卸,弃方整理	
0203010202	(2)机械开凿	m^3	综合	按设计图示开凿体积计算	1. 开凿; 2. 挖、装、运、卸,弃方整理	
020302	(二)挖石方(利用方)	m^3				指本体利用石方由取料点装运至临时堆放点,A、B组填料由取料点装运至填料拌合站
02030201	1. 爆破石方	m^3				
0203020101	(1)常规爆破	m^3	综合	按设计图示开挖体积计算	1. 爆破、解小; 2. 挖、装、运、卸,弃方整理	
0203020102	(2)控制爆破	m^3	综合	按设计图示开挖体积计算	1. 爆破、爆破体覆盖、解小; 2. 挖、装、运、卸,利用方整理	
0203020103	(3)静态爆破	m^3	综合	按设计图示开挖体积计算	1. 爆破、解小; 2. 挖、装、运、卸,利用方整理	
02030202	2. 非爆破石方	m^3				
0203020201	(1)人工开凿	m^3	综合	按设计图示开凿体积计算	1. 开凿; 2. 挖、装、运、卸,利用方整理	

续表

子目编码	名称	计量单位	子目划分特征	工程量计算规则	工程(工作)内容	附注
0203020202	(2)机械开凿	m^3	综合	按设计图示开凿体积计算	1. 开凿; 2. 挖、装、运、卸,利用方整理	
020303	(三)利用石填方	m^3	综合	按设计图示压实计算	1. 爆破、爆破体覆盖、解小; 2. 开凿; 3. 挖、装、运、卸; 4. 破碎; 5. 分层填筑、塞紧空隙、压(夯)实、修整	指本体利用石方由取料点或临时堆放点装运至填筑点
020304	(四)借石填方	m^3	综合	按设计图示压实体积计算	1. 爆破、爆破体覆盖、解小; 2. 开凿; 3. 挖、装、运、卸; 4. 破碎; 5. 分层填筑、塞紧空隙、压(夯)实、修整	取料点装运至填筑点(含运至临时堆放点)
020305	(五)利用隧道弃方	m^3	综合	按设计图示压实体积计算	1. 装、运、卸,利用方整理; 2. 破碎; 3. 分层填筑、塞紧空隙、压(夯)实、修整	取料点装运至填筑点(含运至填料拌合站)
0204	四. 填渗水土	m^3	综合	按设计图示压实体积计算	1. 挖、装、运、卸,临时堆放; 2. 分层填筑、洒水(翻晒)压实、修整	

续表

子目编码	名称	计量单位	子目划分特征	工程量计算规则	工程(工作)内容	附注
0205	五、填改良土	m^3				
020501	(一)利用土改良	m^3	改良方式	按设计图示开挖体积计算	1. 挖、装、运、卸,临时堆放; 2. 配料、拌制; 3. 分层填筑、洒水(翻晒)、改良、压实、修整	指本体利用改良土由取料点或临时堆放点装运至填筑点
020502	(二)借土改良	m^3	改良方式	按设计图示压实体积计算	1. 挖、装、运、卸,临时堆放; 2. 配料、拌制; 3. 分层填筑、洒水(翻晒)、压实、修整	取料点装运至填筑点(含运至临时堆放点)
0206	六、级配碎石(砂砾石)	m^3				
020601	(一)基床表层	m^3	填料类型	按设计图示压实体积计算	1. 配料、拌制、堆放; 2. 分层摊铺、掺拌水泥、洒水(翻晒)、压实; 3. 路面及边坡修整	
020602	(二)过渡段	m^3				
02060201	1. 路桥过渡段	m^3	填料类型	按设计图示压实体积算	1. 配料、拌制、堆放; 2. 分层摊铺、掺拌水泥、洒水(翻晒)、压实; 3. 路面及边坡修整	

续表

子目编码	名称	计量单位	子目划分特征	工程量计算规则	工程(工作)内容	附注
02060202	2. 路涵过渡段	m^3	填料类型	按设计图示压实体积计算	1. 配料、拌制、堆放； 2. 分层摊铺、掺拌水泥、洒水(翻晒)、压实； 3. 路面及边坡修整	
02060203	3. 路堑与路堤过渡段	m^3	填料类型	按设计图示压实体积计算	1. 配料、拌制、堆放； 2. 分层摊铺、掺拌水泥、洒水(翻晒)、压实； 3. 路面及边坡修整	
02060204	4. 路隧过渡段	m^3	填料类型	按设计图示压实体积计算	1. 配料、拌制、堆放； 2. 分层摊铺、掺拌水泥、洒水(翻晒)、压实； 3. 路面及边坡修整	
0207	七、清除表土	m^3	综合	按设计图示清表面积计算	挖、装、运、卸，堆放，修整	
0208	八、挖淤泥	m^3	综合	按设计图示开挖体积计算	1. 围堰填筑及拆除、抽水； 2. 挖、装、运、卸，排水，弃方整理、修整	

3. 总承包风险费的费用组成内容和分析

(1)总承包风险费的费用组成内容。总承包风险费是指由总承包单位为支付风险费用计列的金额。风险费用包括但不限于以下内容：

1)非不可抗力造成的损失及对其采取的预防措施费用；

2)非发包人供应的材料、设备除按国家和国家铁路局有关政策需要调整以外的价差；

3)实施性施工组织设计调整造成的损失和增加的措施费；

4)工程保险费；

5)由于变更施工方法、施工工艺所引起的费用增加；

6)施工安全、工程质量、建设工期、投资控制、环境保护和维护稳定考核费用；

7)项目专用合同条款约定额度内由承包人承担的Ⅱ类变更设计费用。

(2)总承包风险费的费用组成分析。

1)非不可抗力造成的损失及对其采取的预防措施费用。由于地震、洪水、雪灾、台风、泥石流、隧道内的突发性地质灾害等非不可抗力造成的自然灾害损失及其采取预防措施费增加的费用。

该项费用按总承包风险费的约13%考虑。

2)非发包人供应的材料、设备除按国家和国家铁路局有关政策需要调整外的价差。由于工程的施工工期长，发包人供应的材料、设备以外的材料、设备价格的调整，会加大承包人的成本费用。

该项费用按总承包风险费的约15%考虑。

3)实施性施工组织设计调整造成的损失和增加的措施费。对于建设工期重大调整以外的施工组织设计调整工期，会增加赶工、措施等费用的。

该项费用按总承包风险费的约10%考虑。

4)工程保险费。为保证现场施工人员的人身安全、财产安全，降低意外事件造成的损失，施工单位将投保工程一切险、第三方责任险及现场的人身安全险、财产险等险种。

该项费用按总承包风险费的约4%考虑。

5)由于变更施工方法、施工工艺所引起的费用增加。为保证工程的质量、工期和安全，对于重难点、高精尖工程改变施工方法、施工工艺所采取的新工艺、新方法、新设备等造成费用增加。

该项费用按总承包风险费约的8%考虑。

6)施工安全、工程质量、建设工期、投资控制、环境保护和维护稳定考核费用。该项费用按总承包风险费约的34%考虑。

7)项目专用合同条款约定额度内由承包人承担的Ⅱ类变更设计费用。该项费用按总承包风险费的约16%考虑。

以挖土方（利用方）为例，进行清单子目综合单价分析

(1)挖土方(弃方)清单子目工程量复核。利用平均断面法计算土石方工程量，将图纸量与清单量进行对比，本项目清单量与图纸量相同均为4 328 m^3。

(2)查路基诸表，挖土方(弃方)4 328 m^3，所用机械设备及运距。经查业主文件，4 328 m^3

土方所用机械设备为挖掘机配自卸汽车，运距为 5 km。

(3)根据清单子目工作内容选定额：LY-13、LY-30、LY-59。

(4)人工编制期价格为 76 元/工日，柴油价格为 8.17 元/kg，计算人工价差与机具使用费用价差及挖土方(弃方)清单子目综合单价，进行相关表格(表 2-2-27～表 2-2-30)的填写。

视频：挖土方计算

视频：挖土方定额选择

视频：单项概算表的编制

表 2-2-27　人工价差计算表

定额编号	项目名称	单位	工程数量	定额消耗/工日	基期人工单价/元	编制期人工单价/元	人工价差/元
LY-13	≤2 m^3 挖掘机装车普通土	100 m^3	43.28	0.179	66	76	77.47
LY-30	≤12 t 自卸汽车运土运距≤1 km	100 m^3	43.28	0	66	76	0.00
LY-59	弃土场整理	100 m^3	43.28	0.164	66	76	70.98
挖土方(弃方)小计							148.45

表 2-2-28　机具使用费用价差计算表

定额编号	机械名称	定额单位	工程数量	定额消耗/台班	基期台班单价/元	编制期台班单价/元	价差/元
9100006	履带式液压单斗挖机≤2 m^3	100 m^3	43.28	0.112	1 018.47	1 317.91	1 451.50
9103105	≤12 t 自卸汽车	100 m^3	43.28	0.573	554.10	746.56	4 772.83
9100104	履带式推土机≤105 kW	100 m^3	43.28	0.164	650.54	856.67	1 463.08
挖土方(弃方)小计							7 687.42

表 2-2-29　清单子目综合单价分析表

第2章2节												
子目编码	名称	计量单位	综合单价组成/元									综合单价/元
			人工费	材料费	机具使用费	填料费	价外运杂费用	施工措施费	特殊施工增加费	间接费	税金	
020101	挖土方（弃方）	m^3	0.26	0.00	12.44	0.00	0.00	0.66	0	1.65	1.35	16.37

表 2-2-30　单项概算表

建设名称	宝兰客专甘肃站前施工图预算		编号	7-001	
工程名称	区间路基挖土方		工程总量	4 328 m^3	
工程地点	DK827＋579～DK852＋136.35(7标)		概算价值	70 833.55 元	
所属章节	第二章第二节		概算指标	16.37 元/m^3	
单价编号	工作项目或费用名称	单位	数量	费用/元	
				单价	合价
02	区间路基土石方	断面方	12 160.00	41.13	500 187.24
	Ⅰ.建筑工程费用	断面方	12 160.00	41.13	500 187.24
0201	一、土方	m^3	9 776.00	17.35	169 640.64
020101	(一)挖土方(弃方)	m^3	4 328.00	16.37	70 833.55
02010101	1. 挖土方(运距≤1 km)	m^3	4 328.00	9.94	43 020.00
LY-13	≤2 m^3 挖掘机装车 普通土	100 m^3	43.28	125.43	5 428.61
LY-30	≤12 t 自卸汽车运土 运距≤1 km	100 m^3	43.28	315.21	13 642.29
LY-59	弃土场整理	100 m^3	43.28	116.85	5 057.27
其中	定额人工费用	元			979.43
	定额材料费用	元			0.00
	定额施工机具使用费	元			23 148.74
一	定额直接工程费用	元			24 128.17
	人工价差	元			148.45
	机具价差	元			7 687.42

续表

	价差合计	元			7 835.87
二	直接工程费用	元			31 964.03
三	施工措施费用	%	24 128.17	9.20	2 219.79
四	直接费用	元			34 183.83
五	间接费用	%	24 128.17	21.90	5 284.07
六	税金	%	39 467.89	9.00	3 552.11
	单项概算价值	元			43 020.00
02010202	2. 增运土方(运距>1 km 的部分)	$m^3 \cdot km$	3 128.00	1.61	5 025.46
LY-31×4	≤12 t 自卸汽车车运土 增运 1 km	100 m^3	7.82	393.88	3 080.14
	机械使用费	元			3 080.14
	一、定额直接工程费	元			3 080.14
	机械台班差	元			1 077.59
	三、价差合计	元			1 077.59
	四、直接工程费	元			4 157.73
	五、施工措施费	%	3 080.14	3.80	117.05
	六、直接费	元			4 274.78
	七、间接费	%	3 080.14	10.90	335.74
	八、税金	%	4 610.51	9.00	414.95
	九、单项预算价值	元			5 025.46

素养课堂

通过土石方量的计算，培养学生透过现象看本质，养成辩证的思维及认真严谨的工作态度，精益求精的科学探索精神。

小结

本项目重点是根据施工现场实际情况和劳力组织选择定额，选择定额没有对错，只有合理与不合理，选择符合实际的定额对于工程造价的合理性非常重要。一般情况下，按土石方调配表中的机械选择定额，如土石方调配表中没有指定机械，则2010年定额土石方运输中机械搭配的建议如下：

1. 自卸汽车运输土方。一般地段，采用≤2 m^3 挖掘机挖装，≤12 t 自卸汽车运输；土方集中及数量巨大的地段，且场地较开阔时，采用≤2.5 m^3 挖掘机挖装，≤25 t 自卸汽车运输。

2. 自卸汽车运输石方。一般地段，采用≤3 m^3 装载机挖装，≤10 t 自卸汽车运输；石方集中及数量巨大的地段，且场地较开阔时，采用≤3 m^3 装载机挖装，≤20 t 自卸汽车运输。

3. 推土机推运土石方，采用≤135 kW 推土机。

4. 铲运机。单线铁路区间路基土石方采用≤10 m^3 自行式铲运机，站场与双线铁路路基采用≤16 m^3 自行式铲运机；单线铁路区间路基土石方采用≤8 m^3 拖式铲运机，站场与双线铁路路基采用≤12 m^3 自行式铲运机。

施工企业用于投标报价参考时，可根据企业已经拥有的机械型号，灵活运用。

复习思考题

1. 试总结土石方调配的几个常用公式。

2. 土石方定额中机械（推土机、铲运机、挖掘机、装载机）施工及运输适用条件是什么？

3. 什么是“经济运距”？填方用土来源有哪些？如何确定经济运距？

4. 土石方工程定额单位，填方为压实方，挖方为天然密实方。当以填方压实方体积为工程量时，采用以天然密实方体积为计量单位的定额时，所采用的定额应乘以的系数是多少，按不同岩土类别和铁路等级列表表示？

5. 土石方调配的原则有哪些？

典型工作任务 3　路基附属工程清单计价

知识点

(1)清单子目的归集；

(2)根据清单工作内容选择定额；

(3)计算清单子目的综合单价。

工作任务

新建宝鸡至兰州铁路客运专线甘肃段 7 标 DK827＋579～DK852＋136.35 站前工程施工总价招标，编号为 BLTJ-7。其中，路基附属工程量清单详见表 2-3-1。

问题：

(1)参照土石方案例，课内学生自行选择定额，并根据材料编制期单价中(扫描二维码)给定材料价格和运输方式进行地基处理 3 个清单子目综合单价分析。

材料编制期单价

(2)请同学们自行选择定额，并根据材料编制期单价中(扫描二维码)给定材料价格和运输方式进行绿包防护工程中 3 个清单子目综合单价分析。

(3)请同学们自行选择定额，并根据材料编制期单价中(扫描二维码)给定材料价格和运输方式进行支档结构 1 个工程清单子目综合单价分析。

(4)请同学们自行选择定额，并根据材料编制期单价中(扫描二维码)给定材料价格和运输方式进行护坡及冲刷防护中 3 个工程清单子目综合单价分析。

(5)请同学们自行选择定额，并根据材料编制期单价中(扫描二维码)给定材料价格和运输方式进行土工合成材料 1 个工程清单子目综合单价分析。

(6)请同学们自行选择定额，并根据材料编制期单价中(扫描二维码)给定材料价格和运输方式进行沟渠 2 个工程清单子目综合单价分析。

(7)请同学们自行选择定额，并根据材料编制期单价中(扫描二维码)给定材料价格和运输方式进行路基地段相关工程 3 个工程清单子目综合单价分析。

(8)请同学们自行选择定额，并根据材料编制期单价中(扫描二维码)给定材料价格和运输方式进行线路防护栅栏 1 个工程清单子目综合单价分析。

路基地面排水工程数量见表 2-3-2。

表 2-3-1　工程量清单

标段：BLTJ-7 标　　　　　　　　　　　　　　　　　　　　　　　　第 1 页

清单　第 02 章　路基						
编码	节号	名称	计量单位	工程数量	金额/元	
					综合单价	合价
04	4	路基附属工程	正线千米	24.268		
		Ⅰ．建筑工程费	正线千米	24.268		
0401		一、区间路基附属工程	元			
040101		(一)支挡结构	元			
04010102		2. 桩板挡土墙	圬工方	2 597.8		
0401010201		混凝土	圬工方	2 597.8		
0401010202		钢筋	t	291.933		
040102		(二)地基处理	元			
04010201		1. 换填基底垫层	m^3	6 084		
0401020103		(3)换填土	m^3	6 084		
04010202		2. 水泥土置换桩	m	40 696		
0401020206		(6)素土挤密桩	m	40 696		
04010205		5. 基底夯压实	m^3	2 200		
0401020502		(2)夯实及碾压	m^3	2 200		
040103		(三)平(坡)面防护	元			
04010303		3. 绿色防护	元			
0401030302		(2)撒草籽	m^2	700		
0401030307		(7)栽植灌木	千株	4.66		
0401030308		(8)穴植容器苗	千穴	2.4		
04010306		6. 土工合成材料	m^2	2 737		
0401030602		(2)土工格栅	m^2	2 737		
040104		(四)护坡及冲刷防护	元			
04010403		3. 片石混凝土	圬工方	238		
04010404		4. 混凝土	圬工方	790		
040106		(六)沟渠	元			
04010604		4. 混凝土	圬工方	237		
04010605		5. 钢筋混凝土	圬工方	28		
040109		(九)路基地段相关工程	元			
04010902		2. 路基地段电缆槽	km	0.267		
04010903		3. 接触网支柱基础	个	7		
04010904		4. 路基地段电缆井	个	2		
040111		(十一)线路防护栅栏	单侧千米	2.608		
04011101		1. 路基防护栅栏	单侧千米	2.608		
第 02 章　合计______________元						

表 2-3-2 路基地面排水工程数量表

新建铁路宝鸡至兰州客运专线施工图(甘肃境内)　　　　第 1 页 共 1 页

顺序号	起讫里程	工程名称	线路左侧		线路右侧		工程数量										备注
			长度	断面形式或尺寸	长度	断面形式或尺寸	C25钢筋混凝土	钢筋	C25混凝土	挖基 3 m内无水 土	挖基 3 m内无水 石	沥青麻筋	PVC毛细防排水板	二八灰土垫层	夯拍面积	ф30 mm水泥混凝网管	
			m		m		m³	kg	m³	m³	m³	m²	m²	m³	m²	m	
1	IDK848＋370.00～IDK848＋500.00	排水沟	170	Ⅱ－(3)	170	Ⅱ－(3)			121	653		8		326	1 360	15	IDK848＋450 立交
2	IDK852＋105.00～IDK852＋144.00	天沟	80	Ⅱ－(3)	80	Ⅱ－(3)			57	307		4		153	640		
3	IDK852＋105.00～IDK852＋136.35	侧沟	见设计图		见设计图												
4	IDK852＋136.35	侧沟引水沟	30	Ⅱ－(3)	30	Ⅱ－(3)			21	115		1		57	240		

量																						
桩板结构													复合地基质量检测								侧沟	
	板							托梁			牛腿		CFG 桩			素混凝土桩			水泥土挤密桩			
检测管	C40钢筋混凝土	HRB400钢筋	HRB335钢筋	C25混凝土找平层	麦草	涂沥青	泡沫橡胶板	C40钢筋混凝土	HRB400钢筋	HRB335钢筋	C35钢筋混凝土	HRB335钢筋	桩身完整性检测	单桩荷载板试验	复合地基荷载板试验	桩身完整性检测	单桩荷载板试验	复合地基荷载板试验	桩身密度检测	单桩荷载板试验	C25钢筋混凝土	HPB 300钢筋
m	m³	kg	kg	m³	kg	m²	m²	m³	kg	kg	m³	kg	根	组	组	根	组	组	根	组	m³	kg
	835	109 035	30 852	103	514	1 028	14				8	4 260										
	222	33 578	9 666	32	158	317	14				8	4 260									28	535

侧沟及侧沟平台			集水井及横向排水管								堆载预压		沉降观测			其他										
																电缆槽									电缆井	
C25混凝土	挖基(土)	沥青麻筋	个数	铸铁井盖	C25钢筋混凝土	钢筋HPB 300(ф8 mm)	ф15 mm PVC管	回填C25混凝土	挖槽	沥青麻筋	土方	复合土工膜	沉降观测标识	沉降观测桩	组合式沉降板	电线槽长度	开挖沟槽	透水碎石	回填C25混凝土	M10水泥砂浆	150 mm×150 mm热镀锌钢丝网	T形钢扣板	钢绞线	U形扣	电力电缆井	过轨管长度
m³	m³	m²	个	个	m³	kg	m	m³	m³	m²	m³	m²	个	个	组	m	m³	m³	m³	m³	m²	个	m	个	个	m

相关配套知识

1. 附属土石方及加固防护清单规则

(1)附属土石方及加固防护是指支挡结构以外的所有路基附属工程，包括改河、改沟、改渠、平交道口土石方等工程，盲沟、排水沟、天沟、截水沟、渗沟、急流槽等排水系统，边坡防护(含护墙)、冲刷防护、风沙路基防护、绿色防护等防护工程，与路基同步施工的电缆槽、接触网支柱基础、路基地段综合接地贯通地线、光(电)缆过路基防护，软土路基、地下洞穴、取弃土场等加固处理工程，综合接地引入地下、降噪声工程、线路两侧防护栅栏、路基护轮轨等。

(2)除地下洞穴处理、取弃土(石)场处理两类工程需单独计量外，其余各类工程中的清单子目划分应视为并列关系。地下洞穴处理、取弃土(石)场处理的工程，只能采用其相应类别的清单子目计量；非地下洞穴处理、取弃土(石)场处理的工程，不得采用地下洞穴处理、取弃土(石)场处理的清单子目计量。

(3)对于各类工程的挖基等数量，不单独计量，其费用计入相应的清单子目。

(4)路基地基处理中基底所设的垫层按清单子目单独计量；挡土墙、护墙等砌体工程的基础、墙背所设垫层不单独计量，其费用计入相应的清单子目。

(5)土工合成材料处理。

1)土工合成材料处理的各清单子目中，其设计要求的回折长度计量，搭接长度不计量。除土工网垫外，其下铺设的各种垫层或其上填筑的各种覆盖层等应采用地基处理的清单子目计量。

2)支挡结构(挡土墙等)中的受力土工材料(如加筋土挡土墙中拉筋带等)在支挡结构的清单子目中计量。

(6)堆载预压中填筑的砂垫层、砂井或塑料排水板，应采用地基处理的清单子目计量。

(7)地下洞穴处理。

1)地下洞穴处理仅适用于对地下洞穴进行直接处理，对于通过挖开后回填处理，应采用地基处理的清单子目计量。

2)地下洞穴处理的填土方、填石方等清单子目，适用于通过地下巷道进入施工现场进行填筑的工程。

2. 支挡结构

(1)支挡结构包括各类挡土墙、抗滑桩等工程。

(2)锚杆挡土墙、桩板挡土墙、加筋土挡土墙、锚定板挡土墙、抗滑桩、预应力锚索、预应力锚索桩等特殊形式的支挡结构采用独立的清单子目计量；其余重力式挡土墙、扶壁式挡土墙、悬臂式挡土墙等一般形式的支挡结构及抗滑桩桩间挡墙按砌体类别划分，应采用挡土墙浆砌石、挡土墙片石混凝土、挡土墙混凝土、挡土墙钢筋混凝土 4 种清单子目计量。

(3)土钉墙分别按土钉、基础砌体和喷射混凝土的清单子目计量。

(4)加筋土挡土墙中填筑的土石方，应采用区间或站场土石方的清单子目计量。

(5)预应力锚索桩桩身的混凝土按抗滑桩清单子目计量，桩间挡墙的混凝土和砌体按一般形式的支挡结构的清单子目计量；预应力锚索桩板挡土墙的混凝土和砌体按桩板挡土墙清单子目计量，预应力锚索单独计量；格梁等混凝土和砌体按一般形式的支挡结构的清单子目计量；预应力锚索中的锚墩不单独计量，其费用计入预应力锚索。

(6)预应力锚索包括独立的预应力锚索和预应力锚索桩、预应力锚索桩板挡土墙中的预应力锚索。预应力锚索中的锚镦不单独计量，其费用计入预应力锚索。

(7)挡土墙基础垫层以下的特殊地基处理按地基处理项下的清单子目单独计量。

3. 定额使用说明

(1)防护工程。

1)包括沟槽开挖、砌体及绿化工程、其他防护4节。

2)坡高以坡底为起算点。

3)小型构件预制应与砌筑定额子目配套使用。

4)绿化工程定额计量规格：胸径是指从地面起至树干1.3 m高处的直径，冠径是指枝展幅度的水平直径，苗高是指从地面起至梢顶的高度。灌木以冠径/苗高表示。

5)栽植定额以原土回填为主，如需换土，按“换种植土”定额另计。

6)喷混植生定额中绿化基材，当设计配方与《铁路工程预算定额 第一册 路基工程》不符时可进行抽换调整。

7)定额中一般地区、干旱地区寒冷地区的划分执行《铁路工程绿色通道建设指南》中的相关规定。一般地区是指平均年降水量≥400 mm、最冷月月平均气温≥−5 ℃的湿润、温暖地区；干旱、半干旱地区是指平均年降水量＜400 mm的地区；寒冷地区是指最冷月月平均气温＜−59 ℃的地区。

8)工程量计算规则。

①沟槽开挖数量按设计开挖体积计算。

②盲沟、管沟开挖抽排水工程量按地下常水位以下的湿土开挖体积计算。

③小型构件预制数量按设计外形尺寸以体积计算，其中混凝土空心块按实体体积计算。

④钢筋重量按钢筋设计长度乘理论单位质量计算。不得将搭接、焊接料、绑扎料、垫块等材料计入工程数量。

⑤砌筑数量按设计外形尺寸以体积计算。

⑥植物防护按设计数量计算。

⑦锚杆数量按设计长度计算。

⑧喷射混凝土体积按设计喷射厚度乘以面积计算。

(2)支挡结构。

1)本章包括挡土墙、锚固结构2节。

2)挡土墙定额也适用于护墙。

3)土钉定额中不含挂网和喷射混凝土，需要时应按相关定额另计。

4)工程量计算规则。

①砌体体积按设计尺寸以实体体积计算，不扣除砌体中钢筋、钢绞线、预埋件和预留压浆孔道所占体积。

②锚杆挡土墙中锚杆制安及锚索制安按照所需主材(钢筋或钢绞线)质量计算，附件质量不得计入。其计算长度是指嵌入岩石设计长度，按规定应留的外露部分及加工过程中的损耗，均已计入定额。

③支挡结构脚手架工程量按支挡面积计算。

④抗滑桩桩孔开挖，均按总孔深套用相应定额子目。桩身混凝土工程量按桩顶至桩底的长

度乘以设计桩断面面积计算，不包括护壁混凝土的数量。护壁混凝土按相应定额另计。

5)桩孔抽水数量按地下常水位以下的湿土开挖体积计算。

(3)地基处理。

1)包括地基加固桩．其他处理、地下洞穴处理3节。

2)各类地基加固桩成桩定额，未含桩帽、筏板和桩间土挖运，发生时按相关定额另计。

3)复合地基加固桩定额桩身掺入料或掺入比与设计不符时，可按设计要求调整。

4)CFG桩桩身混凝土自搅拌站至浇筑点的运输费用应采用混凝土运输定额另计。

5)管桩定额是按静力压桩施工组织编制。

6)使用冲击碾压和强夯定额时，可根据设计采用的处理方案，按每增减定额调整。

7)软土地基垫层定额中片(碎)石垫层定额也适用于机械施工抛石挤淤工程。当设计采用砂卵石等混合填料时，可抽换。

8)填筑砂石定额适用于构筑物基底、后背填筑。抛填片石适用于人工抛石挤淤工程。

9)钻孔压浆定额中浆液是按水泥砂浆编制，当设计采用其他类型浆液时，可抽换。

10)工程量计算规则。

①各种地基加固桩的工程量均按设计图示桩顶至桩底的长度计算。施工所需的预留等因素不得另计。

②各种地基加固桩如需试桩，按设计文件计入工程数量。

③挖除桩间土工程量按不扣除桩身体积计算。

④冲击碾压强夯、堆载及真空预压工程量按设计处理面积计算。

(4)排水沟、管。

1)包括排水沟和排水管2节。

2)工程量计算规则：排水管数量按设计管道中心线长度计算。

(5)相关工程。

1)包括土工合成材料、线路防护栅栏、路基地段电缆槽、路基地段接触网支柱基础、其他工程5节。

2)当设计采用的土工合成材料和透水软管的规格型号与本定额不同时，可抽换。

3)混凝土防护栅栏运输采用小型预制构件运输定额。

4)路基地段电缆槽和接触网基础定额适用于与路基同步施工的情况。

5)在斜坡上挖台阶定额，仅供既有线路基帮宽时使用。

6)“土质路面(拱)、边坡修整”“石质路堑(渠)修整”定额仅供单一工作项目使用。

7)工程量计算规则。

①铺设土工材料数量按设计铺设面积计算。若特殊设计需要回折的，回折部分另行计算并计入工程数量中。

②路基边坡斜铺土工网垫按照设计铺设面积计算，定额中已经包括了撒播草籽。

③透水软管铺设数量按设计铺设长度计算。

④防护栅栏刺丝滚笼安装按设计长度计算。

4. 路基加固与防护工程包括的清单子目、子目划分特征、工作内容

路基加固与防护工程包括的清单子目、子目划分特征、工作内容见表2-3-3。

表 2-3-3　路基加固与防护工程包括的清单子目、子目划分特征、工作内容

子目编码	名称	计量单位	子目划分特征	工程量计算规则	工程(工作)内容	附注
04	路基附属工程	路基千米				
	Ⅰ. 建筑工程费	元				
0401	一、区间路基附属工程	区间路基千米				
040101	(一)支挡结构	元				
04010101	1. 抗滑桩	圬工方				
0401010101	(1)混凝土	圬工方	综合	按设计图示抗滑桩桩身圬工体积计算(不含护壁砌体数量)	1. 桩孔开挖; 2. 模板制安拆; 3. 混凝土浇筑; 4. 声测管制安	
0401010102	(2)钢筋(笼)	吨	综合	按设计图示钢料计算质量	钢筋(笼)制安	
04010102	2. 桩板挡土墙	圬工方				不含预应力锚索桩板挡土墙中的预应力锚索
0401010201	(1)钢筋混凝土桩	圬工方				
040101020101	①混凝土	圬工方	综合	按设计图示砌体体积计算	1. 基坑、桩孔挖填; 2. 脚手架搭拆; 3. 模板制安拆; 4. 混凝土(含护臂)浇筑; 5. 预埋件制安; 6. 反滤层铺设	

续表

子目编码	名称	计量单位	子目划分特征	工程量计算规则	工程(工作)内容	附注
040101020102	②钢筋	t	综合	按设计图示长度计算质量	钢筋制安	
0401010202	(2)钢筋混凝土板	圬工方				
040101020201	①混凝土	圬工方	综合	按设计图示砌体体积计算	混凝土板制安	
040101020202	②钢筋	吨	综合	按设计图示长度计算质量	钢筋制安	
04010103	3. 锚杆挡土墙	圬工方				
0401010301	(1)混凝土	圬工方	综合	按设计图示砌体体积计算	1. 脚手架搭拆； 2. 模板制安拆； 3. 钻孔及压浆； 4. 肋柱、墙面板预制构件制安； 5. 预埋件制安	
0401010302	(2)钢筋	t	综合	按设计图示钢料计算质量	1. 锚杆制安； 2. 钢筋制安	
04010104	4. 锚定板挡土墙	圬工方				
0401010401	(1)混凝土	圬工方	综合	按设计图示砌体体积计算	1. 脚手架搭拆； 2. 模板制安拆； 3. 拉杆及锚定板制安； 4. 墙面板、肋柱预制构件制安； 5. 预埋件制安； 6. 封闭层、反滤层铺设； 7. 变形缝、泄水管(孔)设置	

续表

子目编码	名称	计量单位	子目划分特征	工程量计算规则	工程(工作)内容	附注
0401010402	(2)钢筋	t	综合	按设计图示长度计算质量	钢筋制安	
04010105	5. 加筋土挡土墙	圬工方				
0401010501	(1)墙面板及基础	圬工方				
040101050101	①混凝土	圬工方	综合	按设计图示各类面板的砌体体积计算	1. 基坑、沟槽挖填; 2. 基础、帽石混凝土浇筑; 3. 脚手架搭拆; 4. 模板制安拆; 5. 面板预制构件制安; 6. 预埋件制安; 7. 变形缝设置,反滤层铺设	
040101050102	②钢筋	t	综合	按设计图示长度计算质量	钢筋制安	
0401010502	(2)拉筋	元	拉筋形式	按设计要求综合计算	拉筋制安	
04010106	6. 土钉	m	综合	按设计图示土钉长度计算	1. 脚手架搭拆; 2. 钻孔; 3. 土钉制安; 4. 砂浆拌制、注浆、封口	不含挂网、混凝土及锚杆挡土墙中的锚杆
04010107	7. 边坡加固锚杆	m	综合	按设计图示打入锚杆长度计算	锚杆制安、锚固、锚头处理	

续表

子目编码	名称	计量单位	子目划分特征	工程量计算规则	工程(工作)内容	附注
04010108	8. 预应力锚索	m	综合	按设计图示预应力锚索长度计算	1. 脚手架搭拆； 2. 钻孔、压浆； 3. 锚索制安、张拉； 4. 锚墩、承压板制作、锚固； 5. 防锈处理	
04010109	9. 锚杆框架梁	圬工方				
0401010901	(1)锚杆	m	综合	按设计图示打入锚杆长度计算	锚杆制安、锚固、锚头处理	
0401010902	(2)钢筋混凝土	圬工方	综合			
040101090201	①混凝土	圬工方	综合	按设计图示砌体体积计算	1. 沟槽挖填； 2. 脚手架搭拆； 3. 钻孔及压浆； 4. 模板制安拆； 5. 混凝土浇筑； 6. 预埋件制安	
040101090202	②钢筋	t	综合	按设计图示长度计算质量	钢筋制安	
04010110	10. 其他挡土墙	圬工方				
0401011001	(1)挡土墙浆砌石	圬工方	综合	按设计图示砌体体积计算	1. 基坑挖填； 2. 脚手架搭拆； 3. 砌体砌筑； 4. 封闭层、反滤层铺设； 5. 变形缝、泄水管(孔)设置	

续表

子目编码	名称	计量单位	子目划分特征	工程量计算规则	工程(工作)内容	附注
0401011002	(2)挡土墙片石混凝土	圬工方	综合	按设计图示砌体体积计算	1. 基坑挖填； 2. 脚手架搭； 3. 模板制安拆； 4. 片石选取、埋设，混凝土浇筑； 5. 封闭层、反滤层铺设； 6. 变形缝、泄水管(孔)设置	
0401011003	(3)挡土墙混凝土	圬工方	综合	按设计图示砌体体积计算	1. 基坑挖填； 2. 脚手架搭拆； 3. 模板制安拆； 4. 混凝土浇筑； 5. 封闭层、反滤层铺设； 6. 变形缝、泄水管(孔)设置	
0401011004	(4)挡土墙钢筋混凝土	圬工方				
040101100401	①混凝土	圬工方	综合	按设计图示砌体体积计算	1. 基坑挖填； 2. 脚手架搭拆； 3. 模板制安拆； 4. 混凝土浇筑； 5. 预埋件制安； 6. 封闭层、反滤层铺设； 7. 变形缝、泄水管(孔)设置	
040101100402	②钢筋	t	综合	按设计图示长度计算质量	钢筋制安	
0401011005	(5)挡土墙喷混凝土	圬工方				

续表

子目编码	名称	计量单位	子目划分特征	工程量计算规则	工程(工作)内容	附注
040101100501	①混凝土	圬工方	综合	按设计图示喷射面积乘以厚度计算	1. 脚手架搭拆； 2. 混凝土(含外加剂)喷射； 3. 收回弹料； 4. 反滤层铺设	
040101100502	②钢筋(网)	t	综合	按设计图示钢料计算质量	钢筋(网)制安	
0401011006	(6)挡土墙栏杆	延长米	按材质划分	按设计图示栏杆长度计算	护栏及爬梯制安,涂装	
040102	(二)地基处理	元				
04010201	1. 基底填筑(垫层)	m^3				
0401020101	(1)填(片石)混凝土	圬工方	综合	按设计图示砌体体积计算	1. 片石选取、抛填或埋设； 2. 混凝土浇筑	
0401020102	(2)填筑砂石	m^3	填料种类			
040102010201	①填砂	m^3	综合	按设计图示压实体积计算	填料分层填筑、压实、整理	
040102010202	②填碎石	m^3	综合	按设计图示压实体积计算	填料分层填筑、塞紧空隙、压(夯)实、整理	
040102010203	③填卵(砾)石	m^3	综合	按设计图示压实体积计算	填料分层填筑、塞紧空隙、压(夯)实、整理	

续表

子目编码	名称	计量单位	子目划分特征	工程量计算规则	工程(工作)内容	附注
040102010204	④填石(片石)	m^3	综合	按设计图示压实体积计算	填料分层填筑、塞紧空隙、压(夯)实、整理	
040102010205	⑤填砂夹碎石	m^3	综合	按设计图示压实体积计算	填料分层填筑、塞紧空隙、压(夯)实、整理	
040102010206	⑥填砂夹卵(砾)石	m^3	综合	按设计图示压实体积计算	填料分层填筑、塞紧空隙、压(夯)实、整理	
0401020103	(3)换填	m^3	填料种类	按设计图示压实体积计算	1. 不良土壤挖、运、弃； 2. 填料分层填筑、压实、整理	
0401020104	(4)填石灰(水泥)土	m^3	填料种类			含基底填筑改良土、各种配合比的灰土、三合土、渗水土、黏性土类、砂土类、土坯等
040102010401	①填 3∶7 灰土	m^3	综合	按设计图示压实体积计算	1. 配制、拌和； 2. 填料分层填筑、压实、整理	
040102010402	②填 2∶8 灰土	m^3	综合	按设计图示压实体积计算	1. 配制、拌和； 2. 填料分层填筑、压实、整理	
040102010403	③填石灰土	m^3	综合	按设计图示压实体积计算	1. 配制、拌和； 2. 填料分层填筑、压实、整理	
040102010404	④填水泥土	m^3	综合	按设计图示压实体积计算	1. 配制、拌和； 2. 填料分层填筑、压实、整理	

续表

子目编码	名称	计量单位	子目划分特征	工程量计算规则	工程(工作)内容	附注
0401020105	(5)填土石	m^3	填料种类			
040102010501	①填土	m^3	综合	按设计图示压实体积计算	填料分层填筑、压实、整理	
040102010502	②填石	m^3	综合	按设计图示压实体积计算	填料分层填筑、塞紧空隙、压(夯)实、整理	
04010202	2. 水泥(混凝土)置换桩	m				
0401020201	(1)CFG 桩	m				
040102020101	①CFG 桩身	m	桩径	按设计图示桩顶至桩底的长度计算	1. 成孔; 2. 混合料灌注、捣实; 3. 桩头处理,弃渣清理; 4. 桩帽混凝土浇筑	
040102020102	②筏板	圬工方	综合	按设计图示砌体体积计算	1. 桩间土挖运; 2. 钢筋及预埋件制安; 3. 模板制安拆; 4. 混凝土浇筑	
0401020202	(2)旋喷桩	m	桩径	按设计图示桩顶至桩底的长度计算	1. 成孔; 2. 水泥浆拌制、喷射提升; 3. 泥浆清理; 4. 桩头处理	

续表

子目编码	名称	计量单位	子目划分特征	工程量计算规则	工程(工作)内容	附注
0401020203	(3)粉喷桩	m	水泥含量	按设计图示桩顶至桩底的长度计算	1. 成孔； 2. 提升喷灰； 3. 不喷灰提钻、灰罐上料； 4. 桩头处理	
0401020204	(4)水泥搅拌桩	m				
040102020401	①浆液喷射水泥搅拌桩	m	综合	按设计图示桩顶至桩底的长度计算	1. 喷浆钻进搅拌； 2. 搅拌提升； 3. 重复喷浆钻进搅拌； 4. 重复搅拌提升； 5. 桩头处理	
040102020402	②钉型水泥搅拌桩	m	综合	按设计图示桩顶至桩底的长度计算	1. 喷浆钻进搅拌； 2. 搅拌提升； 3. 重复喷浆钻进搅拌； 4. 重复搅拌提升； 5. 桩头处理	
040102020403	③双向水泥搅拌桩	m	综合	按设计图示桩顶至桩底的长度计算	1. 喷浆钻进搅拌； 2. 搅拌提升； 3. 重复喷浆钻进搅拌； 4. 重复搅拌提升； 5. 桩头处理	

续表

子目编码	名称	计量单位	子目划分特征	工程量计算规则	工程(工作)内容	附注
0401020205	(5)水泥砂浆搅拌桩	m	水泥含量	按设计图示桩顶至桩底的长度计算	1. 喷浆钻进搅拌； 2. 搅拌提升； 3. 重复喷浆钻进搅拌； 4. 重复搅拌提升； 5. 桩头处理	
0401020206	(6)水泥土挤密桩	m	桩径	按设计图示桩顶至桩底的长度计算	1. 成孔； 2. 填料配制、拌和； 3. 填充、捣实； 4. 封顶、整平、压实	
0401020207	(7)水泥土柱锤冲扩桩	m	桩径	按设计图示桩顶至桩底的长度计算	1. 成孔； 2. 填料配制、拌和； 3. 填充、捣实； 4. 封顶、整平、压实	
0401020208	(8)螺杆桩	m	桩径	按设计图示桩顶至桩底的长度计算	1. 钻进成孔； 2. 螺旋提升、填料灌注； 3. 桩头处理； 4. 桩帽混凝土浇筑或构件制安	
04010203	3. 打入(沉入)桩	元				
0401020301	(1)钢筋混凝土方桩	圬工方	综合	按设计图示桩帽底至桩底的长度乘以桩断面面积计算	1. 方桩制作； 2. 打(沉)桩，接、送桩； 3. 方桩内充填混凝土； 4. 桩头处理	

续表

子目编码	名称	计量单位	子目划分特征	工程量计算规则	工程(工作)内容	附注
0401020302	(2)钢筋混凝土管桩	m	桩径	按设计图示桩顶至桩底的长度计算	1. 管桩制作; 2. 打(沉)桩,接、送桩; 3. 管桩内填充混凝土; 4. 桩头处理	
0401020303	(3)钢管桩	m	桩径	按设计图示桩顶至桩底的长度计算	1. 管桩制作; 2. 打(沉)桩,接、送桩; 3. 管桩内填充混凝土; 4. 桩头处理	
04010204	4. 其他桩(井)	m				
0401020401	(1)袋装(射水)砂井	m	井径	按设计图示井长计算	1. 袋装砂井:装砂袋、扎口,定位、打钢管,下砂袋、拔钢管,补灌砂袋; 2. 射水砂井:轨道铺拆、定位、挖排水沟、清孔、运砂、灌砂、桩机移位	
0401020402	(2)砂桩	m	桩径	按设计图示桩长计算	1. 定位、沉钢管; 2. 准砂、拔钢管; 3. 补准砂	
0401020403	(3)碎石桩(墩)	m	桩径	按设计图示桩长计算	1. 成孔; 2. 填充、捣实; 3. 封顶、整平、压实	

续表

子目编码	名称	计量单位	子目划分特征	工程量计算规则	工程(工作)内容	附注
0401020404	(4)石灰桩	m	桩径	按设计图示桩长计算	1. 成孔； 2. 填料配制、拌和； 3. 填充、捣实； 4. 封顶、整平、压实	
04010205	5. 基底夯(压)实	m^2				
0401020501	(1)强夯	m^2	综合	按设计图示强夯地表水平面积计算	1. 夯击(夯击遍数按设计要求计)； 2. 平整	
0401020502	(2)夯实及碾压	m^2	综合	按设计图示重锤夯碾压实地表水平面积计算	1. 重锤夯击(夯击锤数按设计要求计)； 2. 重型压路机碾压(碾压锤数按设计要求计)； 3. 平整	
04010206	6. 其他地基处理方式	元				
0401020601	(1)真空预压	m^2	综合	按设计图示预压地表水平面积计算	1. 铺设水平排水滤管、埋设观测仪器、真空设备安装； 2. 挖填密封沟； 3. 铺设密封膜； 4. 抽气、膜上覆水、观测记录、检测	不含真空预压中填筑的砂垫层以及砂井或塑料排水板

续表

子目编码	名称	计量单位	子目划分特征	工程量计算规则	工程(工作)内容	附注
0401020602	(2)堆载预压	m^3	综合	按设计图示预压填筑的压实体积计算	1. 埋设观测仪器； 2. 挖、装、运、卸； 3. 分层摊铺、洒水(翻晒)、压实； 4. 预压完成后填料的挖、装、运、卸，弃方或利用方堆放、整修； 5. 观测记录、检测	不含堆载预压中填筑的砂垫层以及砂井或塑料排水板
0401020603	(3)塑料排水板	m	综合	按设计图示塑料排水板的长度计算	1. 打拔钢管； 2. 插塑料排水板； 3. 剪断排水板	
0401020604	(4)钻孔型塑料排水板	m	综合	按设计图示里料排水板的长度计算	1. 钻孔、清孔； 2. 插塑料排水板； 3. 剪断排水板	
040103	(三)平(坡)面防护	元				
04010301	1. 喷射混凝土	m^2				
0401030101	(1)素喷混凝土	m^2	综合	按设计图示喷射面积计算	1. 冲洗岩面； 2. 混凝土灌注； 3. 喷射混凝土； 4. 收回弹料	

续表

子目编码	名称	计量单位	子目划分特征	工程量计算规则	工程(工作)内容	附注
0401030102	(2)网喷混凝土	m^2	综合	按设计图示喷射面积计算	1. 冲洗岩面； 2. 混凝土灌注； 3. 钢筋网制安； 4. 喷射混凝土； 5. 收回弹料	含挂网锚杆，不含边坡加固锚杆。边坡加固锚杆按土钉清单子目计量
04010302	2. 喷射水泥砂浆	m^2				
0401030201	(1)素喷水泥砂浆	m^2	综合	按设计图示喷射面积计算	1. 冲洗岩面； 2. 砂浆(含外加剂)灌注； 3. 喷射水泥砂浆； 4. 收回弹料	
0401030202	(2)网喷水泥砂浆	m^2	综合	按设计图示喷射面积计算	1. 冲洗岩面； 2. 砂浆(含外加剂)灌注； 3. 钢筋网制安； 4. 喷射水泥砂浆； 5. 收回弹料	含挂网锚杆，不含边坡加固锚杆。边坡加固锚杆按土钉清单子目计量
04010303	3. 绿色防护(绿化)	元				含边坡、平面、桥下绿化，不含取弃土(石)场的绿化
0401030301	(1)铺草皮	m^2	综合	按设计图示铺草皮范围的表面面积计算	1. 翻土，挖土换填，围护； 2. 钉橛、铺设； 3. 浇水	

续表

子目编码	名称	计量单位	子目划分特征	工程量计算规则	工程(工作)内容	附注
0401030302	(2)播草籽	m^2	综合	按设计图示铺草皮范围的表面面积计算	1. 翻土,挖土换填,围护; 2. 撒播; 3. 浇水	不含土工网垫中的播草籽
0401030303	(3)喷播植草	m^2	综合	按设计图示喷播植草范围的表面面积计算	1. 边坡清理、修整; 2. 沟槽挖填; 3. 种料配制、拌和、喷播; 4. 遮盖无纺布; 5. 浇水	
0401030304	(4)喷混植生	m^2	综合	按设计图示喷混植生范围的表面面积计算	1. 脚手架搭拆; 2. 坡面清理,钻孔、清孔; 3. 砂浆配料(含外加剂)灌注; 4. 锚杆及网制安; 5. 基材配料、拌和、喷射; 6. 铺设无纺布; 7. 浇水	含挂网锚杆,不含边坡加固锚杆
0401030305	(5)栽植花草	m^2	综合	按设计图示栽植花草范围的表面面积计算	1. 翻土,挖土换填,围护; 2. 栽植; 3. 浇水	
0401030306	(6)栽植乔木	千株	综合	按设计图示栽植乔木的数量计算	1. 翻土,挖土换填,围护; 2. 栽植; 3. 浇水	
0401030307	(7)栽植灌木	千株	综合	按设计图示栽植灌木、攀缘植物的数量计算(当一穴内栽植多株时,应按多株计算)	1. 翻土,挖土换填,围护; 2. 栽植; 3. 浇水	

续表

子目编码	名称	计量单位	子目划分特征	工程量计算规则	工程(工作)内容	附注
0401030308	(8)穴植容器苗	千穴	综合	按设计图示的灌木、攀缘植物、草苗等穴植容器苗的穴数计算(当一穴内穴植多株时,应按一穴计算)	1. 翻土,挖土换填,围护; 2. 栽植; 3. 浇水	
0401030309	(9)三维生态护坡	m^2	综合	按设计图示生态护坡范围的表面面积计算	1. 台阶开挖夯实; 2. 种植土拌制,装袋,垒放; 3. 浇水、养护	
04010306	6. 土工合成材料	m^2				
0401030601	(1)复合土工膜	m^2	综合	按设计图示面积计算	1. 基底清理整平; 2. 复合土工膜铺设	
0401030602	(2)土工格栅	m^2	综合	按设计图示面积计算	1. 基底清理整平; 2. 土工格栅铺设	
0401030603	(3)土工格室	m^2	综合	按设计图示面积计算	1. 基底清理整平; 2. 土工格室铺设	
0401030604	(4)土工布	m^2	综合	按设计图示面积计算	1. 基底清理整平; 2. 土工布铺设	
0401030605	(5)土工网	m^2	综合	按设计图示面积计算	1. 基底清理整平; 2. 土工网铺设	

续表

子目编码	名称	计量单位	子目划分特征	工程量计算规则	工程(工作)内容	附注
0401030606	(6)土工网垫	m^2	综合	按设计图示面积计算	1. 清理整平基底； 2. 土工网垫铺设； 3. 覆盖土，播草籽； 4. 洒水养护	
0401030607	(7)铺氯丁橡胶板	m^2	综合	按设计图示面积计算	1. 基底清理整平； 2. 铺底砂； 3. 铺设； 4. 铺面砂	
0401030608	(8)铺聚氯乙烯软板	m^2	综合	按设计图示面积计算	1. 基底清理整平； 2. 铺底砂； 3. 铺设； 4. 铺面砂	
040104	(四)护坡及冲刷防护	元				除取弃土(石)场处理、沟渠外的所有混凝土及砌体
04010401	1. 干砌石	m^3	综合	按设计图示砌体体积计算	1. 基坑挖填； 2. 砌体砌筑； 3. 选取片(块)石，制作各种笼，装片(块)石，安砌； 4. 反滤层铺设； 5. 变形缝设置、泄水管(孔)设置	
04010402	2. 浆砌石	圬工方	综合	按设计图示砌体体积计算	1. 基坑挖填； 2. 砌体砌筑； 3. 封闭层、反滤层铺设； 4. 变形缝设置、泄水管(孔)设置	

续表

子目编码	名称	计量单位	子目划分特征	工程量计算规则	工程(工作)内容	附注
04010403	3. 片石混凝土	圬工方	综合	按设计图示砌体体积计算	1. 基坑挖填； 2. 片石选取及埋设，混凝土浇筑； 3. 封闭层、反滤层铺设； 4. 变形缝设置	
04010404	4. 混凝土	圬工方	综合	按设计图示砌体体积计算	1. 基坑挖填； 2. 模板制安拆； 3. 混凝土浇筑； 4. 混凝土构件预制安； 5. 封闭层、反滤层铺设； 6. 变形缝设置、泄水管(孔)设置； 7. 预埋件制安	
04010405	5. 钢筋混凝土	圬工方				
0401040501	(1)混凝土	圬工方	综合	按设计图示砌体体积计算	1. 基坑挖填； 2. 模板制安拆； 3. 混凝土浇筑； 4. 混凝土构件预制安； 5. 封闭层、反滤层铺设； 6. 变形缝设置、泄水管(孔)设置； 7. 预埋件制安	
0401040502	(2)钢筋	t	综合	按设计图示长度计算质量	钢筋制安	

续表

子目编码	名称	计量单位	子目划分特征	工程量计算规则	工程(工作)内容	附注
04010406	6. 笼装片石	m^3	综合	按设计图示砌体体积计算(含各种笼装片石、块石)	选取片(块)石、制作各种笼,装片(块)石,安砌	
040106	(六)沟渠	元				含侧沟、天沟、截水沟、急流槽、渗沟等的混凝土及砌体、沟渠开挖
04010601	1. 干砌石	m^3	综合	按设计图示砌体体积计算	1. 挖沟; 2. 砌体砌筑	
04010602	2. 浆砌石	圬工方	综合	按设计图示砌体体积计算	1. 挖沟; 2. 砌体砌筑; 3. 伸缩缝设置	
04010603	3. 片石混凝土	圬工方	综合	按设计图示砌体体积计算	1. 挖沟; 2. 片石选取及埋设,混凝土浇筑; 3. 伸缩缝设置	
04010604	4. 混凝土	圬工方	综合	按设计图示砌体体积计算	1. 挖沟; 2. 混凝土浇筑; 3. 混凝土预制构件制安; 4. 伸缩缝设置	
04010605	5. 钢筋混凝土	圬工方				

续表

子目编码	名称	计量单位	子目划分特征	工程量计算规则	工程(工作)内容	附注
0401060501	(1)混凝土	圬工方	综合	按设计图示砌体体积计算	1. 挖沟； 2. 混凝土浇筑； 3. 混凝土预制构件制安； 4. 预埋件制安； 5. 伸缩缝设置	
0401060502	(2)钢筋	t	综合	按设计图示长度计算质量	钢筋制安	
040109	(九)路基地段相关工程	元				
04010901	1. 路基地段护轮轨	单根千米	综合	按设计图示长度计算(不含道口护轮轨)	1. 护轮轨弯曲，梭头制作，钢轨及梭头散布； 2. 木枕划印、钻孔、注油； 3. 混凝土枕硫黄锚固、涂绝缘膏； 4. 钢轨配件和轨枕扣件散布、安装，涂油，整修	
04010902	2. 路基地段电缆槽	km	综合	按设计图示长度计算	1. 沟槽挖填； 2. 混凝土浇筑； 3. 混凝土预制构件制安	指与路基同步施工的部分
04010903	3. 接触网支柱(拉线)基础	个	综合	按设计图示数量计算	1. 基坑挖填或钻孔； 2. 钢筋及预埋件制安； 3. 混凝土浇筑	指与路基同步施工的部分

续表

子目编码	名称	计量单位	子目划分特征	工程量计算规则	工程(工作)内容	附注
04010904	4. 路基地段电缆井	个	综合	按设计图示数量计算	1. 井孔挖填； 2. 检查井砌筑、井盖及座制安； 3. 混凝土浇筑	指与路基同步施工的部分
040111	(十一)线路防护栅栏	单侧千米	类型			
04011101	1. 路基段防护栅栏	单侧千米	规格/型号	按设计图示防护栅栏长度计算	1. 基坑、沟槽挖填； 2. 基础混凝土浇筑； 3. 立柱和网栅、栏片、上下槛混凝土预制构件制安； 4. 门制安； 5. 刺丝滚笼制安； 6. 密目网	
04011102	2. 桥梁段防护机栏	单侧千米	规格/型号	按设计图示防护栅栏长度计算	1. 基坑、沟槽挖填； 2. 基础混凝土浇筑； 3. 立柱和网栅、栏片、上下槛混凝土预制构件制安； 4. 门制安； 5. 刺丝滚笼制安； 6. 密目网	
04011103	3. 隧道段防护栅栏	单侧千米	规格/型号	按设计图示防护栅栏长度计算	1. 基坑、沟槽挖填； 2. 基础混凝土浇筑； 3. 立柱和网栅、栏片、上下槛混凝土预制构件制安； 4. 门制安； 5. 刺丝滚笼制安； 6. 密目网	

清单子目综合单价分析过程

(1)将图纸工程量归集到清单工程量中，目的是研究清楚清单工程量在工程中的位置及所用的施工方法；

(2)根据工程量所在位置、施工方法及清单子目工作内容、企业自有机械设备情况选用定额(企业定额或铁路工程预算定额)；

(3)根据人工、机具、材料市场价格、运输方式进行人、材、机价差及运杂费用的计算；

(4)把第(3)步计算结果代入单项概算表，编制单项概算表；

(5)根据单项概算表，编制清单子目综合单价分析表；

(6)编制已标价的工程量清单表；

(7)编制投标报价汇总表。

挤密桩清单子目综合单价分析

(1)根据图纸工程量与清单子目工作内容选择定额。

1)图纸工程量：此桩为素土挤密桩，在图纸说明中可知，桩径为 0.4 m，桩间距为 1.0 m，桩长为 10 m，工程量为 40 696 m(表 2-3-4)。

表 2-3-4　路基加固和防护

地基处理工程															
强夯	素土挤密桩	CFG桩	水泥土挤密桩(Φ40 cm)	C40混凝土柱(Φ0.5 m)	换填渗水土	素土垫层	挖出杂填土	挖出黏质黄土	换填6%水泥改良土垫层	双向土工格栅(80 kN/m)	根数	总桩长	C30 钢筋混凝土	C40 钢筋混凝土	C45 钢筋混凝土
m^2	m	m	m	m	m^3	m^3	m^3	m^3	m^3	m^2	根	m	m^3	m^3	m^3
	33 866					841		3 042	2 201		48	1 481			1 162
	6 830										18	290		227	

2)清单子目工作内容(表 2-3-5)。

表 2-3-5　清单子目工作内容

0401020206	(6)水泥土挤密桩	m	桩径	按设计图示桩顶至桩底的长度计算	1. 成孔； 2. 填料配制、拌和； 3. 填充、捣实； 4. 封顶、整平、压实

3)选定额。根据素土挤密桩工艺流程可知：其工作内容与水泥土挤密桩相比少了填料配制、拌和工作内容。

定额中水泥用量为 0，增加黏土用量，稳定土拌合站消耗量为 0。定额：LY-361 参，定额代换：水泥土挤密桩，桩径 40cm，扩孔系数 10%，水泥：土=15：85[/1010002，0/1210004，15.2/9100442，0]。

(2)计算价差及运杂费(表 2-3-6～表 2-3-9)。人工编制期单价为 76 元/工日。黏土编制期单价为 15.38 元/m³。汽车运输，公路运距为 1 km，便道运距为 5 km，水编制期单价为 2.4 元/t。汽油编制期单价为 9.03 元/kg。柴油编制期单价为 8.17 元/kg。

表 2-3-6　人工价差计算表

定额编号	项目名称	单位	工程数量	定额消耗工日	基期单价/元	编制期单价/元	人工价差/元
LY-361 参	水泥土挤密桩，桩径 40 cm，扩孔系数 10%，水泥：土＝15：85[/1010002，0/1210004，15.2/9100442，0]	100 m	406.96	5.395	66	76	21 955.49
	挤密桩人工价差小计						21 955.49

表 2-3-7　材料价差计算表

定额编号	材料名称	单位	工程数量	定额消耗量	基期单价/元	编制期单价/元	人工价差/元
LY-361	黏土	m³	406.96	15.20	9.72	15.38	35 011.58
	水	t	406.96	0.44	0.35	2.40	367.08
	调查价差	元					35 011.58
	水价差	元					367.08

表 2-3-8　机械费差计算表

定额编号	机械名称	单位	工程数量	定额消耗量	基期单价/元	编制期单价/元	人工价差/元
9100487	碎土机≤4 t/h	100 m	406.96	0.800	82.97	97.50	4 731.76
9100503	轮胎式装载机≤2 m³	100 m	406.96	0.026	557.65	735.44	1 881.14
9103201	洒水车≤5 000 L	100 m	406.96	0.018	381.82	493.43	817.55
9105002	轨道式柴油打桩机≤1.8 t	100 m	406.96	0.330	745.02	948.48	27 324.10
9105272	挤密桩夯实机≤2 t	100 m	406.96	0.979	230.64	286.66	22 319.81
	挤密桩价差小计	元					57 074

表 2-3-9　运杂费计算表

材料名称	工程量	各种运输方法的全程运价/t											全程综合运价/t		
		运输费				杂　费			小计	采购及保管费费率	采购及保管费	共计/元	运输方法比重/%	运杂费/元	合计/元
		运输方法	运距/km	单价/元	小计/元	装卸次数	装卸单价/元	小计/元							
黏土	11 134.425 6	汽车运输	5	0.48	2.4	1	3.4	3.4	6.22	2.65	20.16	6.385	100	6.38	71 091.41
			1	0.42	0.42										
运杂费小计															71 091.41

(3)将人、材、机价差及运杂费计算结果代入单项概算表并进行编制，见表 2-3-10。

(4)清单子目综合单价分析，编制清单子目综合单价分析表(表 2-3-11)。

表 2-3-10　单项工程概算表

建设名称	宝兰客专甘肃段站前施工图预算		编号	7-007	
工程名称	地基处理		工程总量	40 696.00	
工程地点	DK827＋579—DK852＋136.35(7 标段)		概算价值	841 897.21	
所属章节	第二章 2 节		概算指标	20.69 元/m	
单价编号	工作项目或费用名称	单位	数量	费用/元	
				单价或费率	合价
04	路基附属工程	正线千米	25.966		
	Ⅰ. 建筑工程费	正线千米	25.966		
0401	一、区间路基附属工程	元			
040102	(二)地基处理	元			
04010202	2. 水泥土置换桩	m	40 696.00	20.69	841 897.21
0401020206	(6)素土挤密桩	m	40 696.00	20.69	841 897.21
LY-361 参	水泥土挤密桩，桩径 40 cm，扩孔系数 10%，水泥：土＝15：85[/1010002，0/1210004，15.2/9100442，0]	100 m	406.96	1 064.19	433 080.97
	人工费	元			144 906.25
	材料费用	元			64 251.56
	机械使用费	元			223 923.17
	一、定额直接工程费	元			433 080.97
	二、运杂费	元			71 091.41

续表

建设名称	宝兰客专甘肃段站前施工图预算		编号	7-007	
	人工价差	元			21 955.49
	材料价差	元			35 378.66
	调查价差	元			35 011.58
	系数价差	元	0.00	0.24	0.00
	水价差	元	179.06	0.90	367.08
	机械台班差	元			57 074.36
	三、价差合计	元			114 408.51
	直接工程费	元			618 580.90
	五、施工措施费	%	368 829.41	8.20%	30 244.01
	直接费	元			648 824.91
	七、间接费	%	368 829.41	33.50%	123 557.85
	八、税金	%	772 382.76	9.00%	69 514.45
	九、单项预算价值	元			841 897.21

表 2-3-11　清单子目综合单价分析表

标段：　　　　　　　　　　　　　　　　　　　　　　　　　　第　页共　页

清单　第 2　章　　路基工程											
编　码	名　称	计量单位	综合单价组成/元								综合单价/元
			人工费	材料费	机械使用费	填料费	价外运杂费	措施费	间接费	税金	
0401020206	素土挤密桩	m^3	4.10	2.45	6.90	0.00	1.75	0.74	3.04	1.71	20.69

素养课堂

培养学生认真、仔细、精益求精的工作作风。

表 2-3-11 中清单子目综合单价计算公式：

人工费＝(单项概算表中人工费＋人工价差)/清单工程量

材料费＝(单项概算表中材料费＋材料费价差)/清单工程量

机械使用费＝(单项概算表中机械费＋机械费价差)/清单工程量

填料费＝单项概算表中填料费/清单工程量

措施费＝单项概算表中措施费/清单工程量

间接费＝单项概算表中间接费/清单工程量

税金＝单项概算表中税金/清单工程量

综合单价＝人工费＋材料费＋机械使用费＋填料费＋措施费＋间接费＋税金

小结

本任务学习的重点是将图纸工程量根据清单子目工作内容归集到清单子目下。难点是如何进行定额的代换和如何时进行自编定额。

注：清单工作内容适用于全国所有工程，根据清单工作内容选定额时，规范中的清单工作内容要根据图纸及所在地区情况进行取舍，选择适合图纸工程的定额，进行投标报价。

视频：级配碎石 1

视频：级配碎石 1

复习思考题

1. 图纸中边坡防护形式有哪些？

2. 地基处理形式有哪些？

3. 试根据桩板结构清单子目工作内容及路基附属工程数量表中桩板结构工程量及所在部位进行定额选择。

4. 如何计算路基附属其他清单子目综合单价？

项目 3　桥涵工程量清单计价文件的编制

项目描述

学生通过前两个项目的学习，举一反三，已经具备一定的知识迁移能力，因此根据教师的引导，独立完成载体工程—中川河谷双线大桥的投标报价工作，并与教师完成的标底价进行对比分析，从中发现自己投标报价中存在的问题，从而提升投标报价能力。

拟实现的教学目标

1. 思政目标

(1)具备工程造价人员精益求精的职业素养；

(2)树立认真负责的工作态度。

2. 专业目标

(1)了解桥梁施工所用的施工方法和机械设备；

(2)掌握桥梁工程隐含项目工程量计算方法；

(3)掌握桥梁工程投标报价的方法。

相关案例——桥梁工程量清单计价的编制

工作任务

3.1.1　中川河谷双线大桥招标资料

1. 工程概况

宝兰客运专线是我国西北地区一条重要的战略要道，是我国高速铁路网中的一条重要的东西向铁路大动脉。其中，中川河谷双线大桥位于 BLKZ7 标段，该桥全长为 340.38 m，桥墩桩基最大深度约为 28 m，桥型布置为 10×32 m 预应力混凝土简支箱梁。该桥位于通渭县中川树附近，地形略有起伏，地貌属牛谷河河漫滩及一级阶地区。工程地质情况：桥址区地层主要为第四系全新统冲积黏质黄土，砾砂、圆砾土、卵石土及震旦系片岩。工点处一级阶地区砂质黄土为Ⅳ级，具有很严重的湿陷性，湿陷土层厚度为 12 m。地表水对混凝土存在氯盐、硫酸盐侵蚀性，环境作用等级分别为 L2、H2。

2. 中川河谷大桥工程量清单

中川河谷大桥工程量清单见表 3-1-1。

表 3-1-1　工程量清单

编　码	节号	名　称	计量单位	数量
06	6	大桥	延长米	340.38
		甲、新建	延长米	340.38
0602		二、一般梁式大桥	延长米	340.38
		Ⅰ. 建筑工程费	延长米	340.38
060201		1. 下部工程	圬工方	7 959.9
06020101		(1)基础	圬工方	6 028.8
0602010102		②承台	圬工方	3 288.5
060201010201		A. 混凝土	圬工方	3 288.5
060201010202		B. 钢筋	t	152.003
060201010205		⑤钻孔桩	m	2 177
06020101020501		A. 陆上混凝土	圬工方	2 740.3
06020101020503		C. 钢筋(笼)	t	230.089
06020102		(2)墩台	圬工方	1 931.1
0602010201		(1)墩高≤30 m	圬工方	1 931.1
060201020101		a. 陆上混凝土	圬工方	1 931.1
060201020102		b. 陆上钢筋	t	146.649
060202		2. 上部工程	延长米	320
06020201		(1)预应力混凝土简支箱梁	孔	10
0602020102		支架法现浇预应力混凝土简支箱梁	孔	10
06020214		(14)支座	个	40
0602021401		金属支座	个	40
06020215		(15)桥面系	延长米	340.38
0602021502		箱梁桥面系	延长米	340.38
060203		3. 附属工程	延长米	340.38
06020301		(1)土方	m^3	2 290
06020303		(3)干砌石	圬工方	17
06020304		(4)浆砌石	圬工方	382.4
06020305		(5)混凝土	圬工方	1 403.9
06020307		(7)台后及锥体填筑	m^3	13 270
06020313		(13)其他	元	
06020304		4. 施工辅助设施	元	
0602030404		(4)基础辅助设施	元	

3. 主要材料编制期价格

主要材料编制期价格见表 3-1-2。

表 3-1-2 主要材料编制期价格表

序号	电算代号	材料名称	单位	编制期价/元
1	61	矿渣水泥	kg	0.46
2	262	块石灰	kg	0.18
3	356	粒砂	m^3	78.41
6	1010002	普通水泥 32.5 级	kg	0.289
7	1010003	普通水泥 42.5 级	kg	0.343
8	1010004	普通水泥 52.5 级	kg	0.419
9	1110001	原木	m^3	1 223
10	1110003	锯材	m^3	1 318
11	1110018	硬木锯材	m^3	2 715.39
12	1200014	生石灰	kg	0.17
13	1200015	熟石灰	kg	0.25
14	1210004	黏土	m^3	15.38
15	1210016	黏土(钻孔桩用)	m^3	30.75
16	1230005	块石	m^3	61.5
17	1230006	片石	m^3	92.25
18	1240010	碎石	m^3	77.65
19	1240011	碎石 16 以内	m^3	77.65
20	1240012	碎石 25 以内	m^3	72.47
21	1240013	碎石 31.5 以内	m^3	62.12
22	1240014	碎石 40 以内	m^3	62.12
23	1240119	级配砾石 40 以内	m^3	31.06
24	1260022	中粗砂	m^3	31.36
25	1260023	细砂	m^3	31.36
26	1900012	圆钢 Q235-Aϕ10～18	kg	3.702
27	1900013	圆钢 Q235-Aϕ18 以上	kg	3.702
28	1900016	圆钢 16Mn ϕ18 以下	kg	3.702
29	1900017	圆钢 16Mn ϕ18 以上	kg	3.702
30	1902002	镀锌圆钢 ϕ10～18	kg	3.681
31	1902003	镀锌圆钢 ϕ18 以上	kg	3.681
32	1910101	螺纹钢 ϕ6～9	kg	3.681

续表

序号	电算代号	材料名称	单位	编制期价/元
33	1910102	螺纹钢 ϕ10～18	kg	3.681
34	1910103	螺纹钢 ϕ18 以上	kg	3.681
35	2220016	焊接钢管	kg	4.37
46	2810046	钢构件	t	9 042
47	2810047	钢配件	kg	5.9
48	2810055	钢护筒	t	4 943.59
49	2810023	组合钢模板	t	6 500
50	2810024	组合钢配件	t	6 500
51	2810025	组合钢支撑	t	6 500

3.1.2 编制中川河谷双线大桥招标报价

(见附录图纸)

相关配套知识

1. 阅读中川河谷双线大桥施工组织设计

阅读中川河谷双线大桥施工组织设计，对报价有影响部分摘录如下：

(1)工程概况。

(2)场地布置图(图 3-1-1)。

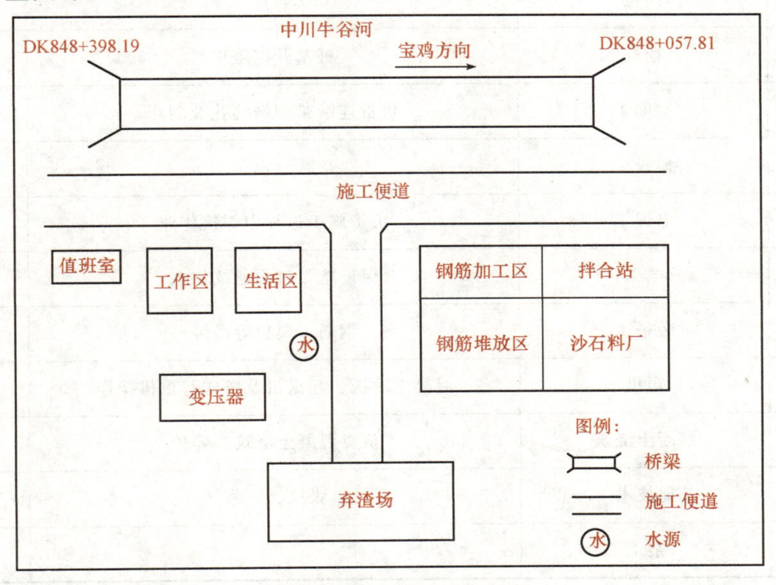

图 3-1-1 现场布置图

(3) 工程部分施工方案比选。

1)混凝土供应方案比选。

方案一：购买商品混凝土；

方案二：自建混凝土搅拌站。

购买商品混凝土具有方便、省时、快捷的优点；缺点是花费较大。自建混凝土搅拌站则比较麻烦，施工组织设计复杂，但是可以节约大量成本。由于此工程需要大量混凝土，综合考量，决定采用方案二。

2)项目驻地和弃渣场的布局。

方案一：从人性化施工的考虑出发，为了给员工一个好的休息场所，项目驻地应该距离施工现场一定距离。

方案二：项目驻地和施工现场紧邻。由于该桥两端连接隧道，南侧有山沟环绕，所处地域狭窄，因此选择将项目驻地紧邻大桥右侧，弃渣场顺山沟就近修建。

3)便道修筑方案的比选。

方案一：便道从左侧山谷引入右侧山谷引出。长度为 500 m。

方案二：便道从左侧山腰引入右侧山腰引出，中间向南延伸 400 m 连接弃渣场。

中川河谷大桥位于两座山和一个山谷之间，作业面积相对狭小，坡度为 19%。因此宜就近安排项目驻地并将各设施紧凑布局，弃渣场只能布置在外围也就是桥的正南方 400 m 处。因此该工程选择方案二，即沿大桥南侧修建施工便道，并在桥梁中间部位向南延伸 400 m 连接施工场地和弃渣场。便道为泥结碎石路面，宽度为 6.0 m，总长度为 800 m。

(4)主要施工组织安排。

1)弃渣处理与运距。本工程共需挖方约 20 280 m^3，回填土 1 100 m^3，弃土 4 420 m^3，弃泥浆 2 740 m^3。弃渣场选择在大桥南侧 400 m 处，占地面积 1.58 亩。

2)劳力组织(表 3-1-3)。

表 3-1-3　主要劳力配置表

序号	岗位	职责	人数
1	挖孔	桩基开挖施工	20
2	钢筋工	负责连续梁钢筋绑扎及制作	15
3	模板工	立模	10
4	电焊工	负责施工过程中焊接作业	10
5	电工	保证施工过程连续供电	1
6	装吊工	钢筋、模板等吊装	2
7	司机	混凝土输送、起重机及塔式起重机操作	10
8	混凝土浇筑	负责混凝土浇筑、养护	10
9	其他技术工	张拉、压浆	7
10	杂工		10

3)机具设备组织(表 3-1-4)。

表 3-1-4　主要机械设备配置表

序号	设备名称	规　格	数　量	备注
1	挖掘机	2 t	2 台	
2	起重机	25 t	1 台	
3	罐车	8 m^3	10 台	
4	混凝土输送泵	80 型	1 台	高压泵
5	备用发电机	100 kW·h	1 台	
6	压浆设备		3 台	备用一台
7	架桥机	900 t	1 台	

4)工期安排及进度计划(图 3-1-2)。

施工准备：2015 年 2 月 1 日—2015 年 2 月 20 日；

桩基施工：2017 年 2 月 15 日—2017 年 7 月 14 日；

墩柱施工：2017 年 5 月 20 日—2017 年 8 月 27 日；

架梁施工：2017 年 8 月 20 日—2017 年 9 月 8 日；

桥面及附属施工：2017 年 8 月 30 日—2017 年 11 月 7 日。

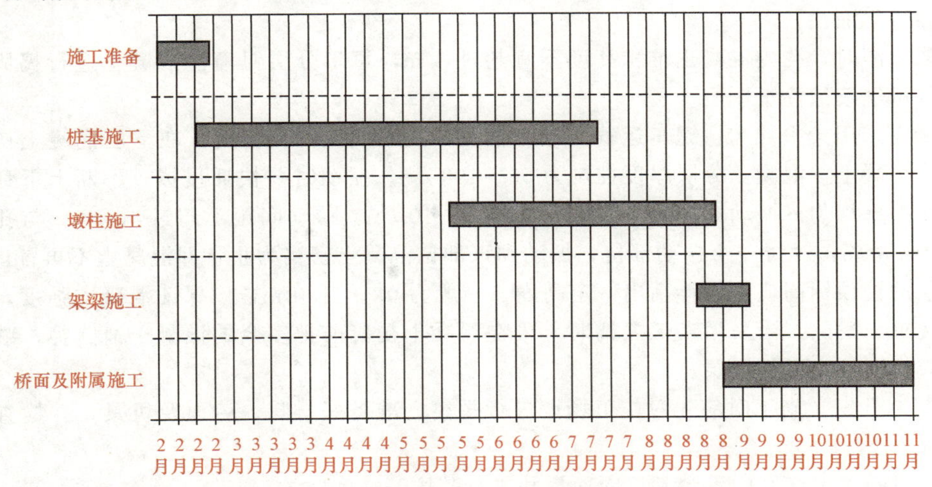

图 3-1-2　施工进度横道图

5)主要施工方案。

①基础部位主要施工方案。

a. 钢筋笼制作与安装。桩基钢筋笼一般应制成整体，一次吊装就位，但在笼长较长且一次性吊装就位困难时，可采取分节制作，现场吊装拼接。

钢筋笼制作时，按设计尺寸做好加强箍筋，标出主筋的位置。把主筋摆放在平整的工作平台上，并标出加强筋的位置。焊接时，使加强筋上任一主筋的标记对准主筋中部的加强筋标记，扶正加强筋，并用木制直角板校正加强筋与主筋的垂直度，然后点焊。在一根主筋上焊好全部加强筋后，转动骨架，将其余主筋逐根按照以上方法焊好，然后吊起骨架搁于支架上，按设计位置布置好螺旋筋，并将螺旋筋与主筋点焊牢固。

钢筋笼主筋接头采用镦粗直螺纹接头连接方式，车丝前需将接头部位切平齐，镦粗后再进行车螺纹，螺纹扣数量不少于连接套筒内螺纹的一半。每一截面上接头数量不超过50%，加强箍筋与主筋连接全部焊接。钢筋骨架的保护层厚度用与桩基同强度等级高强度砂浆垫块。设置密度按竖向每隔2 m设置一道，每一道沿圆周布置不少于4个。

钢筋笼的运输无论采取何种方法运输，都不得使钢筋笼变形。一般采用装载机牵引炮车方式运输钢筋笼。

为了保证钢筋笼起吊时不变形，对于长钢筋笼，起吊前应在加强箍内焊接三角支撑，以加强其刚度。钢筋笼用起重机进行安装，吊起直立扶稳后缓慢落入桩孔内就位，用2根20号槽钢制横担穿过钢筋笼顶部加强箍，悬挂在孔口混凝土护壁上再卸扣，如为两节，再同法将上节钢筋笼吊到下节钢筋笼上，使主筋对准，采用套筒连接，最后用起重机将整个钢筋笼吊起，抽出横担后，缓慢放入桩孔内达到设计深度。钢筋骨架底面距孔底面50 mm。

b. 桩基础混凝土灌注。在灌注混凝土前应对孔径、孔深、倾斜度等全部检查并报监理工程师，经业主、设计、监理、施工四方对挖孔地质情况进行确认，符合设计要求后方可进行钢筋吊装和混凝土灌注施工。

灌注平台采用移动式的平台，灌注时移至孔口，无论是干灌还是水下灌注，均采用导管灌注。

混凝土灌注若从高处倾倒时，其自由倾落高度一般不宜超过2 m，超过2 m时需直接用泵送至下料斗进行灌注。

采取干灌时，孔内混凝土堆积高度不宜超过1 m，每米分层对灌注混凝土进行捣固，捣固密实后方可继续灌注下一层。

混凝土采用集中拌和，罐车运输，导管输送，插入式振捣器振捣。在下层混凝土初凝前浇筑完上层混凝土，混凝土分层厚度控制为50～100 cm。振动时要快插慢拔，不断上下移动振动棒，以便振捣均匀。振动棒插入下层混凝土中5～10 cm，移动间距不超过40 cm，与孔壁保持10～20 cm距离，对每一个振动部位，振动到该部位混凝土密实为止，即混凝土不再冒出气泡。

灌注的桩顶标高应比设计高出一定高度，一般为0.5～1.0 m，以保证混凝土强度，多余部分应在接桩前凿除，当采用人工振捣时，可在混凝土初凝前把多余的混凝土清除掉，减少凿桩数量，应保证桩头无松散层。

c. 基坑开挖。施工时应先对施工场地进行平整，准备好材料、劳力及机具，并检查其性能达到要求。

施工时必须按交底中承台基坑断面尺寸进行基坑开挖和防护。

基坑开挖采用人工配合机械开挖，开挖前做好基坑顶、基坑底的排水工作，并根据现场情况在基坑的一角处做1～2个集水坑，防止基坑浸水，并保证基底各尺寸及承载力达到设计及规范要求。如基底为土层，开挖过程应保证基坑底预留0.3 m采用人工清底，如基底为岩石，则直接开挖至基底。

基坑开挖的土方应集中堆放，不得影响施工，并为承台灌注预留通道。弃土堆坡脚距基坑顶边缘的距离不小于基坑的深度。

基坑平面位置及基底尺寸必须满足设计及施工要求。当基坑深度较大时，可根据现场实际情况，设置临时支护措施，防止边坡坍塌。

②墩部施工要点。

素养课堂

通过编制桥墩施工工艺流程，培养学生组织能力以及高效、高质量处理问题的能力。

a. 桥墩施工流程(图 3-1-3)。

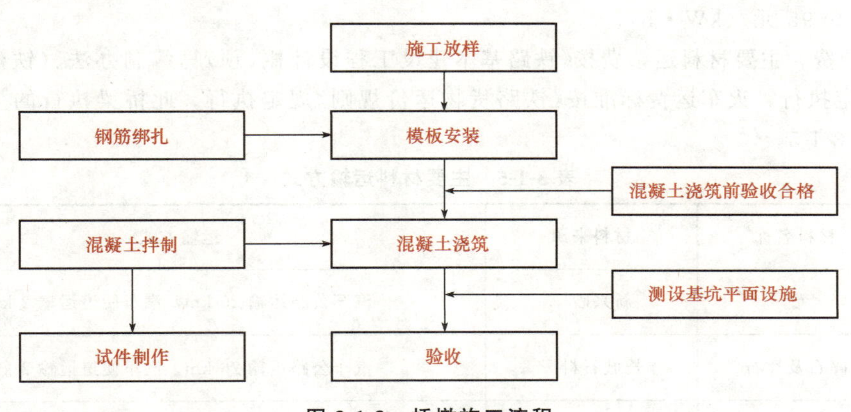

图 3-1-3 桥墩施工流程

b. 模板施工注意事项。

a)垫层施工一定要平，控制为－10～＋5 mm，若平整度不够，支模前要用砂浆找平模板底角。

b)为防止模板缝漏浆，在模板底角用水泥砂浆封堵，严禁在没有对拉螺栓的部位用带眼的模板。

c)模板在安装前必须进行机械抛光，抛光后清理干净，用手摸完无墨迹。

d)混凝土浇筑前，用空压机吹干净模板内灰尘，用棉布擦干净模板上所粘灰尘。

e)模板的加工精度要严格检查，确保基础的外形尺寸。

f)模板接缝螺栓要上满，保证模板的整体稳定性。

③桥墩混凝土浇筑。钢筋的布筋、立模验收合格后，进行浇筑混凝土。控制混凝土的拌和质量，在浇筑过程中，每 30 cm 一层，逐层浇筑直到完成承台的混凝土浇筑。混凝土采用混凝土灌车输送，泵车泵送或直接倾倒方式入模。在每层混凝土浇筑过程中，随混凝土的灌入及时采用插入式振动棒振捣密实。振动棒应避免碰撞钢筋、模板，不得直接或间接地通过钢筋施加振动。为防止混凝土在水化、凝结过程中，混凝土内外温差过大，致使表面产生裂缝，混凝土浇筑完成后，及时收浆，待混凝土初凝后立即进行养护。

2. 确定人、材料、机械台班价格

(1)工资单价。基期人工单价按《铁路基本建设工程设计概(预)算编制办法》(铁建设〔2017〕30 号文)规定计取。用工类型为Ⅲ类工，工费标准为 70 元/工日。

编制期人工单价按《国家铁路局关于调整铁路工程造价标准编制期综合工费单价的通知》(铁建设〔2021〕158号)执行。

(2)材料及设备价格。主材价格见表3-1-2，辅助材料价差，由于没有现行文件，暂时按铁道部发布的《关于发布铁路工程建设2011年第四季度材料价差系数的通知》(铁建设〔2012〕617号文)的价差系数进行调整。其中桥梁基础墩台桥面系及附属的价差系数为1.451，钢筋混凝土箱梁现浇的价差系数为1.478。

(3)机械台班单价。由《铁路工程施工机械台班费用定额》(TZJ 3004—2017)分析计算。基期水单价为0.35元/t，电价0.47元/(kW·h)，汽油价格6.08元/kg，柴油价格5.23元/kg。

编制期汽油、柴油的单价分别为9.03元/kg，8.17元/kg。编制期水、电单价分别为2.8元/t和0.95元/(kW·h)。

(4)运杂费。主要材料运杂费按《铁路基本建设工程设计概(预)算编制办法》(铁建设〔2017〕30号文)规定执行，火车运费标准按《铁路货物运价规则》规定执行。此桥梁执行的主要材料运输方式见表3-1-5。

表3-1-5　主要材料运输方式

序号	材料名称	材料来源	运输方式
1	砂	新兴砂厂	汽车公路运输20 km，汽车便道运输2 km
2	碎石及片石	长城石料厂	汽车公路运输26 km，汽车便道运输2 km
3	水泥	大坝水泥厂	汽车公路运输20 km，汽车便道运输2 km
4	木材，锯材及模板	鲁班木材加工厂	汽车公路运输10 km，汽车便道运输2 km
5	钢材	柳州钢铁厂	铁路运输146 km，汽车公路运输20 km，汽车便道运输2 km

3. 核对建设方给定清单工程量

根据图纸核对的工程数量，提取工程量清单，在工程量清单计价指南和工程量计算规则所列的单项及子目下，将工程数量计算汇总，并与业主给定清单进行对比。如果工程量与业主给定清单出入较大，进行答疑，以便正确确定报价。

4. 编制中川河谷大桥工程量原始数据表

根据单项概算编制单元划分表，对每个编制单元进行分解，编制基本子项“概预算工程量原始数据表”，大概流程如下：

(1)确定各单项概预算编制单元下工程内容，将各单元分解为n项基本子项(分部分项工程)，计算各子项预算工程量。其中，各基本子项预算工程量包括实体工程量、辅助工程量及临时工程量。

(2)熟悉定额。

(3)以施工设计图纸确定实体工程量、措施工程量和临时工程量并按定额子目划分口径和计量单位，列算“预算工程量”。

(4)根据预算工程量名称，查找基本子项定额子目并对号入座。

5. 桥梁定额中要特别注意的问题

(1)基坑开挖定额中弃方运距为10 m，如需远运，按《铁路工程预算定额 第一册 路基工程》相关子目另计。

(2)打钢板桩定额是按打拔和每使用1个季度分别编制，使用费用按施工组织设计确定时间计算。当施工组织确定不再拔除钢板桩时，按一次摊销计算。钢板桩定额中不含钢板桩围堰内支撑的制安拆，发生时另行计算。内支撑材料用量参照钢板桩围堰外围所包围的断面面积每10 m^2单层面积所需内支撑钢料870 kg，其中工钢464 kg，钢管246 kg，钢板160 kg。

(3)土坝、塑料编织袋围堰的工程量，长度按围堰中心长度，高度按设计的施工水位加0.5 m计算，不包括围堰内填心数量，需填心时，按筑岛填心定额另计。

(4)钻孔桩钻孔深度，陆上以地面高程、水上以河床面高程、筑岛施工以筑岛平面高程、路堑地段以路基设计成形断面路肩高程至桩尖设计高程计算。当采用管柱作为钻孔护筒时，钻孔深度应扣除管柱入土深度。

(5)钻孔桩桩身混凝土工程量按设计桩长(桩顶至桩底的长度)加1 m之和乘以设计桩径断面面积计算，不得将扩孔因素计入工程量。

(6)水中钻孔工作平台的工程量，一般钻孔工作平台按承台面尺寸每边加2.5 m计算面积，其他钻孔施工平台的面积按施工组织设计确定的尺寸计算；钢围堰钻孔平台按围堰外缘尺寸每边加1 m计算面积。

(7)钻孔用泥浆和钻渣外运定额子目应配套使用，其工程量均按钻孔体积计算。其计算公式为

$$V=0.25\pi D^2 H(\mathrm{m}^3)$$

式中 D——设计桩径；

H——钻孔深度(m)。

(8)定额中地层钻孔分类见表3-1-6。

表3-1-6 地层钻孔分类表

地层分类	代表性岩土
土	黏土、粉质黏土，粉土，粉砂、细砂、中砂、黄土，包括土状风化岩层。残积土，有机土(淤泥、泥炭、耕土)，含硬杂质在25%以下的人工填土
砂砾石	粗砂、砾砂、轻微胶结的砂土，石膏、褐煤、软烟煤、软白垩，硒石及粒状风化岩层，粒径为40 mm以下的粗(细)圆(角)砾土，含硬杂质在25%以上的人工填土
软石	岩石单轴饱和抗压强度小于30 MPa的各类软质岩。如泥质页岩、砂质页岩、油页岩、灰质页岩、钙质页岩，泥质砂岩、泥质胶结的砂岩，砂页岩互层，泥质板岩，滑石绿泥石片岩，云母片岩，泥灰岩，泥灰质白云岩，岩溶化石灰岩及大理岩，盐岩，结晶石膏，断层泥，无烟煤，硬烟煤，火山凝灰岩，强风化的岩浆岩及花岗片麻岩，冻土，软结砂层，金属矿渣，粒径为40～80 mm含量大于50%的粗圆(角)砾土、卵(碎)石土
卵石	粒径为80～200 mm含量大于50%的卵(碎)石土

续表

地层分类	代表性岩土
次坚石	岩石单轴饱和抗压强度为30～60 MPa的各类硬岩。如长石砂岩、钙质胶结的长石石英砂岩、钙质砂岩、钙质胶结的砾岩、灰岩及轻微硅化灰岩、大理岩、白云岩、橄榄岩、蛇纹岩、板岩、千枚岩、片岩、凝灰质砂岩、集块岩、弱风化的岩浆岩及花岗片麻岩、冻结砾石土、混凝土构件、砌块、路面，粒径为200～800 mm含量大于50%的漂(块)石土
坚石	岩石单轴饱和抗压强度大于60 MPa的各类极硬岩。如花岗石、闪长岩、花岗闪长岩、正长岩、辉长岩、花岗片麻岩、粗面岩、石英粗面岩、安山岩、辉绿岩、玄武岩、伟晶岩、辉石岩、硅化板岩、千枚岩、砂岩、灰岩、流纹岩、角闪岩、碧玉岩、刚玉岩、碧玉质硅化板岩、角页岩、石英岩、燧石岩、硅质胶结的砾岩、硅化或角页化的凝灰岩、粒径大于800 mm含量大于50%的漂(块)石土，胶结的卵石土

(9)旋挖钻、冲击钻和回旋钻钻孔定额均适用于孔深50 m以内；若孔深大于50 m时，超过部分每增加10 m(含不足10 m部分)，定额中人工和机械台班消耗量以50 m为基数按表3-1-7规定的系数调整。

表3-1-7　孔深大于50 m，每增加10 m定额工料机调整系数表

地层分类	系数
土	1.05
砂砾石	1.08
卵石、软石、次坚石、坚石	1.1

为方便使用，可按总孔深采用表3-1-8综合调整系数调整定额中人工和机械台班消耗。

表3-1-8　总孔深定额人机综合调整系数

地层分类	孔深/m				
	≤60	≤70	≤80	≤90	≤100
土	1.008	1.022	1.039	1.058	1.08
砂砾石	1.013	1.035	1.063	1.096	1.134
卵石、软石、次坚石、坚石	1.017	1.044	1.08	1.123	1.172

6. 桥涵工程包括的清单子目、工作内容、工程量计算规则

桥涵工程包括的清单子目、工作内容、工程量计算规则见表3-1-9。

表 3-1-9　桥涵工程包括的清单子目、工作内容、工程量计算规则

子目编码	名称	计量单位	子目划分特征	工程量计算规则	工程(工作)内容	附注
5	特大桥	延长米				
0501	一、复杂特大桥	延长米				
050101	(一)×××特大桥	延长米				
	Ⅰ. 建筑工程费	元				
05010101	1. 下部工程	圬工方				
0501010101	(1)基础	圬工方				
050101010101	①明挖	圬工方				
05010101010101	A. 混凝土	圬工方	综合	按设计图示砌体体积计算(不含回填圬工数量)	1. 基坑挖填; 2. 脚手架及支架搭拆; 3. 模板制安拆; 4. 预埋件(含冷却管)制安; 5. 混凝土浇筑(含垫层混凝土)	
05010101010102	B. 钢筋	t	综合	按设计图示长度计算质量	钢筋制安	
050101010102	②承台	圬工方				
05010101010201	A. 陆上承台混凝土	圬工方	综合	按设计图示砌体体积计算(不含回填砌体数量)	1. 基坑挖填; 2. 脚手架及支架搭拆; 3. 模板制安拆; 4. 预埋件(含冷却管)制安; 5. 混凝土浇筑(含垫层混凝土)	

续表

子目编码	名称	计量单位	子目划分特征	工程量计算规则	工程(工作)内容	附注
05010101010202	B. 陆上承台钢筋	t	综合	按设计图示长度计算质量	钢筋制安	
05010101010203	C. 水上承台混凝土	圬工方	综合	按设计图示砌体体积计算	1. 基坑挖填; 2. 脚手架及支架搭拆; 3. 模板制安拆(不含封底砌体数量); 4. 预埋件(含冷却管)制安; 5. 混凝土浇筑(含封底混凝土)	
05010101010204	D. 水上承台钢筋	t	综合	按设计图示长度计算质量	钢筋制安	
050101010103	③沉井	元				
05010101010301	A. 陆上钢筋混凝土沉井	圬工方	综合	按设计图示砌体体积计算(含封底、井盖和填充的砌体数量)	1. 沉井制作:垫木铺拆,脚手架及支架搭拆,模板制安,钢筋及预埋件制安,混凝土浇筑,刃脚钢结构制安; 2. 沉井下沉:下沉设备制安拆,土石挖、运、弃、弃方整理,排水,吸泥,井身接高,清基,封底,填充; 3. 井盖制安	

续表

子目编码	名称	计量单位	子目划分特征	工程量计算规则	工程(工作)内容	附注
05010101010302	B. 陆上钢沉井	t	综合	按图示钢料质量计算	1. 沉井制作:下料、组拼、焊接,下水拼装,刃脚压浆,灌注试验; 2. 沉井下沉:下沉设备制安拆,土石挖、运、弃,弃方整理,排水,吸泥,井身接高,清基,封底,填充; 3. 井盖制安	
05010101010303	C. 水上钢筋混凝土沉井	圬工方		按设计图示砌体体积计算(含封底、井盖和填充的砌体数量)	1. 沉井制作:垫木铺拆,脚手架及支架搭拆,模板制安拆,钢筋及预埋件制安,混凝土浇筑,刃脚钢结构制安; 2. 沉井下沉:下沉设备制安拆,土石挖、运、弃,弃方整理,排水,吸泥,井身接高,清基,封底,填充; 3. 井盖制安	
05010101010304	D. 水上钢沉井	t	综合	按设计图示钢料计算质量	1. 沉井制作:下料、组拼、焊接,下水拼装,刃脚压浆,灌注试验; 2. 沉井下沉:下水滑道制安拆,浮运沉井下水、浮运、定位、落床,下沉设备制安拆,土石挖、运、弃,弃方整理,排水,吸泥,井身接高,清基,封底,填充; 3. 井盖制安	

续表

子目编码	名称	计量单位	子目划分特征	工程量计算规则	工程(工作)内容	附注
050101010104	④挖孔桩	m		按设计桩长(桩顶至桩底的长度)计算		
05010101010401	A. 混凝土	圬工方	综合	按设计图示砌体体积计算	1. 桩孔开挖及防护; 2. 混凝土浇筑; 3. 桩头处理; 4. 预埋件(含声测管)制安	
05010101010402	B. 钢筋(笼)	t	综合	按设计图示钢料计算质量	钢筋(笼)制安	
050101010105	⑤钻孔桩	m		按设计桩长(桩顶至桩底的长度)计算		含旋挖钻孔、冲击钻孔、回旋钻孔;不含特殊工艺工法
05010101010501	A. 陆上混凝土	圬工方	桩径	按设计桩长(桩顶至桩底的长度)乘以设计桩径断面面积计算	1. 护筒制安拆; 2. 钻孔、护壁,弃渣、泥浆清理、外运,清孔; 3. 预埋件(含声测管)制安; 4. 桩头处理; 5. 水泥砂浆或水泥浆填充; 6. 混凝土浇筑; 7. 桩底高压注浆	

续表

子目编码	名称	计量单位	子目划分特征	工程量计算规则	工程(工作)内容	附注
05010101010502	B. 水上混凝土	圬工方	桩径	按设计桩长(桩顶至桩底的长度)乘以设计桩径断面面积计算	1. 护筒制安拆； 2. 钻孔、护壁，弃渣、泥浆清理、外运，清孔； 3. 预埋件(含声测管)制安； 4. 桩头处理； 5. 水泥砂浆或水泥浆填充； 6. 混凝土浇筑； 7. 桩底高压注浆	
05010101010503	C. 钢筋(笼)	t	综合	按设计图示钢料计算质量	钢筋(笼)制安	
050101010106	⑥沉入桩	m				
05010101010601	A. 钢筋(预应力)混凝土管桩	m	桩径	按设计图示承台底至桩底的长度计算	1. 管桩制作； 2. 沉桩、接桩、送桩； 3. 管桩内填充混凝土； 4. 桩头处理	
05010101010602	B. 钢管桩	m	桩径	按设计图示承台底至桩底的长度计算	1. 管桩制作； 2. 沉桩、接桩、送桩； 3. 管桩内填充混凝土； 4. 桩头处理	
050101010107	⑦管柱	m				

续表

子目编码	名称	计量单位	子目划分特征	工程量计算规则	工程(工作)内容	附注
05010101010701	A. 钢筋(预应力)混凝土管柱	m	直径	按设计图示承台底至柱底的长度计算	1. 管柱及管靴制作; 2. 下沉、接高、钻岩、吸泥、清孔; 3. 钢筋(笼)骨架制安; 4. 管柱及钻孔内填充混凝土; 5. 柱头处理	
05010101010702	B. 钢管柱	m	直径	按设计图示承台底至柱底的长度计算	1. 管柱制作; 2. 下沉、接高、钻岩、吸泥、清孔; 3. 钢筋(笼)骨架制安; 4. 管柱及钻孔内填充混凝土; 5. 柱头处理	
050101010108	⑧挖井基础	圬工方				
05010101010801	A. 混凝土	圬工方	综合	按设计图示砌体体积计算(不含护壁砌体数量)	1. 井孔开挖; 2. 预埋件制安; 3. 模板制安拆; 4. 混凝土、护壁混凝土浇筑	
05010101010802	B. 钢筋	t	综合	按设计图示长度计算质量(不含护壁钢筋的质量)	钢筋、护壁钢筋制安	
0501010102	(2)墩台	圬工方				

续表

子目编码	名称	计量单位	子目划分特征	工程量计算规则	工程(工作)内容	附注
050101010201	①墩高≤30 m	圬工方				
05010101020101	A. 陆上混凝土	圬工方	综合	按设计图示砌体体积计算	1. 脚手架及支架搭拆； 2. 模板制安拆； 3. 预埋件制安； 4. 混凝土浇筑； 5. 防水层铺设； 6. 排水管	
05010101020102	B. 陆上钢筋	t	综合	按设计图示长度计算质量	钢筋制安	
05010101020103	C. 水上混凝土	圬工方	综合	按设计图示砌体体积计算	1. 脚手架及支架搭拆； 2. 模板制安拆； 3. 预埋件制安； 4. 混凝土浇筑； 5. 防水层铺设； 6. 排水管	
05010101020104	D. 水上钢筋	t	综合	按设计图示长度计算质量	钢筋制安	
05010101020105	E. 门型墩横梁混凝土	圬工方	综合	按设计图示砌体体积计算	1. 脚手架及支架搭拆； 2. 模板制安拆； 3. 预埋件制安； 4. 混凝土浇筑； 5. 防水层铺设； 6. 排水管	

续表

子目编码	名称	计量单位	子目划分特征	工程量计算规则	工程(工作)内容	附注
05010101020106	F. 门型墩横梁钢筋	t	综合	按设计图示长度计算质量	钢筋制安	
05010101020107	G. 门型墩横梁钢结构	t	综合	按设计图示钢料计算质量	钢结构制安	
05010101020108	H. 浆砌石	圬工方	综合	按设计图示砌体体积计算	1. 脚手架及支架搭拆； 2. 砌体砌筑，镶面； 3. 防水层铺设； 4. 反滤层、变形缝、泄水管设置	
050101010202	②30 m＜墩高≤70 m	圬工方				
05010101020201	A. 陆上混凝土	圬工方	综合	按设计图示砌体体积计算	1. 脚手架及支架搭拆； 2. 模板制安拆； 3. 预埋件制安； 4. 混凝土浇筑； 5. 防水层铺设； 6. 排水管	
05010101020202	B. 陆上钢筋	吨	综合	按设计图示长度计算质量	钢筋制安	
05010101020203	C. 水上混凝土	圬工方	综合	按设计图示砌体体积计算	1. 脚手架及支架搭拆； 2. 模板制安拆； 3. 预埋件制安； 4. 混凝土浇筑； 5. 防水层铺设； 6. 排水管	

续表

子目编码	名称	计量单位	子目划分特征	工程量计算规则	工程(工作)内容	附注
05010101020204	D. 水上钢筋	t	综合	按设计图示长度计算质量	钢筋制安	
050101010203	③ 70 m＜墩高≤140 m	圬工方	综合			不含特殊形式墩
05010101020301	A. 陆上混凝土	圬工方	综合	按设计图示砌体体积计算	1. 脚手架及支架搭拆； 2. 模板制安拆； 3. 预埋件制安； 4. 混凝土浇筑； 5. 防水层铺设； 6. 排水管	
05010101020302	B. 陆上钢筋	t	综合	按设计图示长度计算质量	钢筋制安	
05010101020303	C. 水上混凝土	圬工方	综合	按设计图示砌体体积计算	1. 脚手架及支架搭拆； 2. 模板制安拆； 3. 预埋件制安； 4. 混凝土浇筑； 5. 防水层铺设； 6. 排水管	
05010101020304	D. 水上钢筋	t	综合	按设计图示长度计算质量	钢筋制安	

续表

子目编码	名称	计量单位	子目划分特征	工程量计算规则	工程(工作)内容	附注
05010102	2. 上部工程	延长米				
0501010201	(1)预应力混凝土简支箱梁	孔				
050101020101	①制架预应力混凝土简支箱梁	孔				
05010102010101	A. 预制	孔	单双线/跨度/速度	按设计图示数量计算	1. 脚手架及支架搭拆; 2. 模板制安拆; 3. 钢筋及预埋件制安; 4. 混凝土浇筑; 5. 锚具安装,制孔,预应力钢筋(钢丝、钢绞线)制安及张拉,压浆、封锚、梁端防水; 6. 泄水管及盖制安; 7. 桥梁连接处混凝土凿毛; 8. 场内起落及移位存放	预埋件为所有梁体预埋件,含支座板、综合接地、防落梁措施、接触网支柱基础、整体道床、电缆上桥等预埋钢料
05010102010102	B. 运架	孔	单双线/跨度/速度	按设计图示数量计算	装梁(提梁)、运梁,走行轨铺拆,倒梁、喂梁、吊梁、落梁、就位,锚栓孔灌浆	

续表

子目编码	名称	计量单位	子目划分特征	工程量计算规则	工程(工作)内容	附注
050101020102	②支架法现浇预应力混凝土简支箱梁	孔	单双线/跨度/速度	按设计图示数量计算	1. 模板制安拆； 2. 钢筋及预埋件制安； 3. 泄水管及盖制安； 4. 混凝土浇筑； 5. 锚具安装，制孔，预应力钢筋(钢丝、钢绞线)制安及张拉，压浆、封锚、梁端防水； 6. 落梁就位	
050101020103	③移动模架现浇预应力混凝土简支箱梁	孔	单双线/跨度/速度	按设计图示数量计算	1. 移动模架拼装，位置和标高校正，拆除； 2. 合拢底模和外模并调整好预拱度； 3. 支座垫板安设，泄水管及盖板制安； 4. 预应力钢筋(钢丝、钢绞线)制安； 5. 安设内模； 6. 混凝土浇筑； 7. 预应力钢筋(钢丝、钢绞线)张拉，压浆、封锚、梁端防水； 8. 脱模	
050101020104	④移动支架节段拼装预应力混凝土简支箱梁	孔				

续表

子目编码	名称	计量单位	子目划分特征	工程量计算规则	工程(工作)内容	附注
05010102010401	A. 预制	孔	单双线/跨度/速度	按设计图示数量计算	1. 脚手架及支架搭拆； 2. 模板制安拆； 3. 钢筋及预埋件制安； 4. 混凝土浇筑； 5. 锚具安装，制孔，预应力钢筋(钢丝、钢绞线)制安及张拉，压浆、封锚、梁端防水； 6. 泄水管及盖制安； 7. 梁段连接处混凝土凿毛； 8. 场内起落及移位存放	
05010102010402	B. 运架	孔	单双线/跨度/速度	按设计图示数量计算	1. 节段运送； 2. 吊装节段、拼装节段； 3. 落梁	
05010102010403	C. 湿接	孔	单双线/跨度/速度	按设计图示数量计算	1. 现浇混凝土； 2. 压浆封锚	
05010102010404	D. 胶接	孔	单双线/跨度/速度	按设计图示数量计算	1. 注胶； 2. 压浆封锚	
05010102010405	E. 预应力筋	吨	综合	按设计图示下料长度计算质量(不含锚具的质量)	1. 预应力钢筋(钢丝、钢绞线)制安、张拉； 2. 节段间临时张拉； 3. 整跨箱梁永久预应力束张拉	

续表

子目编码	名称	计量单位	子目划分特征	工程量计算规则	工程(工作)内容	附注
0501010202	(2)制架(钢筋)预应力混凝土T形梁	孔				
50101020201	①预制	孔	跨度/速度/声屏障	按设计图示数量(单线孔)计算	1. 脚手架及支架搭拆； 2. 模板制安拆； 3. 钢筋及预埋件制安； 4. 混凝土浇筑； 5. 防护层、防水层、垫层、桥梁连接处混凝土凿毛； 6. 锚具安装，制孔，预应力钢筋(钢丝、钢绞线)制安及张拉，压浆、封锚、梁端防水； 7. 泄水管及盖板制安； 8. 场内起落及移位存放	预埋件含所有梁体预埋件，含支座板、人行道等预埋钢料
050101020202	②运架	孔	跨度/速度/声屏障	按设计图示数量(单线孔)计算	装梁，运梁；桥头线路加固，走行轨铺拆，倒梁、喂梁、落梁、吊梁横隔板连接，锚栓孔灌浆	
050101020203	③横向连接	孔	跨度/速度/声屏障	按设计图示数量(单线孔)计算	现浇桥面板及隔板湿接缝： 1. 模板制安拆，脚手架搭拆； 2. 钢筋及预埋件制安； 3. 锚具安装，制孔，预应力钢筋(钢丝、钢绞线、钢棒)制安及张拉，压浆、封锚； 4. 混凝土； 5. 防护层、防水层	

续表

子目编码	名称	计量单位	子目划分特征	工程量计算规则	工程(工作)内容	附注
0501010203	(3)构架(钢筋)预应力混凝土T形梁	孔				
050101020301	①构架	孔	跨度/速度/声屏障	按设计图示数量(单线孔)计算	构架	
050101020302	②运架	孔	跨度/速度/声屏障	按设计图示数量(单线孔)计算	装梁,运梁;桥头线路加固,走行轨铺拆,倒梁、喂梁、落梁、吊梁横隔板连接,锚栓孔灌浆	
050101020303	③横向连接	孔	跨度/速度/声屏障	按设计图示数量(单线孔)计算	桥面板及隔板湿接缝: 1. 模板制安拆,脚手架及支架搭拆; 2. 钢筋及预埋件制安; 3. 锚具安装,制孔,预应力钢筋(钢丝、钢绞线)制安及张拉,压浆、封锚; 4. 混凝土浇筑; 5. 防护层、防水层	
0501010204	(4)预应力混凝土连续梁(刚构)	延长米				
050101020401	①支架法混凝土	圬工方	综合	按设计图示砌体体积计算	1. 模板制安拆; 2. 预埋件制安; 3. 混凝土浇筑; 4. 临时支座安拆	

续表

子目编码	名称	计量单位	子目划分特征	工程量计算规则	工程(工作)内容	附注
050101020402	②悬浇法混凝土	圬工方	综合	按设计图示砌体体积计算	1. 模板制安拆； 2. 预埋件制安； 3. 混凝土浇筑； 4. 挂篮安拆； 5. 临时支座安拆	
050101020403	③预应力筋	t	综合	按设计图示下料长度计算质量(不含锚具的质量)	1. 锚具安装； 2. 制孔； 3. 预应力钢筋(钢丝、钢绞线)制安及张拉； 4. 压浆、封锚	
050101020404	④普通钢筋	t	综合	按设计图示长度计算质量	钢筋制安	
050101020405	⑤转体系统	处	综合	按设计图示数量计算	含由下转盘、球铰、上转盘、转体牵引系统等组成的转体结构及转动费用	
0501010205	(5)钢桁梁(钢桁拱)	t				
050101020501	①钢桁梁(钢桁拱)成品	t	综合	按设计图示构件(含节点板)计算质量(不含支座、高强度螺栓或铆钉和附属钢结构及检修设备走行轨的质量)	钢桁梁(钢桁拱)主材	含涂装

续表

子目编码	名称	计量单位	子目划分特征	工程量计算规则	工程(工作)内容	附注
050101020502	②钢桁梁(钢桁拱)安装	t	综合	按设计图示构件(含节点板)计算质量(不含支座、高强度螺栓或铆钉和附属钢结构及检修设备走行轨的质量)	1. 组拼(不含主材)、吊装、连接、就位； 2. 临时支座安拆； 3. 钢梁现场涂装	
0501010206	(6)钢板梁	t				
050101020601	①钢板梁成品	t	综合	按设计图示构件(含节点板)计算质量(不含支座、高强度螺栓或铆钉和附属钢结构及检修设备走行轨的质量)	钢板梁主材	含涂装
050101020602	②钢板梁安装	t	综合	按设计图示构件(含节点板)计算质量(不含支座、高强度螺栓或铆钉和附属钢结构及检修设备走行轨的质量)	1. 组拼(不含主材)、吊装、连接、就位； 2. 临时支座安拆； 3. 钢梁现场涂装	
0501010207	(7)钢-混凝土结合梁	延长米				
050101020701	①混凝土	圬工方	综合	按设计图示砌体体积计算	1. 脚手架搭拆； 2. 模板制安拆； 3. 预埋件(含剪力钉)制安； 4. 混凝土浇筑； 5. 泄水管及盖板制安； 6. 预制构件安装； 7. 接缝处置	

续表

子目编码	名称	计量单位	子目划分特征	工程量计算规则	工程(工作)内容	附注
050101020702	②预应力筋	t	综合	按设计图示下料长度计算质量(不含错具的质量)	1. 错具安装； 2. 制孔； 3. 预应力钢筋(钢丝、钢绞线)制安、张拉； 4. 压浆、封锁	
050101020703	③普通钢筋	t	综合	按设计图示长度计算重量	钢筋制安	
050101020704	④钢梁	t				
0501010207040l	A. 钢梁成品	t	综合	按设计图示构件(含节点板)计算质量(不含支座、高强度螺栓或铆钉和附属钢结构及检修设备走行轨的质量)	钢梁主材	含涂装
05010102070402	B. 钢梁安装	t	综合	按设计图示构件(含节点板)计算质量(不含支座、高强度螺栓或铆钉和附属钢结构及检修设备走行轨的质量)	1. 组拼(不含主材)、吊装、连接、就位； 2. 临时支座安拆； 3. 钢梁现场涂装	
0501010208	(8)斜拉桥	延长米				指承台以上部分索塔和斜拉索支承的梁部;不含桥面系
050101020801	①斜拉桥索塔	圬工方				

续表

子目编码	名称	计量单位	子目划分特征	工程量计算规则	工程(工作)内容	附注
05010102080101	A. 混凝土	圬工方	综合	按设计图示砌体体积计算	1. 脚手架及支架搭拆； 2. 模板制安拆； 3. 预埋件制安； 4. 混凝土浇筑； 5. 锚箱、爬梯、避雷针制安； 6. 涂装	
05010102080102	B. 预应力筋	t	综合	按设计图示下料长度计算质量(不含锚具的质量)	1. 锚具安装； 2. 制孔； 3. 预应力钢筋(钢丝、钢绞线)制安、张拉； 4. 压浆、封锚	
05010102080103	C. 普通钢筋	t	综合	按设计图示长度计算质量	钢筋制安	
05010102080104	D. 劲性钢骨架	t	综合	按设计图示钢骨架计算质量	金属构件制安	
050101020802	②斜拉索	t				
05010102080201	A. 斜拉索成品	t	综合	按设计图示斜拉索计算质量(不含锚具、锚板、锚箱、防腐料、缠包带的质量)	斜拉索主材、钢锚梁、索导管	

续表

子目编码	名称	计量单位	子目划分特征	工程量计算规则	工程(工作)内容	附注
05010102080202	B. 斜拉索安装	t	综合	按设计图示斜拉索计算质量(不含锚具、锚板、锚箱、防腐料、缠包带的质量)	1. 制索(不含主材)、卷盘； 2. 锚具安装； 3. 张拉、调索、防护； 4. 切割钢束头、封锚头； 5. 涂装	
050101020803	③钢梁	t				
05010102080301	A. 钢梁成品	t	综合	按设计图示构件(含节点板)计算质量(不含支座、高强度螺栓或铆钉和附属钢结构及检修设备走行轨的质量)	钢梁主材	
05010102080302	B. 钢梁安装	t	综合	按设计图示构件(含节点板)计算质量(不含支座、高强度螺栓或铆钉和附属钢结构及检修设备走行轨的质量)	1. 组拼(不含主材)、吊装、连接、就位； 2. 临时支座安拆； 3. 钢梁现场涂装	
050101020804	④预应力混凝土梁	圬工方				
05010102080401	A. 混凝土	圬工方	综合	按设计图示砌体体积计算	1. 模板制安拆； 2. 预埋件制安； 3. 泄水管及盖板制安； 4. 混凝土浇筑	

续表

子目编码	名称	计量单位	子目划分特征	工程量计算规则	工程(工作)内容	附注
05010102080402	B. 预应力筋	t	综合	按设计图示下料长度计算质量(不含锚具的质量)	1. 锚具安装； 2. 制孔； 3. 预应力钢筋(钢丝、钢绞线)制安、张拉； 4. 压浆、封锚	
05010102080403	C. 普通钢筋	t	综合	按设计图示长度计算质量	钢筋制安	
0501010209	(9)悬索桥	延长米				
050101020901	①重力式锚碇	圬工方				
05010102090101	A. 基础开挖	m^3	综合	按设计图示开挖体积计算(含工作面及放坡数量)	1. 基坑开挖； 2. 抽水； 3. 基坑检查、修整； 4. 基底处理； 5. 混凝土浇筑	
05010102090102	B. 地下连续墙导墙混凝土	圬工方	综合	按设计图示砌体体积计算	1. 场地清理及排水； 2. 沟槽开挖； 3. 模板作安拆； 4. 混凝土浇筑； 5. 钢筋及预埋件制安； 6. 导墙拆除、外运	

续表

子目编码	名称	计量单位	子目划分特征	工程量计算规则	工程(工作)内容	附注
0501010209010 3	C. 地下连续墙混凝土	圬工方	综合	按设计图示砌体体积计算(含墙身、内衬、锚梁等结构砌体数量)	1. 地基处理; 2. 铣槽开挖; 3. 清底置换; 4. 混凝土浇筑; 5. 检测、基岩注浆; 6. 预埋件制安; 7. 作业平台制安拆	
05010102090104	D. 地连墙钢筋	t	综合	按设计图示长度计算质量	钢筋制安	
050101020902	②隧道式锚碇	圬工方				
05010102090201	A. 隧道锚开挖	m^3	综合	按设计图示开挖体积计算	1. 台架移动就位、测量、人工挖土石方、钻眼、爆破、找顶、防尘、施工用水抽排; 2. 出渣轨道制安拆、养护; 3. 出渣,运料	
05010102090202	B. 洞身混凝土	圬工方	综合	按设计图示砌体体积计算	1. 喷射混凝土集中拌制、运输、机具就位、喷射、养护,清理回弹料; 2. 脚手架及衬砌平台制安拆; 3. 模板制安拆; 4. 浇筑平台制安拆; 5. 混凝土浇筑; 6. 拱架制安拆	

续表

子目编码	名称	计量单位	子目划分特征	工程量计算规则	工程(工作)内容	附注
05010102090203	C. 洞身钢筋	t	综合	按设计图示长度计算质量	钢筋制安	
050101020903	③锚体	圬工方				
05010102090301	A. 锚体混凝土	圬工方	综合	按设计图示砌体体积计算	1. 支架、作业平台制安拆； 2. 模板制安拆； 3. 预埋件制安； 4. 混凝土浇筑	含锚块、锚碇支墩、侧墙、前墙及锚室顶盖混凝土
05010102090302	B. 锚体钢筋	t	综合	按设计图示钢料计算质量	钢筋制安	含锚块、锚碇支墩、侧墙、前墙及锚室顶盖钢筋
05010102090303	C. 锚体预应力筋	t	综合	按设计图示下料长度计算质量(不含锚具的质量)	1. 钢绞线的制安； 2. 波纹管管道制安； 3. 安装锚具、锚板； 4. 张拉； 5. 压浆； 6. 封锚头	
05010102090304	D. 锚固系统	t	综合	按设计图示质量计算	1. 钢构件制安； 2. 预应力钢束锚固构造制安、调整及精确定位； 3. 索股锚固连接构造制安、调整及精确定位； 4. 定位钢支架制安、精确定位； 5. 钢结构防腐涂装	

续表

子目编码	名称	计量单位	子目划分特征	工程量计算规则	工程(工作)内容	附注
050101020904	④索鞍	t				
05010102090401	A. 索鞍成品	t	综合	按设计图示索鞍计算质量	索鞍价购	
05010102090402	B. 索鞍安装	t	综合	按设计图示索鞍计算质量	1. 支墩顶门架制安拆； 2. 支架及操作平台制安拆； 3. 索鞍构件吊装、移位、精确定位及固定； 4. 鞍罩骨架、围壁及端罩制作加工、安装； 5. 钢质梯安装； 6. 气密门及水密门舱口盖安装	
050101020905	⑤缆索系统					
05010102090501	A. 主缆成品	t	综合	按设计图示主缆计算质量	主缆主材	
05010102090502	B. 主缆安装	t	综合	按设计图示主缆计算质量	1. 塔顶平台制安拆； 2. 牵引系统制安拆； 3. 主缆安装、紧缆、缠丝； 4. 索夹及吊索安装	
050101020906	⑥钢梁架设	t				

续表

子目编码	名称	计量单位	子目划分特征	工程量计算规则	工程(工作)内容	附注
05010102090601	A. 钢梁成品	t	综合	按设计图示钢梁计算质量	钢梁主材	
05010102090602	B. 钢梁架设	t	综合	按设计图示钢梁计算质量	1. 钢梁节段拼装； 2. 钢梁起吊、挂吊索、临时连接、梁段的体系转换；边跨钢梁姿态调整；钢梁合龙，二期恒载，线形调整； 3. 缆索起重机安拆	
0501010214	(14)支座	元				
050101021401	①金属支座	个	综合	按设计图示数量计算	1. 支座安装、调整； 2. 浇筑填充； 3. 防尘罩制安	
050101021402	②板式橡胶支座	孔	跨度	按设计图示数量计算	1. 支座安装、调整； 2. 浇筑填充	
050101021403	③盆式橡胶支座	个	支座反力	按设计图示数量计算	1. 支座安装、调整； 2. 浇注填充； 3. 防尘罩制安	
0501010215	(15)桥面系	延长米				

续表

子目编码	名称	计量单位	子目划分特征	工程量计算规则	工程(工作)内容	附注
050101021501	①T 形梁桥面系	延长米	综合	按设计图示桥梁长度计算	1. 围栏、吊篮、防护网、避车台、检查梯、铁蹬、护栅、通信、信号、电力支架等制安； 2. 挡砟块制安； 3. 光(电)缆过桥防护、电缆槽； 4. 栏杆、人行道板及纵向盖板制安； 5. 护轮轨(不含轨枕)铺设； 6. 排水管道安装； 7. 地震区防止落梁设施制安； 8. 涂装	
050101021502	②箱梁桥面系	延长米	综合	按设计图示桥梁长度计算	1. 围栏、防护网、检查梯、铁蹬、护栅、通信、信号、电力支架等制安； 2. 挡砟墙、竖墙、防撞墙现浇； 3. 遮板、栏杆、人行道板及纵向盖板制安； 4. 光(电)缆过桥防护； 5. 接触网支柱基础； 6. 综合接地连接； 7. 防护层、防水层、垫层铺设； 8. 排水管道安装； 9. 地震区防止落梁设施制安； 10. 涂装	

续表

子目编码	名称	计量单位	子目划分特征	工程量计算规则	工程(工作)内容	附注
050101021503	③钢梁桥面系	延长米	综合	按设计图示桥梁长度计算	1. 铺装层铺设； 2. 围栏、防护网、检查梯、铁蹬、护栅、通信、信号、电力支架等制安； 3. 挡砟墙、竖墙、防撞墙现浇； 4. 遮板、栏杆、人行道板及纵向盖板制安； 5. 光(电)缆过桥防护； 6. 接触网支柱基础； 7. 综合接地连接； 8. 防护层、防水层、垫层铺设； 9. 排水管道安装； 10. 地震区防止落梁设施制安； 11. 涂装	
050101021504	④梁端伸缩缝	延长米	综合	按设计图示伸缩缝长度计算	梁端伸缩缝制安	
05010103	3. 附属工程	元				
0501010301	(1)土方	m^3	综合	按设计图示尺寸，挖方以天然密实体积计算，填方以压实体积计算	土方挖、装、运、卸、整理、填、洒水(翻晒)、压实、修整	含桥位刷坡土方
0501010302	(2)石方	m^3	综合	按设计图示尺寸，挖方以天然密实体积计算，填方以压实体积计算	石方挖、装、运、卸、整理、填、塞紧空隙、压(夯)实、修整	

续表

子目编码	名称	计量单位	子目划分特征	工程量计算规则	工程(工作)内容	附注
0501010303	(3)干砌石	m^3	综合	按设计图示砌体体积计算(含各种笼装片石、块石)	1. 基坑挖填; 2. 砌体砌筑; 3. 选取片(块)石,制作各种笼,装片(块)石,安砌; 4. 反滤层铺设; 5. 变形缝设置、泄水管(孔)设置	
0501010304	(4)浆砌石	圬工方	综合	按设计图示砌体体积计算	1. 基坑挖填; 2. 砌体砌筑; 3. 封闭层、反滤层铺设; 4. 变形缝设置、泄水管(孔)设置	
0501010305	(5)混凝土	圬工方	综合	按设计图示砌体体积计算	1. 基坑挖填; 2. 模板制安拆; 3. 混凝土浇筑; 4. 混凝土构件预制安; 5. 封闭层、反滤层铺设; 6. 变形缝设置、泄水管(孔)设置; 7. 预埋件制安	
0501010306	(6)钢筋	t	综合	按设计图示长度计算质量	钢筋制安	

续表

子目编码	名称	计量单位	子目划分特征	工程量计算规则	工程(工作)内容	附注
0501010307	(7)台后及锥体填筑	m^3	综合	按设计图示压实体积计算	1. 挖、装、运、卸,临时堆放; 2. 分层摊铺、洒水(翻晒)、压实,排水; 3. 修整	
0501010308	(8)洞穴处理	元				
0501010309	(9)桥上永久照明及防雷	延长米	综合	按设计图示桥梁长度计算	1. 从变电所或电力干线接引至桥头变压器专为照明供电的电源线路; 2. 从桥头变压器接引至桥上的电源线路等; 3. 变配电设备的基础及支架制安; 4. 杆塔、灯柱架立; 5. 避雷带(网)敷设、引下线敷设、接地网敷设、加降阻剂等	
0501010310	(10)绿化	元	综合	按设计要求综合计算	1. 平整、翻土,挖土换填,土质改良,围护; 2. 播草籽,铺草皮,栽植花草、灌木; 3. 浇水、养护	
0501010311	(11)检查维护小车	元	综合	按设计要求综合计算	轨道、桁架检修平台、门架、行走机构和电气系统	

续表

子目编码	名称	计量单位	子目划分特征	工程量计算规则	工程(工作)内容	附注
0501010312	(12)限高架	吨	综合	按设计图示钢料计算质量	1. 基坑挖填; 2. 基础浇筑; 3. 钢结构制安,油漆	
0501010313	(13)其他	元	综合	按设计要求综合计算	安全警示标志、保护标志、通航河流桥梁助航设施、河道防撞设施等的设置;救援通道及设施	
05010104	4. 施工辅助设施	元				
0501010401	(1)栈桥	延长米	综合	按设计图示栈桥长度计算	1. 工作平台; 2. 场地平整及土石方; 3. 基础、墩台、梁部、桥面等工程,养护; 4. 拆除、清理、复垦等	
0501010402	(2)缆索吊	处	综合	按设计图示数量计算	1. 场地平整及土石方,场内砌筑(含地基处理); 2. 缆索吊制安拆; 3. 清理、复垦等	
0501010403	(3)施工猫道	延长米	综合	按设计图示猫道长度计算	猫道系统的制安、拆除	
0501010404	(4)基础辅助设施	墩	类型			

续表

子目编码	名称	计量单位	子目划分特征	工程量计算规则	工程(工作)内容	附注
050101040401	①筑堤	m^3	综合	按设计图示体积计算	填筑、拆除、清运	含土、石围堰
050101040402	②筑岛	m^3	综合	按设计图示体积计算	填筑、拆除、清运	
050101040403	③钢板桩围堰	t	综合	按设计图示钢料计算质量	钢板桩制作、插打、使用、拔除	
050101040404	④(钢筋)混凝土围堰	圬工方	综合	按设计图示砌体体积计算	制作、下沉	
050101040405	⑤钢围堰	t	类型	按设计图示钢料计算质量	1. 制作、浮运、下水、下沉、定位、清基、封底、排水及拆除; 2. 围堰下水滑道制安拆	含双壁钢围堰、吊箱围堰、套箱围堰等
050101040406	⑥工作平台	m^2	综合	按设计图示面积计算	平台制作、搭拆	
050101040407	⑦防护棚架	m^2	综合	按设计图示面积计算	1. 防护棚架结构制作、搭设; 2. 防护棚架拆除	
0501010405	(5)其他设施	元				

续表

子目编码	名称	计量单位	子目划分特征	工程量计算规则	工程(工作)内容	附注
050101040501	①现浇混凝土梁辅助设施	元	综合	按设计要求综合计算	线路加固、拆铺，枕木垛、脚手架及支架、支墩、膺架，顶推导梁、平衡梁、滑道等制架梁辅助设施制安拆(含地基处理)	
050101040502	②钢梁架设辅助设施	元	综合	按设计要求综合计算	枕木垛、脚手架及支架、支墩、膺架，钢桁梁架设用吊索塔架，架设拱肋的旋转架设转盘等制架梁辅助设施制安拆(含地基处理)	
050101040503	③墩身辅助设施	元	综合	按设计要求综合计算	塔式起重机基础及地基处理	
05010105	5. 环保工程	元	综合	按设计要求综合计算	弃渣外运，弃渣挡墙施工	
	Ⅱ. 安装工程费	元				
05010106	1. 设备安装	元	综合	按设计要求综合计算	设备安装、调试	
050102	(二)×××特大桥					

续表

<table>
<tr><th>子目编码</th><th>名称</th><th>计量单位</th><th>子目划分特征</th><th>工程量计算规则</th><th>工程(工作)内容</th><th>附注</th></tr>
<tr><td colspan="7">细目同<05 特大桥一、复杂特大桥(一)×××特大桥></td></tr>
<tr><td>0502</td><td>二、一般特大桥</td><td>延长米</td><td></td><td></td><td></td><td></td></tr>
<tr><td colspan="7">细目同<05 特大桥一、复杂特大桥(一)×××特大桥></td></tr>
<tr><td>06</td><td>大桥</td><td>延长米</td><td></td><td></td><td></td><td></td></tr>
<tr><td></td><td>甲、新建</td><td>延长米</td><td></td><td></td><td></td><td></td></tr>
<tr><td>0601</td><td>一、复杂大桥</td><td>延长米</td><td></td><td></td><td></td><td></td></tr>
<tr><td colspan="7">细目同<05 特大桥、复杂特大桥></td></tr>
<tr><td>0602</td><td>二、一般梁(拱)式大桥</td><td>延长米</td><td></td><td></td><td></td><td></td></tr>
<tr><td colspan="7">细目同<05 特大桥甲、新建一、复杂特大桥(一)×××特大桥></td></tr>
</table>

小结

投标报价编制步骤

1. 投标报价准备

(1)精读、分析招标文件。精读、分析招标文件的目的如下:

1)全面了解承包商在合同中的权利和义务;

2)深入分析施工承包中所面临的和需要承担的风险;

3)缜密研究招标文件中的漏洞和疏忽,为制定投标策略寻找依据,创造条件。

当前我国铁路工程承发包模式分为施工单价承包、施工总价承包和工程总承包三种基本模式。三种模式中承包商所承担的风险依次递增。对于施工单价承包的工程,发包人承担设计工程数量的风险,承包商承担施工组织风险和一定程度的价格风险,而对施工总价承包和工程总承包的工程,承包人要承担一定的设计工程数量风险和价格风险,因此,针对不同承包模式和计价类型的工程,当清单工程数量与招标图纸工程数量不一致时,处理方式有很大不同。另外,还要分析合同专用条件,是固定价格合同,还是可调价格合同,以确定承包商承担的价格,上涨风险。

(2)进行市场调查,掌握材料、设备的市场价格。

(3)考察施工现场,拟订施工方案和投标施工组织设计。现场考察时承包商投标是全面了解现场施工环境及施工风险的重要途径,是投标人搞好投标报价的先决条件。投标人提出的报价应当是在现场考察的基础上编制出来的,而且应包括施工中可能出现的风险和费用。在投标有效期内及工程施工过程中,承包商无权以现场考察不周、情况不了解为由而提出修改标书或调整标价给予补偿的要求。通过到现场实地勘察,了解现场情况及周围环境,以作为确定施工组织方案和技术保证措施费等有关费用的依据。

(4)计算与核实工程数量。工程招标文件中若提供有工程量清单,在投标价格计算之前,要对工程量进行校核。对于不同承包模式或合同计价方式的工程,投标人对清单子目工程量的偏差应采取不同的对策。

具体情况如下:

1)对于施工单价承包的工程,当清单子目工程量与招标图纸不一致时,不一定要向招标人提出质疑,因为清单子目工程量仅是报价和评标的依据,而不是实际计量支付的依据,投标人工作重点是正确分析每项清单子目的综合单价,甚至投标人可利用清单子目工程量的偏差而采取不平衡报价策略。

2)对于施工总价承包的工程,承包商要承担设计工程量的风险,清单子目数量不仅是报价和评标的依据,还是计量支付的重要依据,投标人工作重点是确保每项清单子目的合价要至少能够弥补工程成本,并且,对于铁路工程施工单价承包和施工总价承包,投标人一般不得自行修改工程量清单。因此,当发现某清单子目工程量有明显错误时,应在规定时间内向业主提出质疑,要求其进行澄清。如果业主不同意修改清单子目工程量,则只能将工程数量偏差导致的造价偏差分摊到清单子目单价中，以保证合价的合理性。

3)对于工程总承包的工程，承包商要承担设计工程量的风险。但“允许投标人根据其编制的施工图设计大纲修改招标人提供的工程量清单”。由于工程总承包合同的铁路工程采用节点工程计价方式，而不是工程量清单计价，因此投标人工作重点也是要保证每项清单子目合价的合理性，至少要能够弥补工程成本。

2. 拆分工程量，以工程量清单中的清单子目为编制单元，编制报价原始数据表

(1)报价时工程量拆分的原因和目的。由于工程量清单是业主或其委托的造价工程师参考现行“清单计价规范”中清单子目划分原则，依据“成品、实体、净数量”的原则，将图纸中的比较细的工程量根据“清单计价规范”中的“工程量清单计量规则”汇总编制的。因此，清单中的每个计价清单子目的综合度比较大。例如，“陆上钻孔灌注桩”清单子目包含的工作内容有“护筒制安拆；钻孔、护壁、弃渣，泥浆清理、外运、清孔；钢筋(笼)及预埋件(含检测管)制安；混凝土浇筑；桩头处理”，但不含围堰、筑岛等基础施工措施费项目。投标报价人员要将清单计价清单子目“还原”，找到计价清单子目与图纸中的实体工程量和投标施工组织设计下施工措施项目之间的对应关系。另外，由于属于同一结构部位(如桥梁下部结构)的同一强度等级的混凝土结构所需的工料机消耗不同而表现为不同的定额子目，因此还要将工程量调整成能套工程定额的程度。

但要明确并不是每个项目都要进行分解，只有对那些综合项目分解才有意义，才是必要的。所谓综合项目，就是清单中一个编号项目中含有两个及两个以上的基本子项(定额子目)。

工程量拆分的目的是以每个计价清单子目为单元，根据工程量清单计量规则识别该清单子目下所包含的计价工程内容或工作内容；再结合招标图纸分析其中的实体工程内容及工程数量，根据投标施工组织设计分析应分摊在该清单子目下的施工措施工程内容及工程数量；最后根据预算定额子目划分的口径，转换成能套用定额的预算工程量，以计算出该清单子目相对准确的综合单价。

(2)工程量拆分的基本方法。根据以上分析，分解的依据是工程量清单计量规则、招标图纸、拟采用的施工方案、工料机消耗量标准等因素。

根据《铁路建设工程量清单计价规范》的工程量清单计量规则中子目划分特征为“综合”并且在业主提供的工程量清单中有工程数量或虽没有工程数量但属于单项费用包干的子目，即投标人需报价的清单子目，也是合同签订后工程实施中计量与支付的清单子目。

工程量清单复核无误以后，接着应以工程量清单的每个清单子目作为一个项目，根据招标图纸、拟订的施工方案、预算定额、工程量清单计量规则，考虑其由几个预算定额子目组成，计算这几个定额子目的工程量，并编制报价原始数据表。在拆分工程量时需注意初始清单工程量、预期计量工程量和预算工程量的关系。按四种工程量确定的时间先后顺序，首先确定设计工程量，其次是清单工程量，最后是预算工程量和预期计量工程量。

(3)根据“报价原始数据表”确定综合单价分析的编制单元，作为清单计价子目项目划分和综合单价分析的基本依据。

3. 计算工程量清单子目综合单价及合价、总价

根据工程量清单子目工程数量拆分的结果，调查的人工、材料、机械台班的市场价格，结合本企业施工管理水平测算的综合取费水平，并参照本企业以往的经验，进行单价分析，确定工程量清单中每项清单子目综合单价或合价，进而计算出清单子目总价，再加上(施工单价合同下的)计日工、暂定金额或(施工总价合同或工程总承包合同下的)总承包风险费，即得到初步的投标报价。

清单子目综合单价编制步骤主要有以下一些：

(1)根据"报价原始数据表"中每项清单子目下各个基本子项所用到的预算定额、企业定额或补充定额编制基本子项定额基价"单项概算表"，确定清单子目每定额单位下的基期人工费、基期材料费和基期机械使用费及基期工料机费合计。由于按照现行铁路工程造价计价办法，取消综合工费标准的不同地区的差异，如果直接套用预算定额，可不进行定额单价分析，直接从预算定额手册中查阅和套用有关费用标准。但如果对定额进行了调整(包括定额抽换或定额组合)或补充定额，则必须要针对调整或补充后的工料机消耗数量标准编制定额单价分析表。

(2)以报价原始数据表中每项清单子目为编制单元，计算"人工、材料、机具台班价差计算表"。

(3)以报价原始数据表中每项清单子目为编制单元，分析计算每个编制单元下的材料运杂费。

(4)计算定额直接工程费、运杂费、价差、填料费(如果有)、施工措施费、特殊地区施工增加费、间接费、税金，完成单项概算表。

(5)编制工程量清单子目综合单价分析表。清单子目的各项主要费用的计算过程和结果，进一步汇总为工程量清单综合单价分析表。

"人工费"="基期人工费"+"人工费价差"

"材料费"="基期材料费"+"材料费价差"

"施工机械使用费"="基期施工机械使用费"+"机械费价差"

(6)编制工程量清单计价表。将所有清单项目的综合单价与清单工程量相乘计算出工程合价即投标初步报价。

(7)编制"工程量清单投标报价汇总表"等表。根据铁路工程招标文件及《铁路建设工程量清单计价规范》的要求，计算激励约束费、安全生产费、计日工和暂列金额(施工单价承包时适用)或总承包风险费(施工总价承包或工程总承包时适用)等项费用，编制工程量清单投标报价汇总表及所要求编制的其他有关报表。

4. 测算标价的"上限"与"下限"

根据铁路工程造价计价办法及通过市场询价确定的工程所在地工、料、机价格水平和

综合费率水平，确定出反映社会平均水平的工程预算价格(包括各项预算费用和分摊费用)，作为“模拟标底”，从而确定出标价的上限；根据本企业技术装备和管理水平和成本降低措施，测算本企业完成该工程的最低保本点，即标价的下限。

5. 报价决策，确定最终总标价

在前面所测算的标价的“上限”与“下限”之间的决策区间中，根据所掌握的业主及其他投标单位的信息适当调整其他工程费、间接费、利润等取费，以使总标价更有竞争力。

当工程为施工单价承包合同时，要充分利用报价技巧，进行“单价重分配(或不平衡报价)”。当投标人的总标价水平确定后，还要采用“单价重分配”的方法来调整单价，以期在工程结算时取得最好的经济效益，实现“投标中标，施工创利”的目的。

视频：钻孔桩清单列项

视频：钻孔桩混凝土清单项定额选择

视频：钻孔桩钢筋清单项定额选择

视频：承台清单列项及混凝土定额选择

视频：承台钢筋清单定额选择

视频：墩台清单列项

视频：桥墩混凝土清单定额选择

视频：桥墩钢筋清单定额选择

复习思考题

1. 简述特大桥工程有哪些清单子目及每个清单子目包括的工作内容。
2. 试编制中川河谷大桥工程的投标报价。

项目4　轨道工程量清单计价文件的编制

项目描述

通过两个标段(12标和7标)轨道工程投标报价的练习(12标为教师指导下完成投标报价，7标为学生独立完成投标报价)，学生能够根据现场实际情况选用定额和进行定额代换，并初步具有自编定额的能力，掌握轨道工程投标报价的编制方法和技巧。

拟实现的教学目标

1. 思政目标
(1)具有良好团队协作的能力；
(2)具有良好沟通、协调的能力。
2. 专业目标
(1)具备工程量计算的能力；
(2)具备综合单价分析的能力；
(3)具备编制工程量清单计价文件的能力。

相关案例——轨道工程量清单计价文件的编制

典型工作任务4　轨道工程清单计价文件的编制

工作任务

新建宝鸡至兰州铁路客运专线甘肃段DK960＋358.45～DK986＋324.33站前工程施工总价承包招标共划分为12个标段，12标段编号为BLTJ-12。其中，轨道工程量清单见表4-1-1，轨道工程量见表4-1-2、表4-1-3，材料价格见表4-1-4。

问题：

(1)在教师的指导下，课内学生自行选择定额，并根据给定材料价格和运输方式进行清单子目综合单价分析。

(2)加强练习，完成项目4　典型工作任务BLTJ-12轨道工程投标报价。

表 4-1-1　工程量清单表

标段：BLTJ-7

清单　　第05章　　轨道						
编码	节号	名称	计量单位	工程数量	金额/元	
					综合单价	合价
12	12	正线	元			
		甲、新建	元			
		Ⅰ.建筑工程费	元			
1201		一、铺新轨	元			
120104		(四)无砟道床地段铺轨	铺轨千米	44.838		
12010401		1. 铺轨	铺轨千米	44.838		
12010402		2. 轨道调整	铺轨千米	44.838		
1203		三、铺道床	元			
120302		(二)无砟道床	元			
12030201		1. 路基地段无砟道床	m	1 086		
1203020101		(1)轨道板预制	m	1 086		
1203020102		(2)轨道板运输	m	1 086		
1203020103		(3)轨道板安装	m	1 086		
12030202		2. 隧道地段无砟道床	m	43 752		
1203020201		(1)轨道板预制	m	43 752		
1203020202		(2)轨道板运输	m	43 752		
1203020203		(3)轨道板安装	m	43 752		

表 4-1-2　隧道地段无砟轨道工程数量

工程项目			单位	工程数量	备注
钢轨		60 kg/m	m	43 752	
轨枕		SK-2	根	72 935	
扣件		WJ-8	套	145 869	
道床板	混凝土	C40	m^3	35 001.6	
	钢筋	HRB400	t	2 450	
	绝缘卡	12＋20	个	587 370	
		12＋16	个	1 174 741	
		20＋20	个	587 371	
综合接地		接地端子	个		不锈钢
		不锈钢连接线	根		2 m 长，截面面积 200 m^2
		焊接点	个	438	

表 4-1-3　路基地段无砟轨道工程数量

工程项目			单位	工程数量	备注
钢轨		60 kg/m	m	1 086	
轨枕		SK-2	根	1 810	
扣件		弹性分开	套	3 621	
支承层		水硬性混合料 C15 混凝土	m^3	1 064	
道床板	混凝土	C40	m^3	711.33	
	钢筋	HRB400	T	80	
	绝缘卡	12＋20	个	20 764	
		16＋20	个	41 527	
		20＋20	个	20 763	
综合接地		接地端子	个	8	不锈钢
		不锈钢连接线	根	8	2 m 长，截面面积 200 m^2
		焊接点	个	10.86	
线间填充		级配碎石	m^3	325.8	
		C25 混凝土	m^3	104.3	
		聚乙烯橡胶板	m^2	92.31	10 mm 厚
		聚氨酯密封胶	m^3	0.272	

表 4-1-4　材料价格

(1)甲供材料费计算表

标段：BLTJ-12 标　　　　　　　　　　　　　　　　　　　　　　第 1 页 共 1 页

序号	材料编码	名称及规格	交货地点	计量单位	数量	金额/元	
						单价	合价
1	2766022	WJ-7 型扣件	沿线工地	套	239.93	230	55 184
2	2766104	60 kg 钢轨弹条Ⅲ型扣配件	沿线工地	组	259.71	51.8	13 453
3	1710103	JS-18 防水涂料	沿线工地	kg	269.58	12.75	3 437
4	1710104	聚氨酯防水涂料	沿线工地	kg	21 078.77	9.34	196 876
5	3341030	EVA 防水板 $\delta=1.5/m^2$	沿线工地	m^2	755 300.92	16.38	12 371 829
6	3391029	橡胶止水带 15×300	沿线工地	m	300 530.89	14.99	4 504 958
7	400001020	遇水膨胀止水带	沿线工地	m	48 424.06	48	2 324 355
8	400160012	非金属声屏障吸声材料　路基	沿线工地	m^2	141.6	350	49 560
9	400160013	非金属声屏障吸声材料　桥涵	沿线工地	m^2	1 000	360	360 000
以上小计						19 879 652	
运杂费						2 160 418	
税金						738 342	
甲供材料费合计						22 778 412	

注：甲供料清单执行铁道部铁建设〔2012〕216 号文件关于《铁路建设项目物资设备管理办法》的通知要求编制。编制期价格根据批复意见，是 2022 年第四季度价格信息

(2)主要自购材料价格表

标段：BLTJ-12 标 共 1 页

序号	材料编码	材料名称及规格	计量单位	单价/元
	1010002	普通水泥 32.5 级	kg	0.398
	1010003	普通水泥 42.5 级	kg	0.45
	1010012	普通水泥 42.5 级(高性能混凝土)	kg	0.45
	1260132	粉煤灰(高性能混凝土)	kg	0.28
	1900005	圆钢 Q235-AΦ6～9	kg	4.501
	1900012	圆钢 Q235-AΦ10～18	kg	4.703
	1900013	圆钢 Q235-AΦ18 以上	kg	4.825
	1900016	圆钢 16Mn Φ18 以下	kg	3.7
	1902003	镀锌圆钢 Φ18 以上	kg	4.2
	1910101	螺纹钢 Φ6～9	kg	4.496
	1910102	螺纹钢 Φ10～18	kg	4.318
	1910103	螺纹钢 Φ18 以上	kg	4.318
	1230006	片石	m^3	38
	1240010	碎石	m^3	46.5
	1240011	碎石 16 以内	m^3	46.5
	1240012	碎石 25 以内	m^3	46.5
	1240013	碎石 31.5 以内	m^3	46.5
	1240014	碎石 40 以内	m^3	46.5
	1240016	碎石 80 以内	m^3	46.5
	1240022	碎石 16 以内(高性能混凝土)	m^3	46.5
	1240023	碎石 25 以内(高性能混凝土)	m^3	46.5
	1240024	碎石 31.5 以内(高性能混凝土)	m^3	46.5
	1240025	碎石 40 以内(高性能混凝土)	m^3	46.5
	1260022	中粗砂	m^3	42.5
	1260024	中粗砂(高性能混凝土)	m^3	42.5

相关配套知识

1. 铁路轨道工程的基本概念

在路基、桥隧建筑物修成之后，就可以在上面铺设轨道。轨道由钢轨、轨枕、连接零件、道床、防爬设备和道岔等主要部件组成，它起着机车辆运行的导向作用，直接承受由车轮传业的巨大压力，并将它传递给路基或桥隧建筑物。

(1)钢轨。在我国，钢轨的类型或强度以每米长度的大致质量(千克数)表示，现行的标准钢轨类型有75 kg/m、60 kg/m、50 kg/m。

钢轨长度，我国制造的标准钢轨，长度有100 m、25 m、12.5 m三种。目前我国干线铁路无缝线路广泛使用100 m定尺长钢轨。

(2)轨枕。轨枕按照制作材料分，主要有钢筋混凝土枕和木枕两种。我国铁路所使用的主要是预应力混凝土枕。木枕轨道每千米轨枕数最多为1 920根，最少为1 440根(图4-1-1)。

图4-1-1 木枕轨道

混凝土枕轨道每千米轨枕数最多为 1 840 根，最少为 1 440 根(图 4-1-2)。

图 4-1-2　混凝土枕轨道

高速铁路轨道每千米轨枕数为 1 667 根(图 4-1-3)。

图 4-1-3　高速铁路轨道

2. 无砟轨道的分类及结构特点

(1)无砟轨道可分为板式无砟轨道与双块式无砟轨道两大类。其中，板式无砟轨道又分为 CRTSⅠ型板式无砟轨道与 CRTSⅡ型板式无砟轨道；双块式又分为 CRTSⅠ型双块式无砟轨道与 CRTSⅡ型双块式无砟轨道。

(2)CRTSⅠ型板式无砟轨道结构特点。CRTSⅠ型板式无砟轨道分为普通平板型、框架型、减振型三种，由钢轨、弹性分开式扣件、充填式垫板、CRTSⅠ型轨道板(平板型和框架型)、板下橡胶垫层(仅减振型板式轨道采用)、CA 砂浆调整层、凸形挡台及混凝土底座等组成。

1)路基、隧道内轨道板标准长度为 4 962 mm,宽度为 2 400 mm,板厚为 190 mm,每起板上布置 8 个节点。相邻板缝设置为 70 mm(图 4-1-4)。

图 4-1-4 轨道板

2)凸形挡台半径 $R=260$ mm,高度取为 250 mm,按每单元板的间隔设置。

3)混凝土底座宽度在路基上取 3.0 m,在隧道和桥上按 2.8 m 取值;厚度在路基上取 30 cm,在桥上和隧道里考虑 20 cm;长度在路基上取为 20~25 m,在桥上和单元板等长。

4)CA 砂浆采用低弹模 CA 砂浆(100~300 MPa)。

(3)CRTSⅡ型板式无砟轨道结构特点。CRTSⅡ型板式无砟轨道由钢轨、弹性扣件、预制轨道板、CRTSⅠ轨道板(平板型和框架型)、板下橡胶垫层(仅减振型板式轨道采用)、CA 砂浆调整层、凸形挡台(路基上)及混凝土底座(桥面上)等组成。

(4)CRTSⅠ、CRTSⅡ双块式无砟轨道结构特点。CRTSⅠ、CRTSⅡ双块式无砟轨道由钢轨、扣件、双块式轨枕、道床板和底座(仅在桥梁上设置)及混凝土支承层等组成。

3. 施工工艺流程

(1)CRTSⅠ型板式无砟轨道施工工艺流程如图 4-1-5 所示。

(2)CRTSⅡ型板式无砟轨道施工工艺流程图。

1)路基上 CRTSⅡ型板式无砟轨道施工工艺流程如图 4-1-6 所示。

2)桥梁上 CRTSⅡ型板式无砟轨道施工工艺流程如图 4-1-7 所示。

(3)CRTSⅠ型双块式无砟轨道施工工艺流程如图 4-1-8 所示。

(4)CRTSⅡ型双块式无砟轨道施工工艺流程如图 4-1-9 所示。

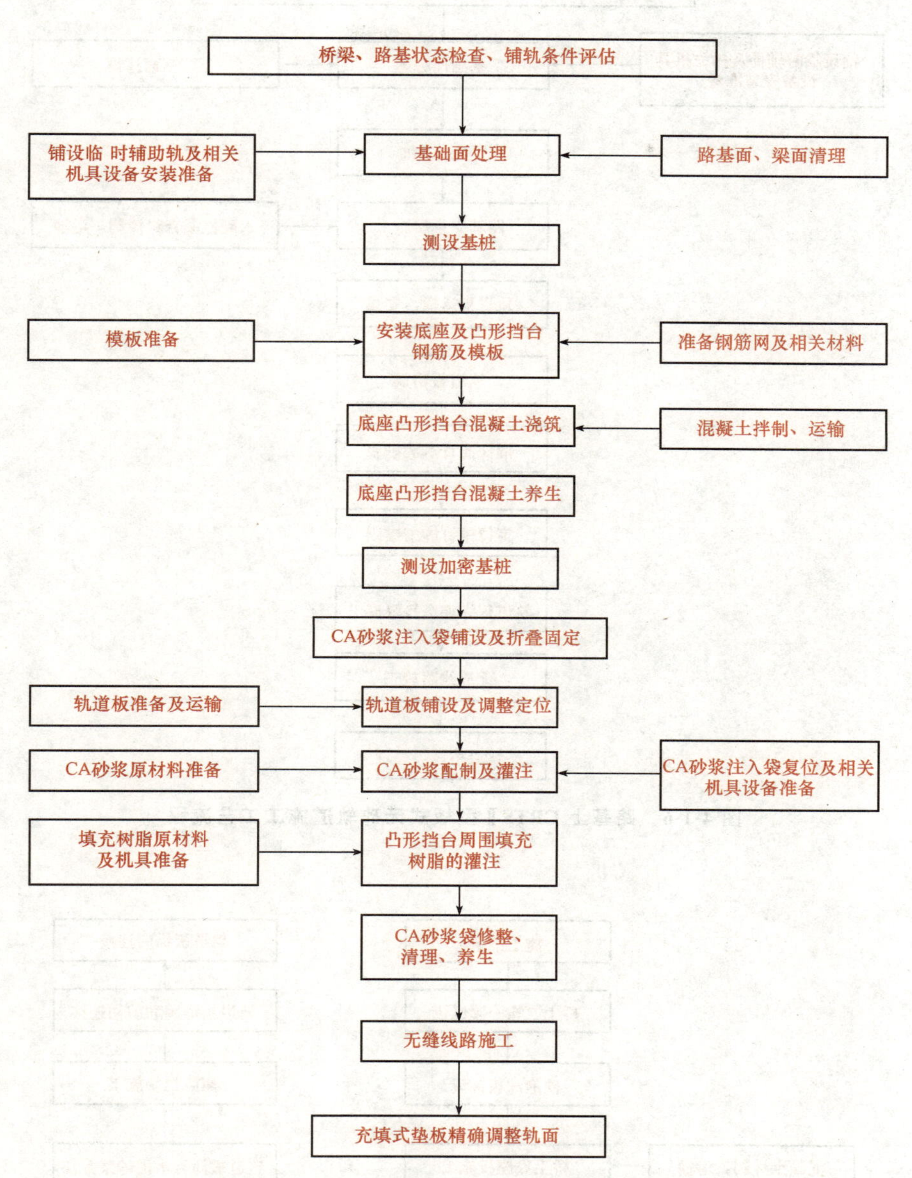

图 4-1-5　CRTS Ⅰ 型板式无砟轨道施工工艺流程

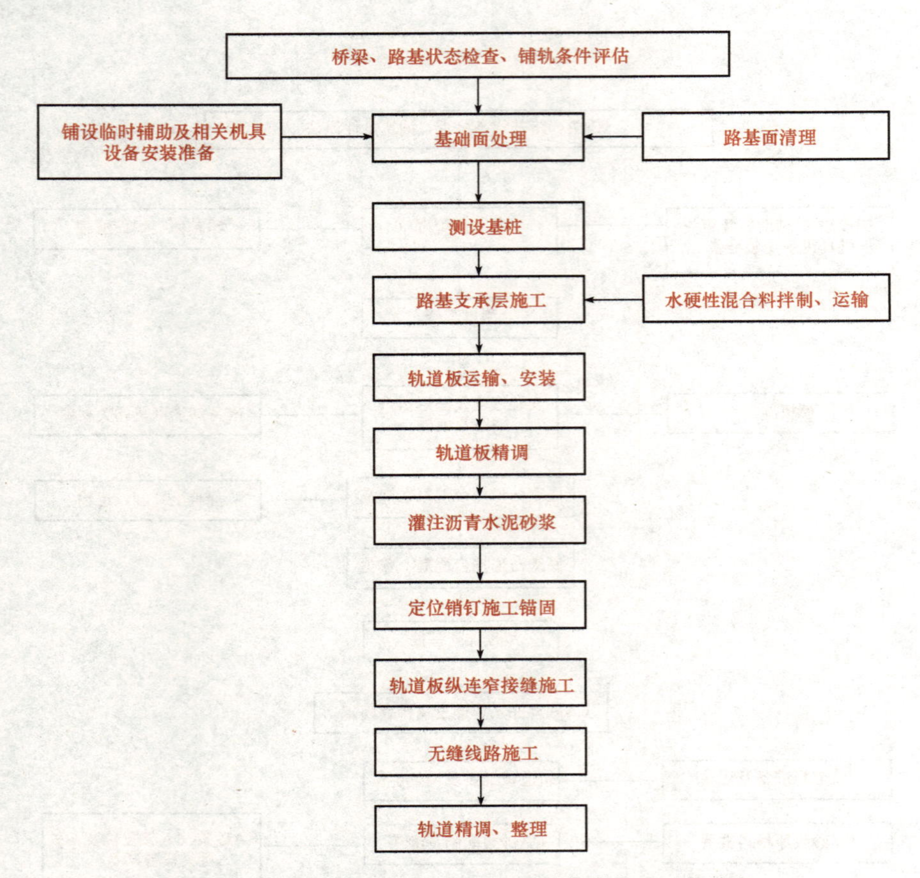

图 4-1-6　路基上 CRTSⅡ型板式无砟轨道施工工艺流程

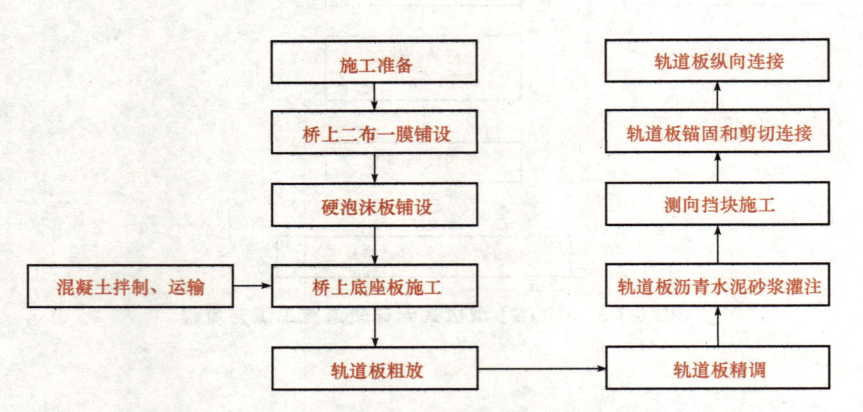

图 4-1-7　桥梁上 CRTSⅡ型板式无砟轨道施工工艺流程

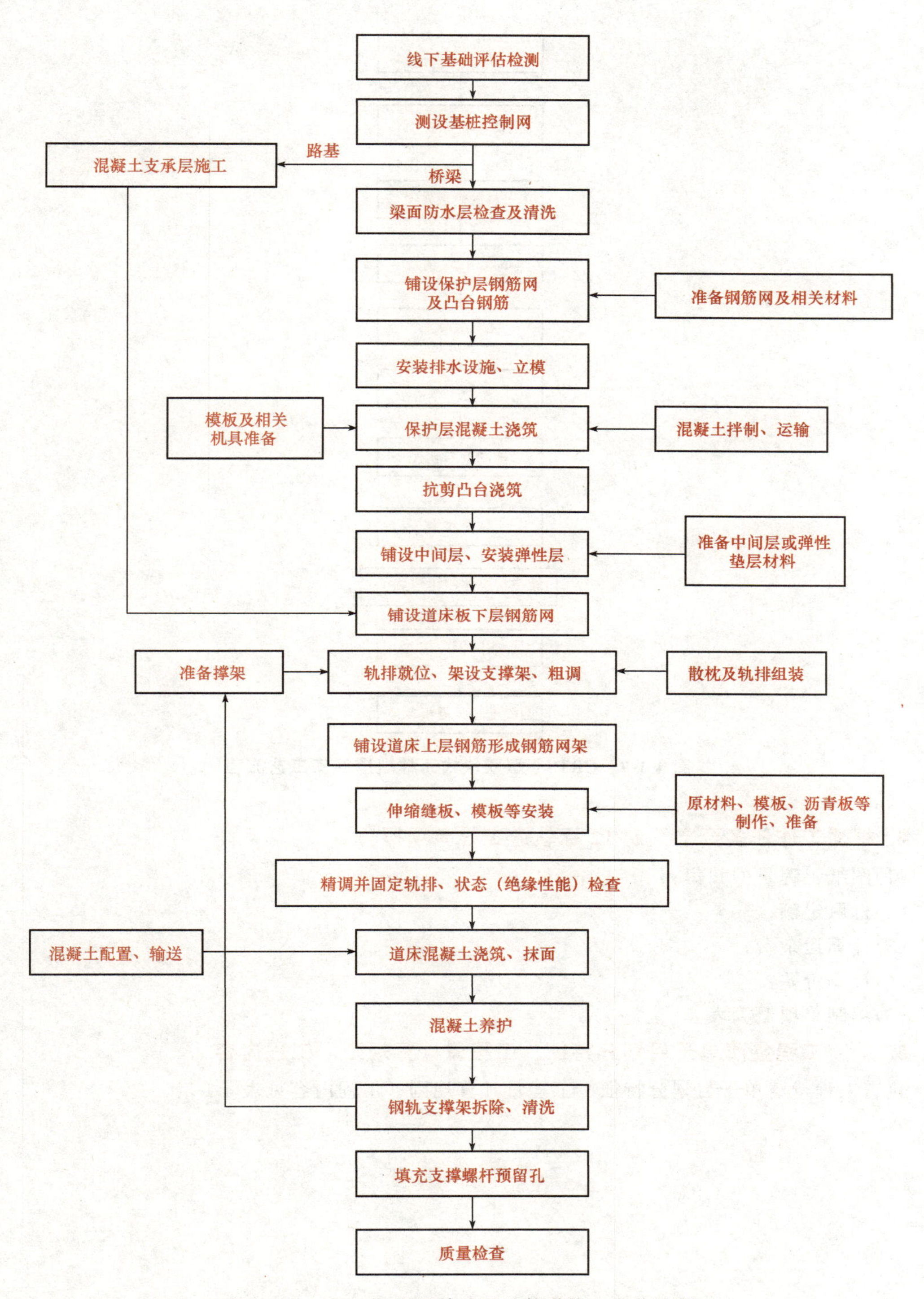

图 4-1-8　CRTSⅠ型双块式无砟轨道施工工艺流程

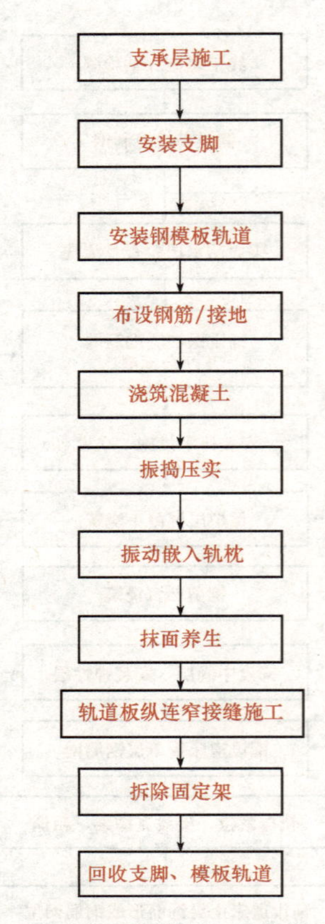

图 4-1-9　CRTSⅡ型双块式无砟轨道施工工艺流程

4. 根据工作任务要求编制 12 标轨道工程单项概算

(1)图纸工程量的归集；

(2)选取定额；

(3)计算运杂费；

(4)计算价差；

(5)编制单项概算表。

5. 轨道工程量清单子目划分特征、工程量计算规则、工程内容

轨道工程量清单子目划分特征、工程量计算规则、工程内容见表 4-1-5。

表 4-1-5　轨道工程量清单子目划分特征、工程量计算规则、工程内容

子目编码	名称	计量单位	子目划分特征	工程量计算规则	工程(工作)内容	附注
12	正线					
	甲、新建	铺轨千米				
	Ⅰ.建筑工程费	铺轨千米				
1201	一、铺新轨	铺轨千米				
120101	(一)木枕	铺轨千米	综合	按设计图示长度计算(不含过渡段,不含道岔)	1. 人工铺轨:螺旋道钉锚固,轨枕、钢轨、钢轨配件和轨枕扣件散布、拼装; 2. 机械铺轨:轨节拼装、倒装,机械铺设; 3. 合龙口锯轨,钻孔; 4. 锚固; 5. 涂油,检修,拨荒道; 6. 防爬设备、调节器、轨距杆、轨撑等安装; 7. 调轨缝、整修	标准轨
120102	(二)钢筋混凝土枕	铺轨千米				
12010201	1. 标准轨	铺轨千米	综合	按设计图示长度计算(不含过渡段,不含道岔)	1. 人工铺轨:螺旋道钉锚固,轨枕、钢轨、钢轨配件和轨枕扣件散布、拼装; 2. 机械铺轨:轨节拼装、倒装,机械铺设; 3. 合龙口锯轨,钻孔; 4. 涂油,检修,拨荒道; 5. 防爬设备、调节器、轨距杆、轨撑等安装; 6. 调轨缝、整修、抽换电容枕等	

续表

子目编码	名称	计量单位	子目划分特征	工程量计算规则	工程(工作)内容	附注
12010202	2. 长钢轨	铺轨千米	综合	按设计图示长度计算(不含过渡段,不含道岔)	1. 单枕法:螺旋道钉锚固;焊接长钢轨;工地铺设;长钢轨工地焊接;应力放散与锁定。 2. 换铺法:标准轨节拼装、铺设、接头临时连接;标准轨条回收倒用;焊接长钢轨;长钢轨工地铺设;长钢轨工地焊接;应力放散与锁定。 3. 合龙口锯轨。 4. 钢轨伸缩调节器安装。 5. 涂油,检修,拨荒道。 6. 防爬设备、调节器、轨距杆、轨撑等安装。 7. 调轨距、整修、抽换电容枕等。 8. 长钢轨绝缘接头制安等	
120103	(三)钢筋混凝土桥枕	铺轨千米				
12010301	1. 标准轨	铺轨千米	综合	按设计图示长度计算(不含过渡段,不含道岔)	1. 人工铺轨:螺旋道钉锚固,轨枕、钢轨、钢轨配件和轨枕扣件散布、拼装; 2. 机械铺轨:轨节拼装、倒装,机械铺设; 3. 合龙口锯轨,钻孔; 4. 涂油,检修,拨荒道; 5. 防爬设备、调节器、轨距杆、轨撑等安装; 6. 调轨缝、整修、抽换电容枕等	

续表

子目编码	名称	计量单位	子目划分特征	工程量计算规则	工程(工作)内容	附注
12010302	2. 长钢轨	铺轨千米	综合	按设计图示长度计算(不含过渡段,不含道岔)	1. 单枕法:螺旋道钉锚固;焊接长钢轨;工地铺设;长钢轨工地焊接;应力放散与锁定。 2. 换铺法:标准轨节拼装、铺设、接头临时连接;标准轨条回收倒用;焊接长钢轨;长钢轨工地铺设;长钢轨工地焊接;应力放散与锁定。 3. 合龙口锯轨。 4. 钢轨伸缩调节器安装。 5. 涂油,检修,拨荒道。 6. 防爬设备、调节器、轨距杆、轨撑等安装。 7. 调轨距、整修、抽换电容枕等。 8. 长钢轨绝缘接头制安等	
120104	(四)无砟道床地段铺轨	铺轨千米	综合			
12010401	1. 铺轨	铺轨千米	综合	按设计图示长度计算(不含过渡段,不含道岔)	1. 焊接长钢轨; 2. 长钢轨铺设、垫板及轨距挡板更换; 3. 长钢轨工地焊接; 4. 应力放散与锁定; 5. 铁屑清理; 6. 合龙口锯轨; 7. 涂油,检修; 8. 防爬设备、调节器、轨距杆轨撑等安装; 9. 长钢轨绝缘接头制安; 10. 锚固等; 11. 运输、散布、安装钢轨扣件	Ⅱ. 型板不含扣件散布

续表

子目编码	名称	计量单位	子目划分特征	工程量计算规则	工程(工作)内容	附注
12010402	2. 轨道调整	铺轨千米	综合	按设计图示长度计算(不含过渡段,不含道岔)	工作准备、测量、调整	
12010403	3. 更换垫板	铺轨千米	综合	按设计图示数量计算	垫板更换	
12010404	4. 更换轨距挡板	铺轨千米	综合	按设计图示数量计算	轨距挡板更换	
120105	(五)无枕地段铺轨	铺轨千米	综合	按设计图示长度计算(不含道岔)	1. 人工铺轨:螺旋道钉锚固,轨枕、钢轨、钢轨配件和轨枕扣件散布、拼装; 2. 合龙口锯轨,钻孔; 3. 涂油,检修,拨荒道; 4. 调节器、轨距杆、轨撑等安装; 5. 调轨缝、整修等	
120106	(六)过渡段铺轨	铺轨千米	综合	按设计图示长度计算(不含道岔)	1. 焊接长钢轨; 2. 长钢轨工地铺设; 3. 无砟道床与粒料道床过渡段的有砟部分的轨枕铺设; 4. 长钢轨工地焊接; 5. 应力放散与锁定; 6. 合龙口锯轨; 7. 涂油,检修; 8. 防爬设备、调节器、轨距杆、轨撑等安装; 9. 调轨距、整修; 10. 辅助轨铺设	

续表

子目编码	名称	计量单位	子目划分特征	工程量计算规则	工程(工作)内容	附注
120107	(七)大型机械安拆与调试	元	综合	按设计要求综合计算	轨节铺轨机安拆与调试．铺轨机安拆调试等	
120108	(八)钢轨打磨	铺轨千米	综合	按设计图示长度计算(不含道岔)	钢轨打磨	
1203	三、铺道床	铺轨千米				
120301	(一)粒料道床	km^3				
12030101	1. 面砟	km^3	综合	按设计图示尺寸,以体积计算(含无砟道床与粒料道床过渡段和无砟道床两侧铺设数量)	1. 材料价购,运输; 2. 人工铺设:道砟回填、均匀,起道、串砟、轨枕方正,道床捣固、起拨道、整形、整理、轨道调整; 3. 机械铺设:反复铺砟、捣固、稳定、起拨道、整形、整理、轨道调整	
12030102	2. 底砟	km^3	综合	按设计图示尺寸,以体积计算(含线间石砟铺设数量)	石砟均匀,铺平	

续表

子目编码	名称	计量单位	子目划分特征	工程量计算规则	工程(工作)内容	附注
12030103	3. 减震橡胶垫层	km^3	综合	按设计图示铺设面积计算	1. 清理整平； 2. 铺设	
120302	(二)无砟道床	m				
12030201	1. 路基地段无砟道床	m				
1203020101	(1)轨道板(枕)预制	m	道床结构类型	按设计图示道床长度计算(不含过渡段)	1. 模板制安拆； 2. 钢筋及预埋件制安(含绝缘处理)； 3. 混凝土浇筑； 4. 锚具安装，制孔，预应力筋制安及张拉，切割，封锚； 5. 打磨； 6. 养护检测； 7. 厂内吊运、存放	
1203020102	(2)轨道板(枕)运输	m	道床结构类型	按设计图示道床长度计算(不含过渡段)	施工准备、轨道板(枕)装车、运输、卸车、空回	

续表

子目编码	名称	计量单位	子目划分特征	工程量计算规则	工程(工作)内容	附注
1203020103	(3)道床现浇部分或轨道板(枕)安装	m	道床结构类型	按设计图示道床长度计算(不含过渡段)	1. Ⅰ型板式:钢筋制安,道床板、凸台混凝土浇筑,拉毛,植筋,传力杆制安,底座伸缩缝制作,综合接地;检测、粗放、精调,灌浆,凸形挡台填充树脂,浸水养护,施工测量。 2. Ⅱ型板式:支承层混合料浇筑,拉毛,综合接地;检测、打磨、粗放、精调,灌浆,现浇混凝土浇筑,现浇构件钢筋制安,轨道板侧面、板间封边,轨道板纵向连接,施工测量。 3. Ⅲ型板式:钢筋制安,传力杆制安,限位槽模板安拆,底座混凝土浇筑,底座伸缩缝制作,隔离层、弹性垫层铺设,综合接地;检测、粗放、精调,自密实混凝土浇筑,现浇构件钢筋制安,施工测量。 4. 双块式:级配碎石制备、填筑压实,支承层混合料浇筑,钢筋制安,底座及道床板混凝土浇筑,综合接地,植筋,拉毛;轨排组装、铺设、施工测量。 5. 弹性支承块式:套靴、垫板及预埋件,铺设,植筋,现浇混凝土浇筑,现浇构件钢筋制安,拉毛,伸缩缝制作,综合接地,施工测量	

续表

子目编码	名称	计量单位	子目划分特征	工程量计算规则	工程(工作)内容	附注
1203020104	(4)减振垫层	m	道床结构类型	按设计图示减振地段道床长度计算(不含过渡段)	铺设	
12030202	2. 桥梁地段无砟道床	m				
1203020201	(1)轨道板(枕)预制	m	道床结构类型	按设计图示道床长度计算(不含过渡段)	1. 模板制安拆; 2. 钢筋及预埋件制安(含绝缘处理); 3. 混凝土浇筑; 4. 锚具安装,制孔,预应力筋制安及张拉,切割,封锚; 5. 打磨; 6. 养护检测; 7. 厂内吊运、存放	
1203020202	(2)轨道板(枕)运输	m	道床结构类型	按设计图示道床长度计算(不含过渡段)	施工准备、轨道板(枕)装车、运输、卸车、空回	

续表

子目编码	名称	计量单位	子目划分特征	工程量计算规则	工程(工作)内容	附注
1203020203	(3)道床现浇部分或轨道板(枕)安装	m	道床结构类型	按设计图示道床长度计算(不含过渡段)	1. Ⅰ型板式:钢筋制安,道床板、凸台混凝土浇筑,拉毛,植筋,传力杆制安,底座伸缩缝制作,综合接地;检测、粗放、精调,灌浆,凸形挡台填充树脂,浸水养护,施工测量。 2. Ⅱ型板式;支承层混合料浇筑,拉毛,综合接地;检测、打磨、粗放、精调,灌浆,现浇混凝土浇筑,现浇构件钢筋制安,轨道板侧面、板间封边,轨道板纵向连接,施工测量。 3. Ⅲ型板式:钢筋制安,传力杆制安,限位槽模板安拆,底座混凝土浇筑,底座伸缩缝制作,隔离层、弹性垫层铺设,综合接地;检测、粗放、精调,自密实混凝土浇筑,现浇构件钢筋制安,施工测量。 4. 双块式:级配碎石制备、填筑压实,支承层混合料浇筑,钢筋制安,底座及道床板混凝土浇筑,综合接地,植筋,拉毛;轨排组装、铺设、施工测量。 5. 弹性支承块式:套靴、垫板及预埋件,铺设,植筋,现浇混凝土浇筑,现浇构件钢筋制安,拉毛,伸缩缝制作,综合接地,施工测量	

续表

子目编码	名称	计量单位	子目划分特征	工程量计算规则	工程(工作)内容	附注
1203020204	(4)减振垫层	m	道床结构类型	按设计图示减振地段道床长度计算(不含过渡段)	铺设	
12030203	3. 隧道地段无砟道床	m				
1203020301	(1)轨道板(枕)预制	m	道床结构类型	按设计图示道床长度计算(不含过渡段)	1. 模板制安拆; 2. 钢筋及预埋件制安(含绝缘处理); 3. 混凝土浇筑; 4. 锚具安装,制孔,预应力筋制安及张拉,切割,封锚; 5. 打磨; 6. 养护检测; 7. 厂内吊运、存放	
1203020302	(2)轨道板(枕)运输	m	道床结构类型	按设计图示道床长度计算(不含过渡段)	施工准备、轨道板(枕)装车、运输、卸车、空回	

续表

子目编码	名称	计量单位	子目划分特征	工程量计算规则	工程(工作)内容	附注
1203020303	(3)道床现浇部分或轨道板(枕)安装	m	道床结构类型	按设计图示道床长度计算(不含过渡段)	1. Ⅰ型板式:钢筋制安,道床板、凸台混凝土浇筑,拉毛,植筋,传力杆制安,底座伸缩缝制作,综合接地;检测、粗放、精调,灌浆,凸形挡台填充树脂,浸水养护,施工测量。 2. Ⅱ型板式;支承层混合料浇筑,拉毛,综合接地;检测、打磨、粗放、精调,灌浆,现浇混凝土浇筑,现浇构件钢筋制安,轨道板侧面、板间封边,轨道板纵向连接,施工测量。 3. Ⅲ型板式:钢筋制安,传力杆制安,限位槽模板安拆,底座混凝土浇筑,底座伸缩缝制作,隔离层、弹性垫层铺设,综合接地;检测、粗放、精调,自密实混凝土浇筑,现浇构件钢筋制安,施工测量。 4. 双块式:级配碎石制备、填筑压实,支承层混合料浇筑,钢筋制安,底座及道床板混凝土浇筑,综合接地,植筋,拉毛;轨排组装、铺设、施工测量。 5. 弹性支承块式:套靴、垫板及预埋件,铺设,植筋,现浇混凝土浇筑,现浇构件钢筋制安,拉毛,伸缩缝制作,综合接地,施工测量	

续表

子目编码	名称	计量单位	子目划分特征	工程量计算规则	工程(工作)内容	附注
1203020304	(4)减振垫层	m	道床结构类型	按设计图示减振地段道床长度计算(不含过渡段)	铺设	
12030204	4. 道岔地段无砟道床	组	轨型/岔型/枕型/速度值	按设计图示数量计算	1. 模板制安拆; 2. 钢筋及预埋件制安(含绝缘处理); 3. 混凝土浇筑; 4. 锚具安装,制孔,预应力筋制安及张拉,切割、封锚; 5. 打磨; 6. 养护、检测; 7. 厂内吊运、存放; 8. 钢筋制安,道床板混凝土浇筑,综合接地,植筋,拉毛; 9. 轨排组装、铺设、施工测量;铺设减振垫层	含预制件从预制厂运至工地

续表

子目编码	名称	计量单位	子目划分特征	工程量计算规则	工程(工作)内容	附注
12030205	5. 端刺、摩擦板地段无砟道床	铺轨千米	综合	按设计图示长度计算	1. 表面处理； 2. 模板制安拆； 3. 钢筋及预埋件制安(含绝缘处理)； 4､底座(支承层)、凸形挡台、道床板混凝土浇筑； 5. 预制构件粗放、安装，精调； 6. CA砂浆注入袋铺设； 7. CA砂浆灌注； 8. 自密实混凝土拌制、浇筑； 9. 凸形挡台周围填充； 10. 封闭层、防水层铺设； 11. 变形缝设置； 12. 基桩设置，测量； 13. 模板制安拆； 14. 钢筋及预埋件制安(含绝缘处理)； 15. 混凝土浇筑； 16. 锚具安装，制孔，预应力筋制安及张拉，切割、封锚； 17. 打磨； 18. 养护、检测； 19. 厂内吊运、存放； 20. 端刺、摩擦板开挖、施工	含预制件从预制厂运至工地
120303	(三)道床过渡段	m				不含无砟道床与粒料道床过渡砟的有砟部分铺设的道砟和轨枕

续表

子目编码	名称	计量单位	子目划分特征	工程量计算规则	工程(工作)内容	附注
12030301	(1)轨道板(枕)预制	m	综合	按设计图示道床长度计算	1. 模板制安拆； 2. 钢筋及预埋件制安(含绝缘处理)； 3. 混凝土浇筑； 4. 锚具安装，制孔，预应力筋制安及张拉，切割，封锚； 5. 打磨； 6. 养护检测； 7. 厂内吊运、存放	
12030302	(2)轨道板(枕)运输	m	综合	按设计图示道床长度计算	施工准备、轨道板(枕)装车、运输、卸车、空回	
12030303	(3)道床现浇部分或轨道板(枕)安装	m	综合	按设计图示道床长度计算	1. 表面处理； 2. 模板制安拆； 3. 钢筋及预埋件制安(含绝缘处理)； 4. 底座(支承层)、凸形挡台．道床板混凝土浇筑； 5. 预制构件粗放、安装、精调； 6. CA 砂浆注入袋铺设； 7. CA 砂浆灌注； 8. 自密实混凝土拌制、浇筑； 9. 凸形挡台周围填充； 10. 封闭层、防水层铺设； 11. 变形缝设置； 12. 基桩设置，测量	
12030304	(4)减振垫层	m	综合	按设计图示道床长度计算	铺设	

续表

子目编码	名称	计量单位	子目划分特征	工程量计算规则	工程(工作)内容	附注
13	站线				站场中的正线应列入第12节。本节含通往机务段、车辆段、动车段、材料厂的线路(不含厂房、库房内轨道),以及三角线、回转线、套线、安全线、避难线、厂库线、石促场、牵引变电所、供电段专用线等	
	甲、新建	铺轨千米				
	I. 建筑工程费	铺轨千米				
1301	一、铺新轨	铺轨千米				
130101	(一)木枕	铺轨千米				
13010101	1. 标准轨	铺轨千米	综合	按设计图示长度计算(不含过渡段,不含道岔)	1. 人工铺轨:螺旋道钉锚固,轨枕、钢轨、钢轨配件和轨枕扣件散布、拼装; 2. 机械铺轨:轨节拼装、倒装,机械铺设; 3. 合龙口锯轨,钻孔; 4. 锚固; 5. 涂油,检修,拨荒道; 6. 防爬设备、调节器、轨距杆、轨撑等安装; 7. 调轨缝、整修	

续表

子目编码	名称	计量单位	子目划分特征	工程量计算规则	工程(工作)内容	附注
13010102	2. 异形轨	铺轨千米	综合	按设计图示长度计算(不含过渡段,不含道岔)	1. 人工铺轨:螺旋道钉锚固,轨枕、钢轨、钢轨配件和轨枕扣件散布、拼装; 2. 机械铺轨:轨节拼装、倒装,机械铺设; 3. 合龙口锯轨,钻孔; 4. 锚固; 5. 涂油,检修,拨荒道; 6. 防爬设备、调节器、轨距杆、轨撑等安装; 7. 调轨缝、整修	
130102	(二)钢筋混凝土枕	铺轨千米				
13010201	1. 标准轨	铺轨千米	综合	按设计图示长度计算(不含过渡段,不含道岔)	1. 人工铺轨:螺旋道钉锚固,轨枕、钢轨、钢轨配件和轨枕扣件散布、拼装; 2. 机械铺轨:轨节拼装、倒装,机械铺设; 3. 合龙口锯轨,钻孔; 4. 锚固; 5. 涂油,检修,拨荒道; 6. 防爬设备、调节器、轨距杆、轨撑等安装; 7. 调轨缝、整修	

续表

子目编码	名称	计量单位	子目划分特征	工程量计算规则	工程(工作)内容	附注
13010202	1. 长钢轨	铺轨千米	综合	按设计图示长度计算(不含过渡段,不含道岔)	1. 人工铺轨:螺旋道钉锚固,轨枕、钢轨、钢轨配件和轨枕扣件散布、拼装; 2. 机械铺轨:轨节拼装、倒装,机械铺设; 3. 合龙口锯轨,钻孔; 4. 锚固; 5. 涂油,检修,拨荒道; 6. 防爬设备、调节器、轨距杆、轨撑等安装; 7. 调轨缝、整修	
13010203	3. 异形轨	铺轨千米	综合	按设计图示长度计算(不含过渡段,不含道岔)	1. 人工铺轨:螺旋道钉锚固,轨枕、钢轨、钢轨配件和轨枕扣件散布、拼装; 2. 机械铺轨:轨节拼装、倒装,机械铺设; 3. 合龙口锯轨,钻孔; 4. 锚固; 5. 涂油,检修,拨荒道; 6. 防爬设备、调节器、轨距杆、轨撑等安装; 7. 调轨缝、整修	
130103	(三)钢筋混凝土桥枕	铺轨千米				

续表

子目编码	名称	计量单位	子目划分特征	工程量计算规则	工程(工作)内容	附注
13010301	1. 标准轨	铺轨千米	综合	按设计图示长度计算(不含过渡段,不含道岔)	1. 人工铺轨:螺旋道钉锚固,轨枕、钢轨、钢轨配件和轨枕扣件散布、拼装; 2. 机械铺轨:轨节拼装、倒装,机械铺设; 3. 合龙口锯轨,钻孔; 4. 锚固; 5. 涂油,检修,拨荒道; 6. 防爬设备、调节器、轨距杆、轨撑等安装; 7. 调轨缝、整修	
13010302	2. 长钢轨	铺轨千米	综合	按设计图示长度计算(不含过渡段,不含道岔)	1. 人工铺轨:螺旋道钉锚固,轨枕、钢轨、钢轨配件和轨枕扣件散布、拼装; 2. 机械铺轨:轨节拼装、倒装,机械铺设; 3. 合龙口锯轨,钻孔; 4. 锚固; 5. 涂油,检修,拨荒道; 6. 防爬设备、调节器、轨距杆、轨撑等安装; 7. 调轨缝、整修	
13010303	3. 异形轨	铺轨千米	综合	按设计图示长度计算(不含过渡段,不含道岔)	1. 人工铺轨:螺旋道钉锚固,轨枕、钢轨、钢轨配件和轨枕扣件散布、拼装; 2. 机械铺轨:轨节拼装、倒装,机械铺设; 3. 合龙口锯轨,钻孔; 4. 锚固; 5. 涂油,检修,拨荒道; 6. 防爬设备、调节器、轨距杆、轨撑等安装; 7. 调轨缝、整修	

续表

子目编码	名称	计量单位	子目划分特征	工程量计算规则	工程(工作)内容	附注
130104	(四)无砟道床地段铺轨	铺轨千米	综合			
13010401	1. 长钢轨	铺轨千米	综合			
13010401	(1)铺轨	铺轨千米	综合	按设计图示长度计算(不含过渡段,不含道岔)	1. 焊接长钢轨; 2. 长钢轨铺设、垫板及轨距挡板更换; 3. 长钢轨工地焊接; 4. 应力放散与锁定; 5. 铁屑清理; 6. 合龙口锯轨; 7. 涂油,检修; 8. 防爬设备、调节器、轨距杆轨撑等安装; 9. 长钢轨绝缘接头制安; 10. 锚固等; 11. 运输、散布、安装钢轨扣件	Ⅱ. 型板不含扣件散布
13010402	(2)轨道调整	铺轨千米	综合	按设计图示长度计算(不含过渡段,不含道岔)	工作准备、测量、调整	

续表

子目编码	名称	计量单位	子目划分特征	工程量计算规则	工程(工作)内容	附注
13010403	(3)更换垫板	铺轨千米	综合	按设计图示长度计算(不含过渡段,不含道岔)	垫板更换	
13010404	(4)更换轨距挡板	铺轨千米	综合	按设计图示长度计算(不含过渡段,不含道岔)	轨距挡板更换	
13010402	2. 异形轨	铺轨千米	综合	按设计图示长度计算(不含道岔)	1. 人工铺轨:螺旋道钉锚固,轨枕、钢轨、钢轨配件和轨枕扣件散布、拼装; 2. 合龙口锯轨,钻孔; 3. 涂油,检修,拨荒道; 4. 调节器、轨距杆、轨撑等安装; 5. 调轨缝、整修等	
130105	(五)无枕地段铺轨	铺轨千米	综合	按设计图示长度计算(不含道岔)	1. 人工铺轨:螺旋道钉锚固,轨枕、钢轨、钢轨配件和轨枕扣件散布、拼装; 2. 合龙口锯轨,钻孔; 3. 涂油,检修,拨荒道; 4. 调节器、轨距杆、轨撑等安装; 5. 调轨缝、整修等	
130106	(六)过渡段铺轨	铺轨千米				

续表

子目编码	名称	计量单位	子目划分特征	工程量计算规则	工程(工作)内容	附注
13010601	1. 标准轨	铺轨千米	综合	按设计图示长度计算(不含道岔)	1. 钢轨、钢轨配件和轨枕扣件散布、安装，涂油，检修； 2. 无砟道床与粒料道床过渡段的有砟部分的轨枕铺设； 3. 合龙口锯轨，钻孔； 4. 防爬设备、调节器、轨距杆、轨撑等安装； 5. 调轨缝、整修； 6. 辅助轨铺设	
13010602	2. 长钢轨	铺轨千米	综合	按设计图示长度计算(不含道岔)	1. 焊接长钢轨； 2. 长钢轨工地铺设； 3. 无砟道床与粒料道床过渡段的有砟部分的轨枕铺设； 4. 长钢轨工地焊接； 5. 应力放散与锁定； 6. 合龙口锯轨； 7. 涂油，检修； 8. 防爬设备、调节器、轨距杆、轨撑等安装； 9. 调轨距、整修； 10. 辅助轨铺设	
130107	(七)钢轨打磨	铺轨千米	综合		钢轨打磨	

续表

子目编码	名称	计量单位	子目划分特征	工程量计算规则	工程(工作)内容	附注
1303	三、铺新岔	组				
130301	(一)单开道岔	组				
13030101	1. 有砟道床铺道岔	组	轨型/岔型/枕型/速度值	按设计图示单开道岔组数计算	1. 人工铺岔:道岔、岔枕、道岔配件和岔枕扣件散布、安装; 2. 机械铺岔:岔节拼装,机械铺设,人工抽换及铺钉岔枕; 3. 涂油,整修; 4. 防爬设备、调节器,轨距杆、绝缘轨安装; 5. 与无缝线路连接的道岔接头焊接、胶接绝缘接头,应力放散与锁定,岔区临时轨道养护; 6. 重车碾压	
13030102	2. 无砟道床铺道岔	组	轨型/岔型/枕型/速度值	按设计图示单开道岔组数计算	1. 人工铺岔:道岔、岔枕、道岔配件和岔枕扣件散布、安装; 2. 机械铺岔:岔节拼装,机械铺设,人工抽换及铺钉岔枕; 3. 涂油,整修; 4. 防爬设备、调节器,轨距杆、绝缘轨安装; 5. 与无缝线路连接的道岔接头焊接、胶接绝缘接头,应力放散与锁定,岔区临时轨道养护; 6. 重车碾压	

续表

子目编码	名称	计量单位	子目划分特征	工程量计算规则	工程(工作)内容	附注
130302	(二)特种道岔	组				
13030201	1. 有砟道床铺道岔	组	轨型/岔型/枕型/速度值	按设计图示特种道岔组数计算	1. 人工铺岔:道岔、岔枕、道岔配件和岔枕扣件散布、安装; 2. 机械铺岔:岔节拼装,机械铺设,人工抽换及铺钉岔枕; 3. 涂油,整修; 4. 防爬设备、调节器,轨距杆、绝缘轨安装; 5. 与无缝线路连接的道岔接头焊接、胶接绝缘接头,应力放散与锁定,岔区临时轨道养护; 6. 重车碾压	
13030202	2. 无砟道床铺道岔	组	轨型/岔型/枕型/速度值	按设计图示特种道岔组数计算	1. 人工铺岔:道岔、岔枕、道岔配件和岔枕扣件散布、安装; 2. 机械铺岔:岔节拼装,机械铺设,人工抽换及铺钉岔枕; 3. 涂油,整修; 4. 防爬设备、调节器,轨距杆、绝缘轨安装; 5. 与无缝线路连接的道岔接头焊接、胶接绝缘接头,应力放散与锁定,岔区临时轨道养护; 6. 重车碾压	

续表

子目编码	名称	计量单位	子目划分特征	工程量计算规则	工程(工作)内容	附注
130303	(三)道岔精调	组	综合	按设计图示道岔组数计算	精调	
130304	(四)道岔打磨	组	综合	按设计图示道岔组数计算	打磨	
1304	四、铺旧岔	组				
130401	(一)单开道岔	组	轨型/岔型/枕型/速度值	按设计图示单开道岔组数计算	1. 人工铺岔:道岔、岔枕、道岔配件和岔枕扣件散布、安装; 2. 机械铺岔:岔节拼装,机械铺设,人工抽换及铺钉岔枕; 3. 涂油,整修; 4. 防爬设备、调节器,轨距杆、绝缘轨安装; 5. 与无缝线路连接的道岔接头焊接、胶接绝缘接头,应力放散与锁定,岔区临时轨道养护; 6. 重车碾压	

续表

子目编码	名称	计量单位	子目划分特征	工程量计算规则	工程(工作)内容	附注
130402	(二)特种道岔	组	轨型/岔型/枕型/速度值	按设计图示特种道岔组数计算	1. 人工铺岔:道岔、岔枕、道岔配件和岔枕扣件散布、安装; 2. 机械铺岔:岔节拼装,机械铺设,人工抽换及铺钉岔枕; 3. 涂油,整修; 4. 防爬设备、调节器,轨距杆、绝缘轨安装; 5. 与无缝线路连接的道岔接头焊接、胶接绝缘接头,应力放散与锁定,岔区临时轨道养护; 6. 重车碾压	
130403	(三)道岔精调	组	综合	按设计图示道岔组数计算	精调	
130404	(四)道岔打磨	组	综合	按设计图示道岔组数计算	打磨	
1305	五、铺道床	铺轨千米				

续表

子目编码	名称	计量单位	子目划分特征	工程量计算规则	工程(工作)内容	附注
130501	(一)粒料道床	m^3				
13050101	1. 面砟	m^3	综合	按设计图示尺寸,以体积计算(含无砟道床与粒料道床过渡段和无砟道床两侧铺设数量)	1. 材料价购,运输; 2. 人工铺设:道砟回填、均匀,起道、串砟、轨枕方正,道床捣固、起拨道、整形、整理、轨道调整; 3. 机械铺设:反复铺砟、捣固、稳定、起拨道、整形、整理、轨道调整	
13050102	2. 底砟	m^3	综合	按设计图示尺寸,以体积计算(含线间石砟铺设数量)	石砟均匀,铺平	
13050103	3. 减震橡胶垫层	m^3	综合	按设计图示铺设面积计算	1. 清理整平; 2. 铺设	

小结

通过本项目的学习，学生应掌握高速铁路轨道投标报价方法和技巧。了解高速铁路施工有关知识。目前，铁路工程施工为减少对环境的污染，对一些项目采用工厂场化生产，如钢筋采用集中加工、混凝土采用集中生产，因此，钢筋加工场、混凝土拌合站地点的选择，对整个项目报价有很大影响。

视频：更换垫板

视频：更换轨距挡板

视频：轨道板安装

视频：轨道板的预制

视频：轨道板运输

视频：轨道调整

视频：铺轨

视频：轨道工程清单列项

复习思考题

1. 简述无砟轨道的分类。
2. 试编制 12 标轨道工程投标报价文件。

参考文献

[1]李丽敏. 铁路基本建设工程设计概(预)算编制办法[M]. 武汉：武汉理工大学出版社，2022.

[2]国家铁路局. TZJ 2006—2020 铁路工程工程量清单规范[S]. 北京：中国铁道出版社，2020.

[3]国家铁路局. TZJ 3001—2017 铁路基本建设工程设计概(预)算费用定额[S]. 北京：中国铁道出版社，2017.

[4]国家铁路局. TZJ 2000—2017 铁路工程基本定额[S]. 北京：中国铁道出版社，2017.

[5]国家铁路局. TZJ 2001—2017 铁路工程预算定额(第一册 路基工程)[S]. 北京：中国铁道出版社，2017.

[6]国家铁路局. TZJ 2002—2017 铁路工程预算定额(第二册 桥涵工程)[S]. 北京：中国铁道出版社，2017.

[7]国家铁路局. TZJ 2004—2017 铁路工程预算定额(第四册 轨道工程)[S]. 北京：中国铁道出版社，2017.

[8]铁建设〔2021〕158 号 国铁集团转发《关于调整铁路工程造价标准编制综合工费单价的通知》的通知.

[9]国家铁路局. TZJ 3003—2017 铁路工程材料基期价格[S]. 北京：中国铁道出版社，2017.

[10]国家铁路局. TZJ 3004—2017 铁路工程施工机具台班费用定额[S]. 北京：中国铁道出版社，2017.

[11]造价工程师继续教育培训资料 2017～2022.

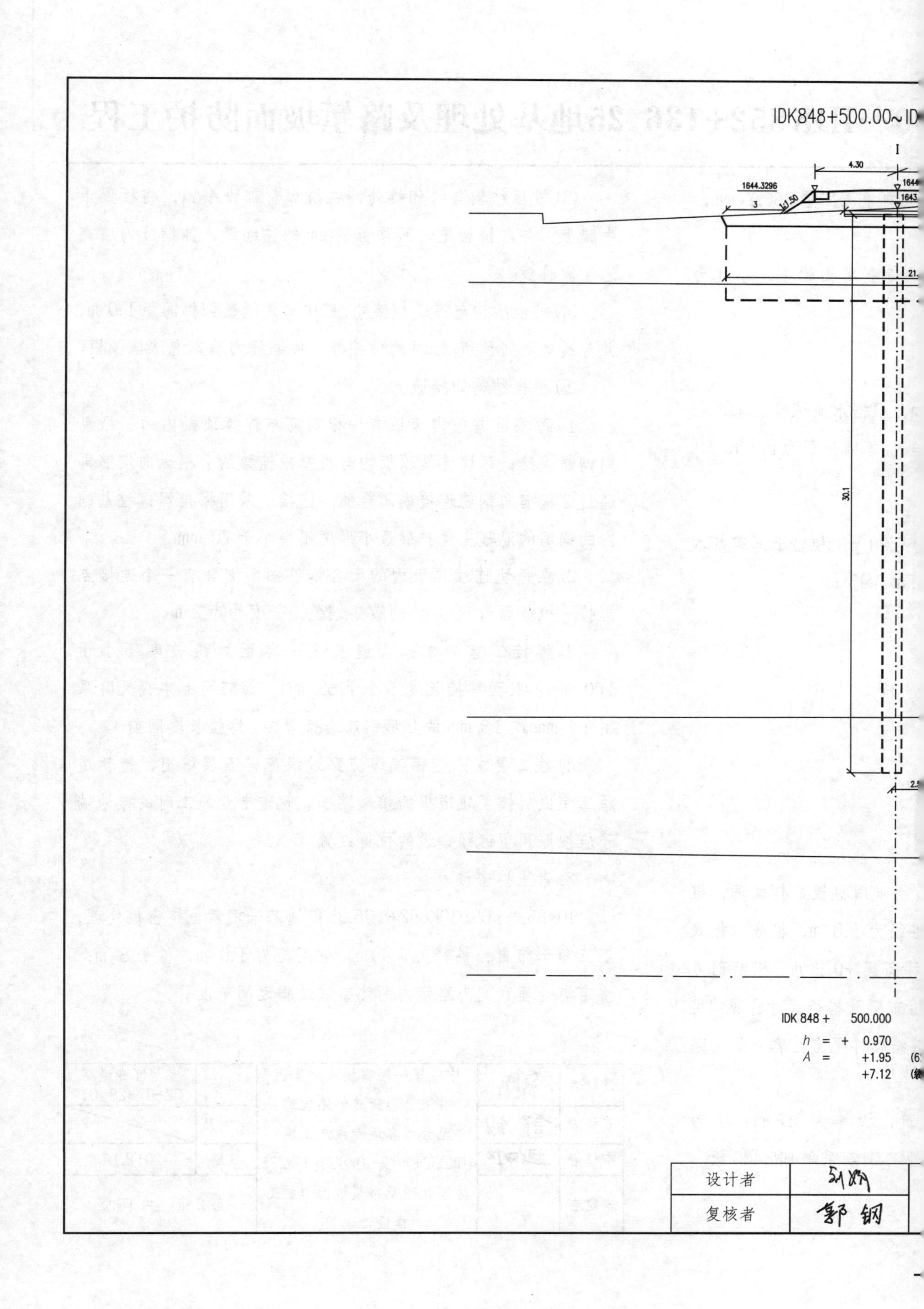
IDK848+500.00~ID
I
4.30
1644.3296
3
1:1.50
1643.
21.
30.1
2.5
IDK 848 + 500.000
h = + 0.970
A = +1.95
+7.12
设计者
复核者
郭钢

00～IDK852+136.25地基处理及路堑坡面防护工程

大自重湿陷量356.1 mm，

质黄土属松软土，厚度为

n，根据水质试验成果，水
作用 等级分别为L_1、H_2。

为0.20 g（相当于地震基本
期为0.45 s。

段采用桩板结构处理，桩
桩径为1.0 m，桩嵌入板底
计高程+0.1 m。横断面方
桩布置及桩长尺寸详见“桩
桩结构详见宝兰客专的《路

筑，板厚为0.7 m，宽为
网，钢筋采用HRB400级。

(3)桩板结构与桥相接处，在桥台背部设牛腿，将板置于牛腿上，并与桥台尾之间预留3 cm的伸缩缝，伸缩缝内填充泡沫橡胶板。

(4)桩板结构与隧道相接处，桩中心距隧道仰拱间距1.0 m，并与隧道之间预留3 cm的伸缩缝，伸缩缝内填充泡沫橡胶板。

(5)桩板结构的接地。

1)每根桩基础内应该有一根钢筋与连续顶板内的一根纵向钢筋连接；每块连续顶板内与桩基础连接的2根纵向钢筋再通过2根横向钢筋连接成闭合圈。连接处采用搭接焊；桩基础内的钢筋的混凝土保护层最小厚度不得小于70 mm。

2)在每块连续顶板内的闭合钢筋圈两端各有一个连接点焊接一根截面为50 mm^2的镀锡铜缆，长度约为2 m。

3)焊接工艺要求：焊缝长度为单面焊接长度不小于100 mm、双面焊接长度不小于55 mm，钢筋间十字交叉时采用14 mm或16 mm的L形钢筋进行焊接（焊接长度同前）。

4)施工要求：镀锡铜缆应穿过级配碎石层露出，待轨道施工完成后接至轨道板的接地端子。轨道专业施工时的接地端子应按照预留镀锡铜缆的位置设置。

2.素土挤密桩

IDK852+105~IDK852+136.35段地基采用素土挤密桩处理，正三角形布置，桩径为0.4 m，桩间距为1.0 m，桩长8 m；挤密桩处理宽度为路堑内两侧堑坡坡脚之间范围。

设计者	（签名）	中铁第一勘察设计院集团有限公司新建铁路宝鸡至兰州客运专线施工图 IDK852+105~IDK852+136.35 地基处理及路堑坡面防护工程设计说明	图号	宝兰客专道路 02-07-28-01
复核者	郭钢		比例尺	
审核者	（签名）		日期	2012.11
审定者			第2张　共10张	

（二）路基填料、压实标准及过轨设施

(1) 桩板结构板顶以上采用级配碎石掺5%水泥填筑；板底混凝土垫层下0.4 m及板左右两侧采用6%水泥改良土填筑。路基填料压实标准详见宝兰客专的《路基通用结构详图》。

(2) 电力电缆井过轨管埋设于IDK852+125处，预埋10根ϕ100 mm过轨管。基床表层级配碎石施工完毕后，沿每组过轨管长度方向进行开槽，开槽后应夯实整平槽底，先铺一层10 cm厚的C25混凝土，然后埋设过轨管，再用C25混凝土将槽填平。

（三）边坡防护

(1) 边坡坡率。路堑1 ∶ 1.25。

(2) 路基两侧路肩设电缆槽，外侧设置C25混凝土护肩，护肩上设泄水孔，分别采用ϕ80 mm圆形PVC管和ϕ80 mm半圆形PVC将水引出。详见宝兰客专的《路基通用结构详图》。

(3) 工点范围内电缆槽设防盗盖板。参见《铁路路基电缆槽》［通路（2010）8401-11］。

坡面防护工程段落及措施

序号	起点里程	终点里程	侧别	措施
1	IDK852+105.00	IDK852+136.35	双侧	路堑边坡采用C25混凝土骨架护坡＋穴植容器灌木苗进行防护
2	IDK852+105.00	IDK852+136.35	双侧	反坡排水的堑中堤边坡采用C25混凝土浇筑，厚0.3 m

(4) 骨架护坡图详见宝兰客专的《路基通用结构详图》。

（四）路基排水

(1) IDK852+105~IDK852+136.35双侧C25钢筋混凝土矩形侧沟，采用堑中堤反坡排水，坡率为2‰，深为0.6 m，宽为0.6 m，厚为0.2 m。侧沟平台采用C25混凝土浇筑，厚度为0.3 m。

(2) 侧沟及平台结构尺寸详见宝兰客专的《路基通用结构详图》。

（五）沉降观测

桩板结构施工完成后
按照“沉降观测断面布设
足《客运专线铁路无砟轨
〔2008〕147号）的要求，

（六）与路基本体同步

(1) 电缆槽、声屏障基
与路基同步施工，必须保
时不得损坏和污染路基。

(2) 各设施的设置里程

(3) 横断面布置详见宝

（七）施工

1. 桩板结构施工

(1) 施工放线。按设计
线并做标记。

(2) 桩施工工艺。桩孔
桩采用C40钢筋混凝土灌

(3) 桩顶处理。桩施工
应对桩头进行处理，距桩顶
并清除干净，以满足桩顶

(4) 顶板施工工艺。板
C40钢筋混凝土。

2. 素土挤密桩施工

(1) 成孔方式：挤密桩
小于10 mm的钢管。

(2) 路堑开挖至基床底
桩施工后，清除复合地基
并进行碾压整平。

专《路基通用结构详图》

。

两端及先浇段①施工中由

强钢筋，加强钢筋数量为

钢筋，加强钢筋插入两侧

板内纵向钢筋采用闪光对

的抗拉强度。

处并相互错开，“同一截

且不小于 500 mm］纵向钢

的 50%。

设计规范（2015 年版）》

混凝土的密实性，增强混

土的强度，桩的最外侧钢

板的最外侧钢筋混凝土净

凝土结构设计规范（2015

行。

测。钢筋混凝土钻孔灌注

射波法对全部基桩进行成

行覆盖、保湿、保温养护

时间暴露，受温度变化影响，

保护。

合理调整混凝土的配合比，

尽量采用水化热低收缩性小的早期高强水泥，降低水泥用量，降低水胶比（控制好混凝土的坍落度），同时加强保湿养生工作。

14）钻孔桩施工时应注意地下管线及其他可能产生影响的设施，并及时拆改，确保施工安全。

15）桩顶板填级配碎石前不允许运梁车通过。

(7) 施工中严格按照有关规范规定加强检测工作，保证工程质量。

(8) 查明施工范围内的油气、光缆、缆线及其他工程设施，迁改并保证安全后再施工，排查和论证施工对场地附近油气管线等设施可能造成的影响，确保安全。

(9) 现场施工应同时满足有关质量、环境和职业健康等的相关要求，加强施工现场管理，严格控制施工场地、便道数量，明确标识边界。严格执行保护环境、水源、植被和野生动物等相关规定。

(10) 路基防护应安排在适宜的时间施工并及时完成，使之起到防护作用。各种防护应在稳定的坡脚和坡体上施设。

(11) 施工应排查安全隐患和潜在危险源，确保施工人员的人身安全。

(12) 施工中若发现设计与现场实际情况不符，请及时与配合施工人员联系。

(13) 未尽事宜见有关规范及宝兰客专的《路基通用结构详图》，确保工程质量。

五、本图尺寸单位除注明者外，均以米计

设计者	[签名]	中铁第一勘察设计院集团有限公司新建铁路宝鸡至兰州客运专线施工图	图号	宝兰客专道路 02-07-28-01
复核者	郭钢		比例尺	
审核者	[签名]	IDK852+105~IDK852+136.35	日期	2012.11
审定者		地基处理及路堑坡面防护工程设计说明	第 2 张　共 10 张	

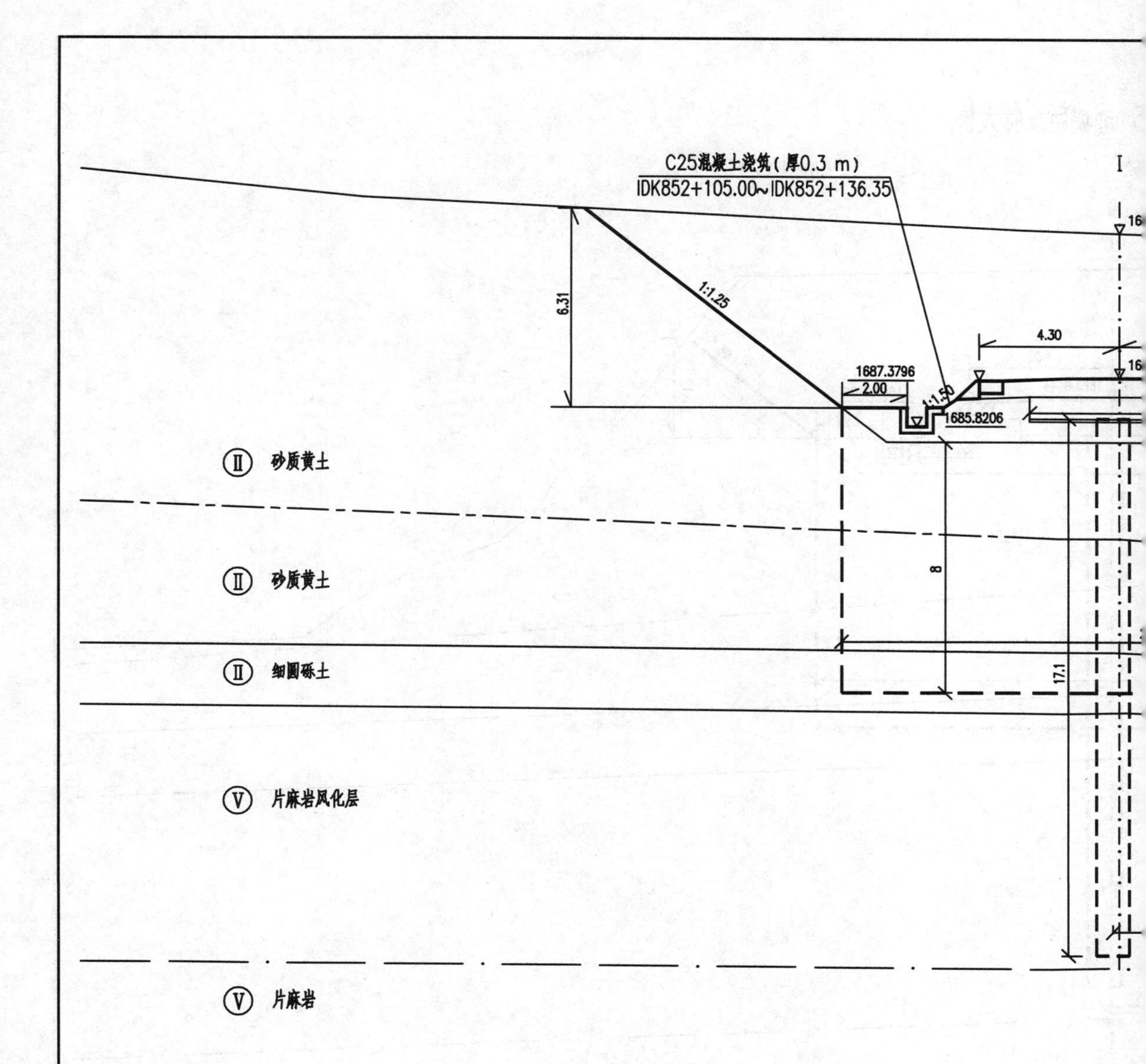

IDK 852 + 1

h =

A =

设计者	[illegible]
复核者	郭钢
审核者	[illegible]
审定者	

5 那坡新庄特大桥

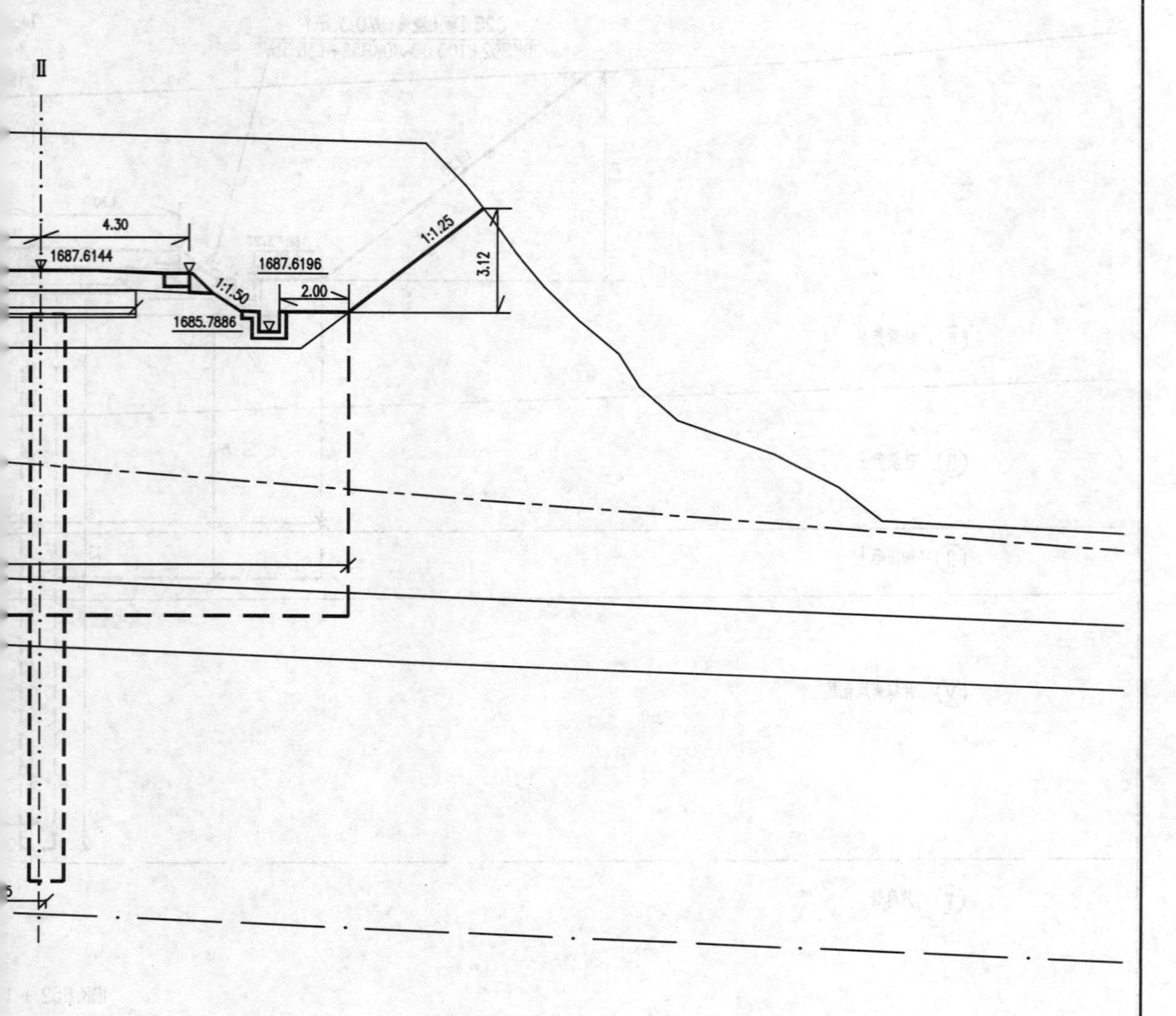

%水泥改良土)

配碎石掺5%水泥)

勘察设计院集团有限公司新建铁路宝鸡至兰州客运专线施工图	图号	宝兰客专道路 02-07-28-08
105~IDK852+136.35 地基处理及路堑坡面防护工程横断面图	比例尺	1 ∶ 200
	日期	2012.11
	第 8 张　共 8 张	

附录4　宝鸡至兰州客运专线施工

新

宝鸡至兰州

中川村牛

中心里程

第一

本册图号：

×××××

××××年

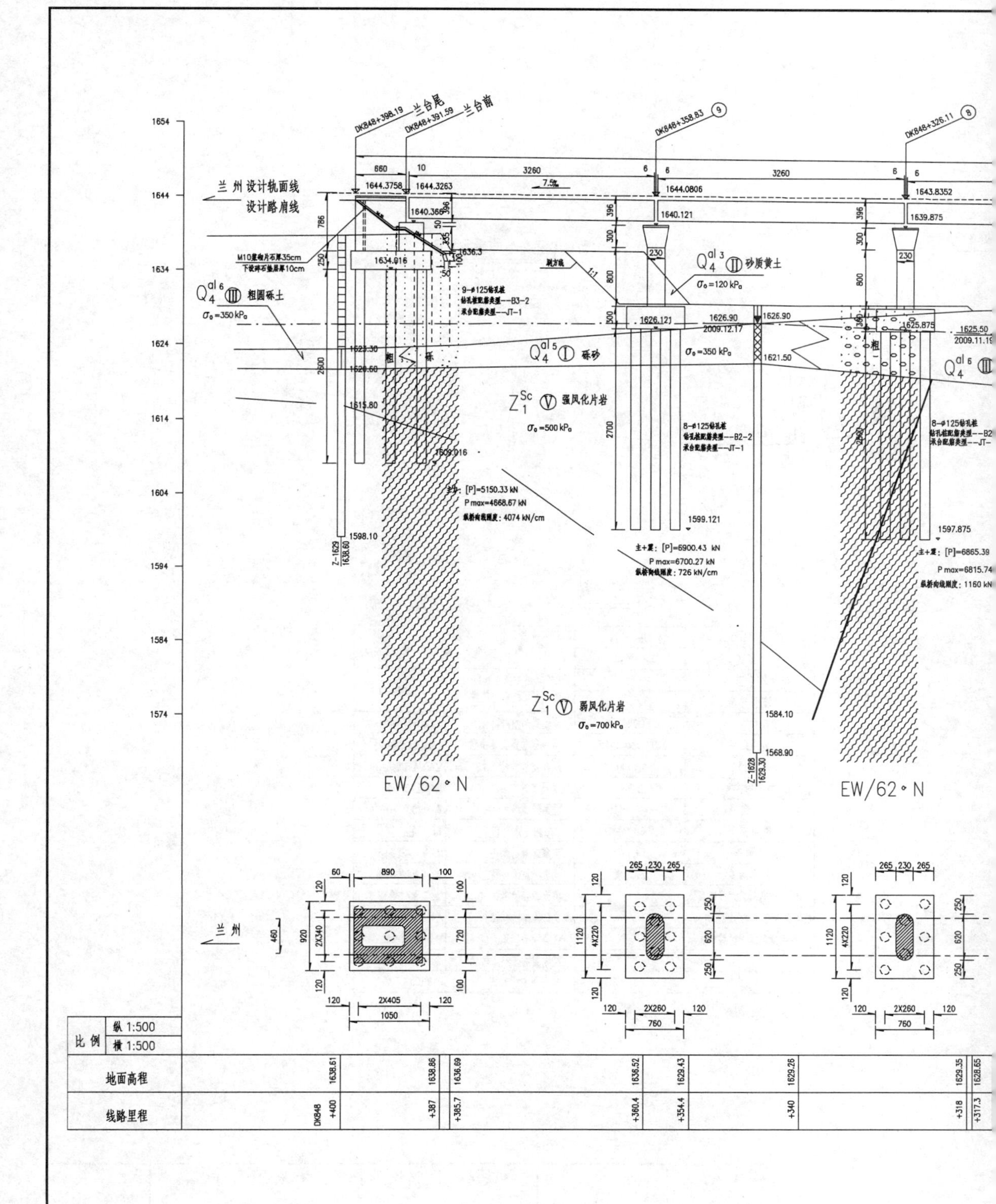

DK848+398.19 兰台尾
DK848+391.59 兰台前
DK848+358.83 ⑨
DK848+326.11 ⑧
兰州 设计轨面线
设计路肩线
1644.3758
1644.3263
1644.0806
1643.8352
1640.366
1640.121
1639.875
1634.916
1636.3
1626.121
1626.90
2009.12.17
1625.875
1625.50
1621.50
1623.30
1620.60
1615.80
1609.016
1599.121
1598.10
1597.875
1584.10
1568.90
7.5‰
M10浆砌片石厚35cm
下设碎石垫层厚10cm
9-φ125钻孔桩
钻孔桩配筋类型---B3-2
承台配筋类型---JT-1
8-φ125钻孔桩
钻孔桩配筋类型---B2-2
承台配筋类型---JT-1
$Q_4^{al\,6}$ Ⅲ 粗圆砾土
σ_0=350 kPa
$Q_4^{al\,3}$ Ⅱ 砂质黄土
σ_0=120 kPa
$Q_4^{al\,5}$ Ⅰ 砾砂
σ_0=350 kPa
Z_1^{Sc} Ⅴ 强风化片岩
σ_0=500 kPa
Z_1^{Sc} Ⅴ 弱风化片岩
σ_0=700 kPa
主力: [P]=5150.33 kN
P max=4668.67 kN
纵桥向线刚度: 4074 kN/cm
主+附: [P]=6900.43 kN
P max=6700.27 kN
纵桥向线刚度: 726 kN/cm
主+附: [P]=6865.39
P max=6815.74
纵桥向线刚度: 1160 kN
Z-1629
1638.60
Z-1628
1629.30
EW/62°N
EW/62°N
兰州
比例
纵 1:500
横 1:500
地面高程
线路里程
1638.61
1638.86
1636.69
1636.52
1629.43
1629.28
1629.35
1628.65
DK848 +400
+387
+385.7
+360.4
+354.4
+340
+318
+317.3

宝鸡

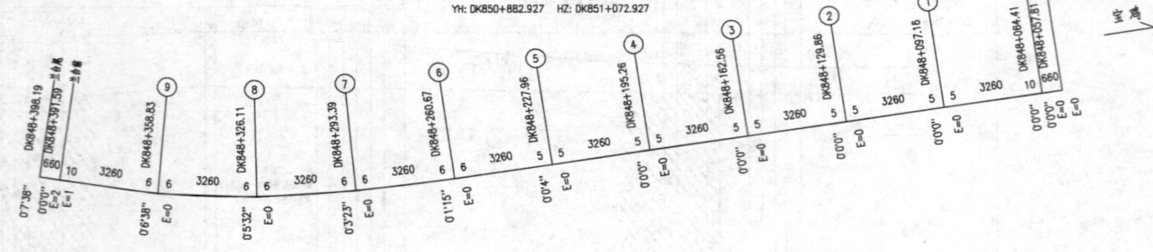

宝鸡

资料表

设计流量Q_{100}	2 120 m^3/s	采用图号	
设计流速V_P	5.82 m/s		
冲刷系数/○	1.13	无砟轨道后张法预应力混凝土双线简支箱梁	宝兰客专施桥参91
水流斜交角度			
线路曲线半径	9 004.6 m	双线矩形空心桥台	宝兰客专施桥参01-Ⅱ
地震烈度	八度(0.2g、0.45s)	双线圆端形实体桥墩	宝兰客专施桥参02-V
冻结深度	1.01 m	承台及桩基础	宝兰客专施桥参07
支座固定端	宝鸡端	附属工程	壹桥8220
桥墩顶帽纵X宽	3.4 mx8.0 m	桥面附属设施	通桥(2008)8388A
桥墩类型	圆端形实体墩	球型钢支座TJQZ	TJQZ-BL
桥面系	无砟	防震落梁措施图	宝兰客专施桥参10
列车活载	ZK活载	桥墩附属设施图	宝兰客专施桥参11
相邻桥墩纵向最大线刚度比		桥梁综合参考图	宝兰客专施桥参12
桥墩纵向最小线刚度/$KN\cdot cm^{-1}$		铁路线路防护栅栏	通线(2008)8001
桥墩横向最大位移/mm		铁路综合接地系统	通号(2009)9301
		双线圆端形空心桥墩	宝兰客专施桥参03
		限高防护设计图	专桥(05)8184

设计者		中铁第一勘察设计院集团有限公司 新建铁路宝鸡至兰州客运专线施工图 IDK848+228 中川村牛谷河大桥 全桥总布置图	图号	宝兰客专施桥 43-01
复核者			比例尺	1 : 500
审核者			日期	2012.11
审定者			第 1 张	共 2 张

主要工程数量表（一）

工程项目			部位及说明	单位	合计
梁	预应力混凝土双线简支箱梁 L=32 m		直线梁／曲线梁	孔	5/5
桥面工程	桥面系			m	34035
	梁端防水伸缩装置			道	11
	吊篮／检查梯		检查设备	个／个	11/11
	沉降观测标 梁部／墩台			个／个	60/44
	球形钢支座		4 000 GD/DX	个	
	球形钢支座		4 000 ZX/HX	个	
	球形钢支座		5 000 GD/DX	个	10/10
	球形钢支座		5 000 ZX/HX	个	10/10
	ϕ180 mm PVC 排水管		排水改造	m	
	防止落梁钢料			kg	25 920
主体工程	墩台	C50 钢筋混凝土（T2）	支承垫石	m^3	30.2
		HPB300 钢筋 φ ≤10/HPB400 Φ > 10	支承垫石	kg	384/8 425
		C35 钢筋混凝土（T2)/C40 钢筋混凝土	墩台顶帽托盘	m^3	473.4/0.0
		HPB300 钢筋 φ ≤10/HPB400 Φ > 10	墩台顶帽托盘	kg	183/39 875
		C35 钢筋混凝土（T2）	桥台顶板	m^3	198.2
		HPB300 钢筋 φ ≤10/HPB400 Φ > 10	桥台顶板	kg	65/28 432
		C45 混凝土（L2，H2)/HRB400 钢筋 Φ> 10	墩台身	m^3/kg	1 229.3/ 40 572
		HPB300 钢筋 φ ≤10/HPB400 Φ > 10	墩台身护面钢筋	kg	9 484/ 19 274
		C45 混凝土（L2，H2)/HRB400 钢筋 Φ> 10	墩台身	m^3/kg	/
		HPB300 钢筋 φ ≤10/HPB400 Φ > 10	墩身钢筋	kg	/
		钢料	空心墩台内检查设备	kg	216
	承台	C45 钢筋混凝土（L_2，H_2）		m^3	2 783.5
		HRB400 Φ > 10		kg	121 703
	套箱	C20 钢筋混凝土 φ≤10		m^3	505
		HPB300 钢筋 φ≤10		kg	30 300
	钻孔桩	C45 钢筋混凝土（L_2，H_2）/HRB400 钢筋 Φ > 10		m^3/kg	2 740.3/ 192 781
		HPB300 钢筋 φ≤10/φ> 10		kg	11 892/ 25 416
		总桩长 /HRB400 钢筋 Φ > 10		m/kg	2 233.0/
		钢护筒直径 150 cm(4m/ 个）		rp/	360/90
		Ⅰ类土／Ⅱ类土／Ⅲ类土	钢护筒每延米重 327 kg	m	146/288/ 1 625
		Ⅳ类土／Ⅴ类土／Ⅵ类土		m	0/416/0

续表

<table>
<tr><td colspan="2">工程项目</td><td colspan="2">部位及说明</td><td>单位</td><td>数量</td></tr>
<tr><td rowspan="5">环保工程</td><td rowspan="2">弃渣场</td><td colspan="2">弃渣用地</td><td>亩</td><td>1.58</td></tr>
<tr><td>M10浆砌片石</td><td>弃渣挡墙</td><td>m^3</td><td>127</td></tr>
<tr><td colspan="3">弃土占地复垦面积</td><td>亩</td><td></td></tr>
<tr><td colspan="3">弃土占地绿化面积</td><td>亩</td><td></td></tr>
<tr><td colspan="3">弃土占地复垦种植土</td><td>m^3</td><td></td></tr>
<tr><td rowspan="4">临时工程</td><td colspan="3">移动造桥机个数</td><td>套</td><td></td></tr>
<tr><td colspan="3">移动造桥机安装，调试及拆除重量</td><td>吨</td><td>560</td></tr>
<tr><td colspan="3"></td><td>处</td><td></td></tr>
<tr><td colspan="3"></td><td>处</td><td></td></tr>
</table>

<table>
<tr><td>设计者</td><td></td><td rowspan="2">中铁第一勘察设计院集团有限公司
新建铁路宝鸡至兰州客运专线施工图</td><td>图号</td><td>宝兰客专施
桥 43-01</td></tr>
<tr><td>复核者</td><td></td><td>比例尺</td><td>1 ： 500</td></tr>
<tr><td>审核者</td><td></td><td>IDK848+228　中川村牛谷河大桥</td><td>日期</td><td>2012.11</td></tr>
<tr><td>审定者</td><td></td><td>全桥总布置图</td><td colspan="2">第 1 张　共 2 张</td></tr>
</table>

附注

1. 本图尺寸除里程、高程以米计及注明者外，均以厘米计。

2. 本桥为排洪兼立交而设。

3. 孔跨布置：10~32 m 简支箱梁，简支箱梁采用移动框架施工。

4. 本桥位于半径 R=9 004.6 m 缓和曲线及直线上，简支梁按平分中矢法布置。

5. 图中所注墩台顶高程为支承垫石底面高程。

6. 简支梁支座采用 TJQZ 系列球形钢支座，所有支座均采用预埋套筒的固定方式，固定支座设于宝鸡端。

7. 本桥采用双线矩形空心桥台，圆端形实体桥墩、桩基础，桩基配筋类型见全桥总布置图的桩侧标注，其中两桥台按柱桩设计，桩底嵌入完整基岩的深度不小于 3 m，1 号桥墩桩底嵌入完整基岩的深度不小于 7 m，其余桩基均按摩擦桩设计。

8. 桥址区地形地貌及工程地质概况。

（1）地形地貌：该桥位于通渭县中川村附近，地形略有起伏，地貌属牛谷河河漫滩及一级阶地区。

（2）工程地质概况：桥址区地层主要为第四系全新统冲积黏质黄土、砾砂、圆砾土、卵石土及震旦系片岩。

（3）不良地质及特殊岩土：工点处一级阶地区砂质黄土具Ⅳ级（很严重）自重湿陷性，湿陷土层厚度 12 mm。

（4）水文地质条件：地表水对混凝土存在氯盐，硫酸盐侵蚀性，环境作用等级分别为 L_2、H_2。

9. 施工中若发现实际地形或地层与设计图纸不符，设计里程，高程与线路设计图的数据或实际放线不符合，应及时提请设计单位答疑或变更设计。

10. 本桥所有混凝土结构均应符合《铁路混凝土结构耐久性设计规范》（TB 10005—2010）的相关技术要求，数量表中已注明结构各部位混凝土的环境作用等级。

11. 两台锥体边坡上左右侧均设检查台阶。

12. 为加强桥路过渡段。桥台基坑在台尾侧回填 C15 混凝土至原地面，其他三侧回填 3 ∶ 7 灰土夯填至原地面，数量已计列。

13. 本桥桥墩承台开挖采用钢筋混凝土套箱，5~7 号墩位于主河槽内，基础施工时设草袋围堰，数量已计列。

14. 7~8 号桥墩范围
见“通桥（2008）8388A”

15. 8 号桥墩位于公路
造详见本线相关参考图。

16. 本桥第一孔梁下
水侧沟，将水流引至低洼
形情况，调整侧沟位置，
边坡防护参照本线参考图

17. 9 号桥墩受地形
防护，顺桥向及横桥向边
设钢筋混凝土排水沟和急
已计列。

18. 1、2、8、9 号墩
透水土（表层 0.6 m 夯填
面 0.3 m，以利排水，范

19. 及时恢复基础开
常通行，清理沟渠使水流

20. 按防洪评价要求
下游各 50 m 范围内修建河

21. 墩台综合接地系
量已经计列。

22. 本桥于梁部预留
见接触网专业设计资料，

23. 本桥是否预留电
号、电力、接触网专业设
相关梁部参考图办理，桥
办理。

24. 本桥是否设置屏
保专业设计文件，设置声
设置声屏障条件；声屏障
声屏障质量不得大于 8.5 k

25. 工程数量表中的“
电缆槽竖墙及盖板、防撞
置 TSSF 型梁端防水伸缩
（2008）8388A”。

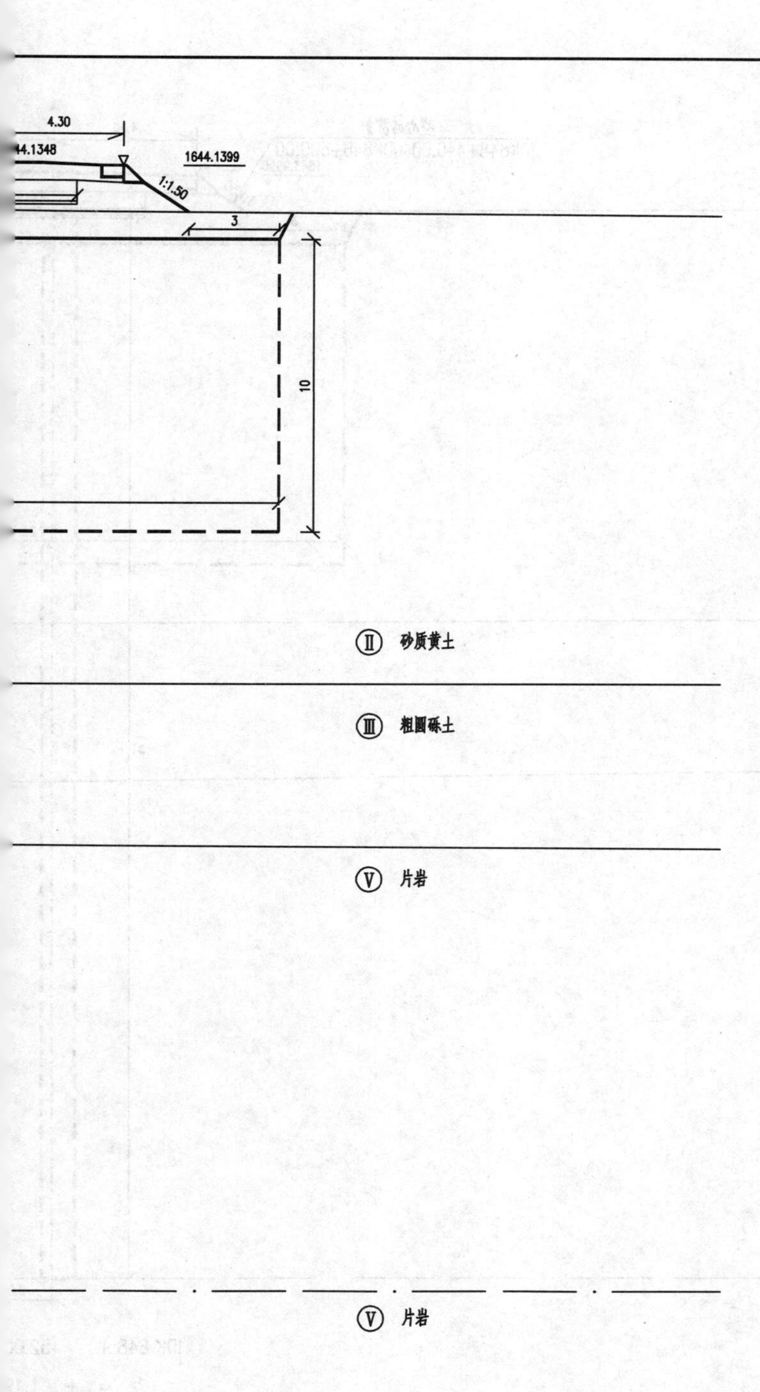

勘察设计院集团有限公司新建铁路宝鸡至兰州客运专线施工图	图号	宝兰客专施路 02-07-27-09
98.23~IDK848+500.00 地基处理及路堤坡面防护工程横断面图	比例尺	1 ： 200
	日期	2012.11
	第 9 张　共 10 张	

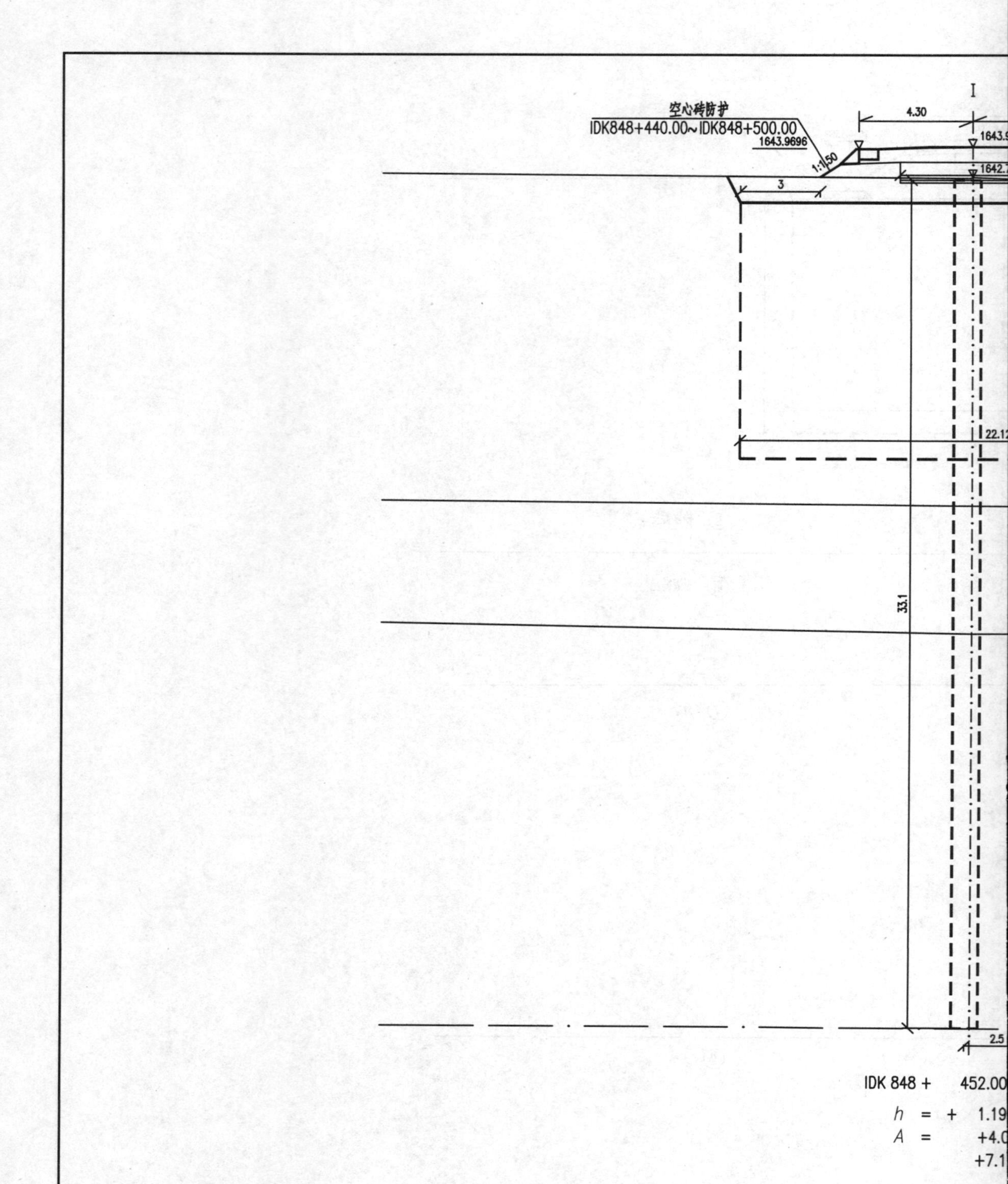

设计者	刘炳
复核者	郭钢
审核者	王更吉
审定者	

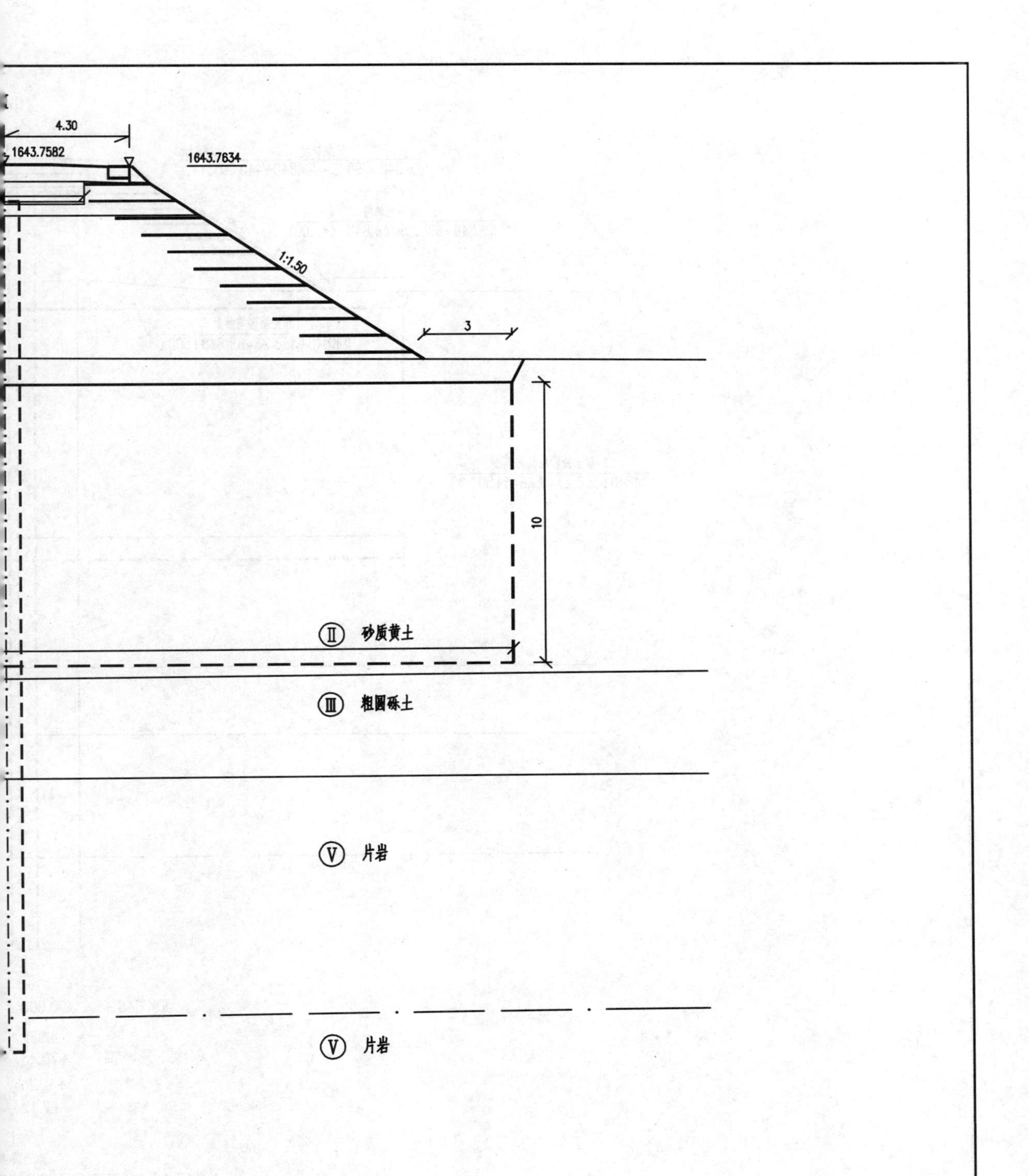

-勘察设计院集团有限公司新建铁路宝鸡至兰州客运专线施工图	图号	宝兰客专施路 02-07-27-06
398.23~IDK848+500.00 地基处理及路堤坡面防护工程横断面图	比例尺	1 : 200
	日期	2012.11
	第6张　共10张	

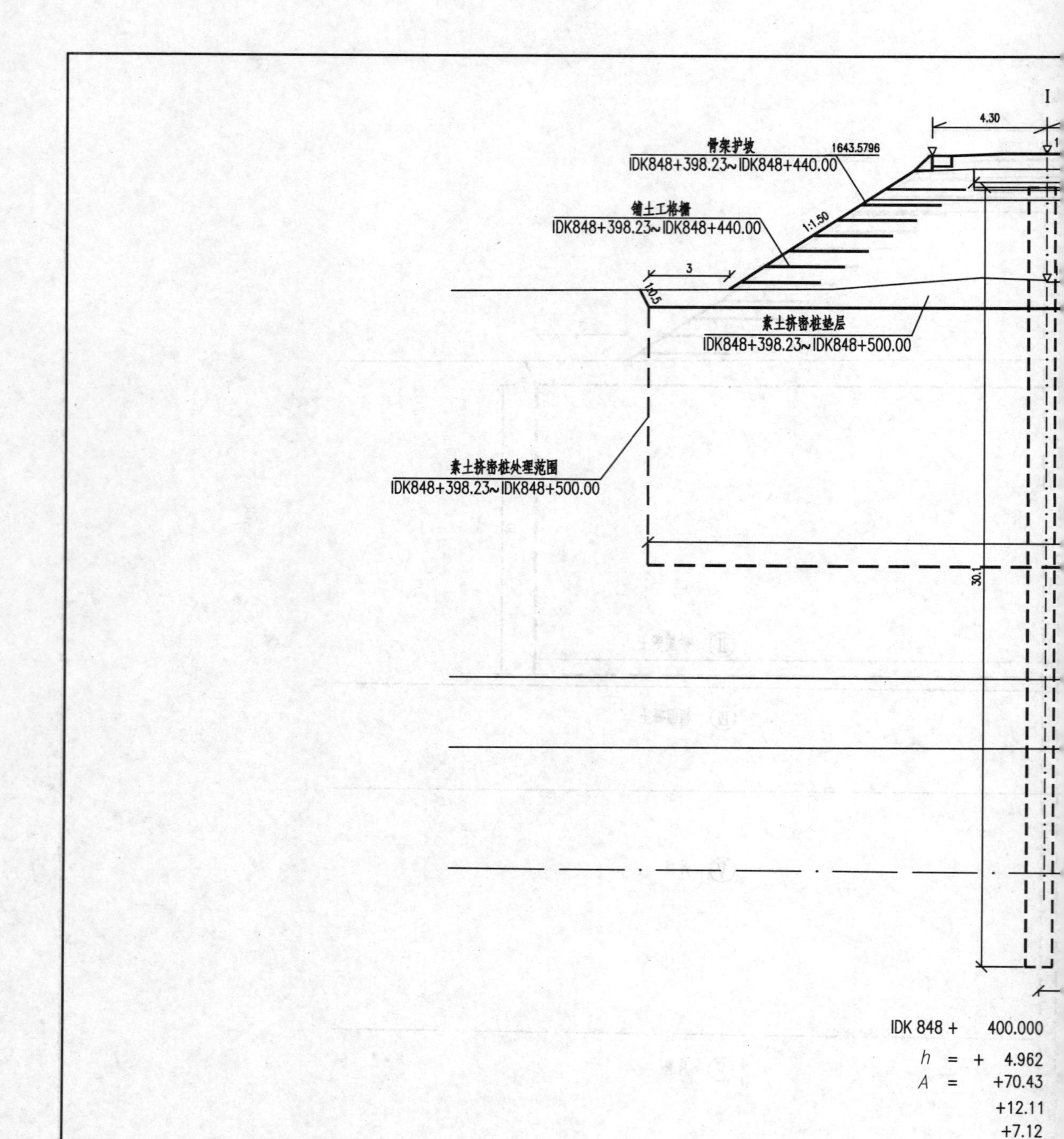

IDK 848 + 400.000

h = + 4.962

A = +70.43

+12.11

+7.12

IDK848+057.77~IDK8

设计者	
复核者	郭钢
审核者	
审定者	

量 表

工程名称				单位	数量	备注
地基处理	桩板结构	桩	根数	个	48	
			总桩长	m	1 481	
			C45 钢筋混凝土	m^3	1 162	
			HRB400 钢筋	kg	66 444	
			HRB335 钢筋	kg	26 597	
			ϕ1.0 m 钻孔	m	1 097	土
			ϕ1.0 m 钻孔	m	384	石
			清运桩孔 +（运距 2 km）	m^3	1 163	
			钢护筒	m	240	
			检测管	m		
		板	C40 钢筋混凝土	m^3	835	
			HRB400 钢筋	kg	109 035	
			HRB335 钢筋	kg	30 852	
			C25 混凝土找平层	m^3	103	
			麦草	kg	514	
			涂沥青	m^2	1 028	
			泡沫橡胶板	m^2	14	
		托梁	C40 钢筋混凝土	m^3		
			HRB400 钢筋	kg		
			HRB335 钢筋	kg		
	素土挤密桩			m	33 866	ϕ=40 cm
	素土垫层（填方地段）			m^3	841	厚度 1 m
	6% 水泥改良土垫层（填方地段）			m^3	2 201	厚度 1 m
	挖除垫层			m^3	3 042	
	冲击碾压			m^2	2 200	
其他接口工程	电缆槽	长度		m	204	
		开挖沟槽		m^3	114	
		透水碎石		m^3	45	
		回填 C25 混凝土		m^3	8	
		M10 水泥砂浆		m^3	8	找平层
		热镀锌钢丝网		m^2	2	150 mm×150 mm
		T 形钢扣板		个	427	
		钢绞线		m	224	
		U 形扣		个	41	
		电力电缆井		个	2	
	贯通地线	开挖沟槽		m^3	2	
		回填改良土		m^3	2	
		接地端子		个	23	
	过轨管	过轨管长度		m	169	
		钢丝		m	338	
		引接线		m	20	镀锡铜线
		C25 混凝土		m^3	17	
		开挖沟槽		m^3	17	

	图号	宝兰客专施路 02-07-27-02
勘察设计院集团有限公司新建铁路宝鸡至兰州客运专线施工图	比例尺	
398.23~IDK848+500.00 地基处理及路堤坡面防护工程设计说明	日期	2012.11
	第 1 张 共 10 张	

(2) 施工前及施工期间应采用适宜的方法和手段加强地质资料核对（含地下水），如发现与设计文件不符，应及时通知设计单位。

(3) 施工前应做好排水系统工程，仔细调查分析地面水流情况，核对设计措施，防止降水和地表水危害基床和路基本体，路基排水工程与相邻桥、隧道工程的排水设施衔接紧密，保证排水能力和系统顺畅。

(4) 地基处理施工之前应进行工艺性施工，以验证或修正设计参数，确定施工参数。

(5) 素土挤密桩施工注意事项。

1) 地基处理先采用素土挤密桩消除地基上部黄土的湿陷性（先两边后中间、隔排施工的原则进行施工）。

2) 土料中有机质含量不得超过5%，不得含有冻土或膨胀土，使用时应过10~20 mm筛，混合料含水量应满足土料的最优含水量，其允许偏差不得大于 ±2%。

3) 填料前孔底必须夯实。

4) 施工过程中，应有专人检测成孔及回填夯实的质量，并应做好施工记录。

5) 雨期或冬期施工前，应采取防雨、防冻措施，防止土料和水泥受雨水淋湿或冻结

(6) 桩板结构施工注意事项。

1) 施工单位应制订专门的施工技术方案，桩板结构施工顺序：先开挖换填至板底高程→整平碾压→进行钻孔灌注桩的施工→去桩头→找平层及板的施工→板两侧夯填6%水泥改良土。

2) 应严格控制桩位，钢筋混凝土桩采用钻孔或人工挖孔灌注法施工，严禁水钻，钻孔深度到位后，应检查桩端情况。起落钻头应均匀，不得过猛或骤然变速，以免碰撞孔壁。

3) 灌注桩施工工艺和施工要求应严格按照《灌注桩基础技术规程》（YS/T 5212—2019）相关施工规范办理。

4) 桩成孔钢筋笼就位后，混凝土浇筑应加强对桩孔孔壁的变形观测，以保护施工人员安全。

5) 桩施工完成后，进行板施工，板采用水化热较低的混凝土。

6) 板采用分段浇筑，详见宝兰客专《路基通用结构详图》中“钢筋混凝土连续板施工

7) 连续板的施工缝（合
于其他原因间断处）位置设
纵向钢筋的50%，钢筋直
混凝土深度不小于 1 m。

8) 钢筋连接要求。

①桩顶板为钢筋混凝土
接焊，焊接接头强度不低于

②焊接接头应设在承受
面”[35*d*(*d* 为接头钢筋的较
筋的焊接接头不应大于纵向

③同一根钢筋应少设接

④未尽事宜严格按《混
(GB 50010-2010) 及相关规

9) 混凝土浇筑应加强
凝土的连续性和整体性，以
筋混凝土净保护层厚度不小
净保护层厚度不小于 7 cm。

10) 混凝土强度测试应按
(GB 50010-2010) 的要求进行

11) 桩施工后，对桩进
桩施工完成 28 天后，采用
桩质量检测。

12) 混凝土板施工后，
1~2月。养护期结束后，为避
板面覆盖不小于 5 cm 厚的

13) 为了减小混凝土的
尽量采用水化热低收缩性小
降低水胶比（控制好混凝土

14) 钻孔桩施工时应注
设施，并及时拆改，确保施

设计者	[illegible]
复核者	郭钢
审核者	[illegible]
审定者	

表面水引向集水井内，集
。
的《路基通用结构详图》。

降观测，沉降观测元器件
行埋设。沉降观测值应满
评估技术指南》（铁建设
无砟轨道。

也设施

钢管、接触网立柱基础等
的整体性和密实性，施工

式详见各相关专业设计图。
《路基通用结构详图》。

桩孔位置及板边缘进行放

钻孔，现场绑扎钢筋笼，

土强度达到80%以上时，
范围内的桩头应人工凿除，
确保桩头质量。
绑扎钢筋网，立模、浇筑

法成孔。桩管选用壁厚不

0.3 m厚耕植土，施工素
上部0.7 m的桩头、桩间

土松动层，并进行碾压整平。

(3) 挤密桩地基处理检测：

1) 检测内容包括桩身及桩间土湿陷系数及复合地基载荷试验。

2) 对桩身质量进行检验。检验数量不应少于总桩数的2%，且不少于3根。在全桩长范围内，在桩心附近采用钻机取样，每2 m采取试样测定干密度，满足压实系数≥0.97（轻型击实）。

3) 对桩间土的处理效果进行检验。沿线路纵向连续每50 m抽样检验不少于3处。在桩间形心点、成孔挤密深度范围内采用钻机取样，每2 m取样测定干密度并进行压缩试验，对湿陷性黄土还应进行湿陷性试验，满足挤密系数≥0.93（轻型击实）。

4) 复合地基进行载荷试验，承载力特征值不小于150 kPa。

3. 垫层

(1) 桩板结构下填筑0.4 m厚6%水泥改良土垫层后，于其上铺设0.1 m厚C25混凝土找平层。

(2) 路堤地段地表垫层。

1) 复合地基质量检测合格后，方可进行素土挤密桩桩顶垫层的施工。

2) 路堤地段素土挤密桩施工完成，清除复合地基上部的桩头、桩间土松动层，碾压整平后，回填1 m厚垫层。边坡坡脚处设向外排水坡。

3) 垫层材料：在桩板结构下中间7.6 m宽度范围采用素土填筑；其余采用6%水泥改良土填筑。

4) 垫层压实标准与基床底层相同。

四、施工注意事项

(1) 施工人员应认真阅读相关的设计文件，理解设计意图，对设计文件有疑问时应及时联系解决，现场核对地形地貌，尤其应查明对路基有影响的窑洞、水窖、菜窖、沼气池、隐蔽墓穴、掏砂洞及其他坑洞等。

附录2　宝鸡至兰州客运专线施工图——IDK848+

设计说明

一、工程概述

工点起讫里程：IDK848+398.23~IDK848+500.00，全长为101.77 m，位于通渭县中川村附近，地貌属牛谷河一级阶地。该处地势起伏不大，相对高差为6.8 m。线路以填方形式通过。交通较为便利。

工点小里程端接中川村牛谷河大桥，大里程端接中川隧道。

二、天然地基的岩土工程特性

(一)天然地基主要地层及特性

工点涉及地层主要为：第四系全新统冲积砂质黄土、圆砾土，震旦系片岩及华力西期花岗石。工程地质特性如下：

(1)砂质黄土(Q_4^{al3})浅黄－土黄色，分布于一级阶地地表，土质均匀，粉粒为主，手搓有砂感，土层厚度为10~17 m，稍密，稍湿－潮湿，Ⅱ级普通土，σ_0=120 kPa。

(2)粗圆砾土(Q_4^{al6})灰黄色，成分以石英岩及砂岩为主，圆棱－棱角状，粒径大于100 mm的约占为10%，60~100 mm的约占为20%，20~60 mm的约占为30%，2~20 mm的约占为30%，余为杂砂土充填，潮湿－饱和，中密，Ⅲ级硬土，σ_0=500 kPa。

(3)片岩(Z_1^{Sc})：青灰色及紫红色，矿物成分以云母、石墨等为主，片状构造，变晶结构，Ⅴ级次坚石，强风化，σ_0=600 kPa，完整，σ_0=800 kPa。

(4)花岗石(γ_4)：肉红色、青灰色，矿物成分以石英、长石、云母为主，含少量角闪石，中粗粒结构，块状构造，节理较发育。Ⅴ级次坚石，强风化，σ_0=800 kPa，完整，σ_0=1 200 kPa。

(二)特殊岩土

(1)湿陷性黄土：工点范围内砂质黄土具有Ⅳ级自重湿陷性，湿陷厚度为10~12 m。

(2)松软土：工点范围内地表砂质黄土为松软土，厚约为10~17 m。

(三)水文地质特征

工点范围内地下水水

及硫酸盐侵蚀性，环境作

(四)地震动参数

该工点所在区域地震

基本烈度八度，动反应谱

(五)土壤最大冻结深

土壤最大冻结深度为

三、工程措施

(一)地基处理

1. 桩板结构

(1)IDK848+398.23~IDK

采用C45钢筋混凝土钻孔灌

桩顶设计高程＝板底设计

接处及IDK848+450涵洞两

距为2.5 m，沿纵向设置3

向间距为7.0 m。桩布置及

断面图”，桩结构详见宝

(2)板采用C40钢

(IDK848+436~IDK848+46

段板顶平齐，板厚在纵

1.0 m渐变为0.7 m，过渡

宽为10.1 m，上部与底部

板下设0.1 m厚C25混凝

设计者	
复核者	郭钢
审核者	
审定者	

工程数量表

	0 钢筋 HPB235/kg	定位钢板 /kg		φ700 mm 钻孔桩 / 延米	桥隧型接地端子 / 个	5 mm×40 mm 热浸镀锌扁钢 /m	环保型接地铜缆 35 mm²/m
	合计	单重	合计				
2	474.17	32.00	195.48	27.49	12	0	37
2	81.95	24.00	32.99	5.50	3		8
	556.12		228.47	32.99	15	0	45

复核：××× ××××年××月

绿色通道防

新建铁路宝鸡至兰州客运专施工图（甘肃段）

序号	起始里程	长度/m	路基形式	路		
				排水沟内侧灌木		排水沟
				植物名称	数量/株	植物名称
1	IDK848+398.23~IDK848+500.00	101.77	路堤	灌木	1632	花灌木
2	IDK852+105.00~IDK852+136.35	31.35	路堑			
3	IDK852+136.35~IDK852+787.65	651.3				
	BLTJ-7 合计				1632	

填表：××× ××××年××月

兰设置表

路表 08

结构形式			防护栅栏长度/m
钢筋混凝土立柱＋刺丝滚笼型		2.2 m 钢筋混凝土立柱＋金属网片＋刺丝滚笼	
1.59 m/单元	1.15 m/单元		
	√		327
√			451
			777

复核：××× ××××年××月

路基土石方

新建铁路宝鸡至兰州客运专线施工图（甘肃境内）

起讫里程	填料类别	断面方数/m³		施工方数/m³				利用
				路堑				路堤
		路堤	路堑	往路堤	隧道弃碴场	弃土场	自取土坑	自路堑
IDK848+398.23~ IDK848+500.00								
	C 组填料	4012						
	6% 水泥改良土	782						
								782
公里计		4794						782
IDK848+500.00~ IDK852+105.00	中川隧道							
IDK852+105.00~ IDK852+136.35								
	Ⅱ		5764					
	6% 水泥改良土	654						
				654				
				782				
					4328			
								654
公里计		654	5764	1436	4328			654
页计		5448	5764	1436	4328			1436
BLTJ-7 合计		5448	5764	1436	4328			1436

填表：××× ××××年××月

路基土石方数量调配汇总表

路表 06

第 1 页　共 1 页

BLTJ-7 DK827+579~DK852+136.35						
项目名称			数量			备注
面方 /m^3	路堤 /m^3	C 组填料	11 212	5 448	4 012	
		6% 水泥改良土			1 436	
	路堑 /m^3	土		5 764	5 764	
		石				
工方 /m^3	挖土利用 (6% 水泥改良土 m^3)		5 764	1 436		
	挖土弃方 /m^3			4 328		
用方 /m^3	利用隧道弃碴（C 组填料）		5 448	4 012		接运 3 km
	利用土（6% 水泥改良土）			1 436		

复核：×××　××××年××月

路基土石

新建铁路宝鸡至兰州客运专线施工图（甘肃境内）

起讫里程	路堤					
	C组填料	C组渗水土	B组填料	4%水泥改良土	6%水泥改良土	共计
IDK848+398.23~IDK848+500.00	4012				782	4794
IDK848+500.00~IDK852+105.00	中川隧道					
IDK852+105.00~IDK852+136.35					654	654
页计	4012				1436	5448
BLTJ-7合计	4012				1436	5448

填表：×××　××××年××月

工程数量表

路表 04

第 1 页　共 1 页

	工程数量								备注
筋	C25 混凝土	挖基 3 m 内无水		沥青麻筋	PVC 毛细防排水板	二八灰土垫层	夯拍面积	φ30 cm 水泥混凝圆管	
		土	石						
	m^3	m^3	m^3	m^2	m^2	m^3	m^2	m	
	121	653		8		326	1360	15	IDK848+450 立交
	57	307		4		153	640		
	21	115		1		57	240		
	199	1075		13		536	2240	15	

复核：×××　××××年××月

他

过轨管埋设				贯通
钢丝	引接线（50 mm^{2}截面镀锡铜）	C25混凝土	开挖沟槽	开挖沟槽
m	m	m^3	m^3	m^3
338	20	17	17	2
260	10	12	13	1
598	30	29	30	3

复核：×××

观测		其										
		电缆槽									电缆井	
观 柱	组合式沉降板	电缆槽长度	开挖沟槽	透水碎石	回填C25混凝土	M10水泥砂浆	150 mm×150 mm热镀锌钢丝网	T形钢扣板	钢绞线	U形扣	电力电缆井	过轨管长度
	组	m	m^3	m^3	m^3	m^3	m^2	个	m	个	个	m
		204	114	45	8	8	2	427	224	41	2	169
		63	42	14	3	3	1	132	69	13	2	130
		267	156	59	11	11	3	559	293	54	4	299

表

量

桩板结构

检测管	C40钢筋混凝土	HRB400钢筋	HRB335钢筋	C25混凝土找平层	麦草	涂沥青	泡沫橡胶板	C40钢筋混凝土	HRB400钢筋	HRB335钢筋	C35钢筋混凝土
	板							托梁			牛腿
m	m^3	kg	kg	m^3	kg	m^2	m^2	m^3	kg	kg	m^3
	835	109035	30852	103	514	1028	14				8
	222	33578	9666	32	158	317	14				8
	1057	142613	40518	135	672	1345	28				17

路基加固和防护工程数量

工　程　数

地基处理工程

桩									
总桩长	C30钢筋混凝土	C40钢筋混凝土	C45钢筋混凝土	HRB400钢筋	HRB335钢筋	ϕ1.0 m钻孔（土）	ϕ1.0 m钻孔(石)	清运桩孔土(运距2 km)	钢护筒
m	m^3	m^3	m^3	kg	kg	m	m	m^3	m
1481			1162	56444	26597	1097	384	1163	240
290		227		11672	5568	193	97	228	90
1771		227	1162	68116	32165	1290	481	1391	330

冲刷防护											
C25 混凝土	C25 片石混凝土	沥青麻筋	无纺土工布	砂夹卵石反滤层	ϕ10 cm PVC 管	挖基土	夯填二八灰土	C25 片石混凝土	C25 混凝土	C25 混凝土预制块	挖槽
m^3	m^3	m^2	m^2	m^3	m	m^3	m^3	m^3	m^3	m^3	m^3
								183	390	37	20
								55	224	15	
								238	614	52	20

基床表层				过渡段					
5混凝土护肩	沥青麻筋	ϕ8 cm PVC管	ϕ8 cm半圆形PVC管	级配碎石掺5%水泥	级配碎石掺3%水泥	中粗砂	C25混凝土	ϕ100 mm软式透水管	渗水板
m^3	m^2	m	m	m^3	m^3	m^3	m^3	m	m^2
63	4	51	90						
19	1	16	28						
82	5	67	118						

路基

新建铁路宝鸡至兰州客运专线施工图（甘肃境内）

序号	起讫里程	长度/m	位置	
1	IDK848+398.23~IDK848+500.00	101.77	双	
2	IDK852+105.00~IDK852+136.35	31.35	双	

填表：××× ××××年××月

新建铁路宝鸡至兰州客运专线施工图（甘肃境内）

录

张数	页次	备注
1	3~5	
1	6~9	
1	10	
1	11	
1	12	
1	13	
1	14	
1	15	
1	16	

附

附录1　宝鸡至兰州客

新

宝鸡至兰州

路基

BLTJ-7　DK827+5

第一册

××××××

××××年

录

线施工图——路基诸表

路
专线施工图

者表

—DK852+136.35
共一册

团有限公司
X月　西安

目

序号	项目
1	路基工点表
2	路基加固和防护工程数量表
3	路基地面排水工程数量表
4	路基土石方数量总表
5	路基土石方数量调配汇总表
6	路基土石方数量调配明细表
7	区间防护栅栏设置表
8	绿色通道防护工程数量表
9	接触网支柱基础工程数量表

点表

路表 01

共第 1 页共 1 页

工程名称	设计图号	工点概述及工程措施
路堤坡面防护工程	宝兰客专施路 02-07-27	详见工点设计说明
路堑坡面防护工程	宝兰客专施路 02-07-28	详见工点设计说明

复核：××× ××××年××月

序号	起讫里程	路基长度	侧别	工程名称	级配碎石（掺5%水泥）	C25土防
		m			m³	
1	IDK848+398.23~IDK848+500.00	101.77	双	地基处理及路堤坡面防护工程	725	
2	IDK852+105.00~IDK852+136.35	31.35	双	地基处理及路堑坡面防护工程	223	
	用地界桩数量					
	BLTJ-7 合计				948	

填表：××× ×××× 年 ×× 月

坡面防护										
夯填二八灰土	种植土与草籽混合料（8 cm 厚）	栽植灌木	穴植容器灌木苗	沥青麻筋	ϕ8 cm PVC 管	双向土工格栅（25 kN/m）	C40 钢筋混凝土	沥青麻筋	HRB335 钢筋	冲击碾压
m^3	m^2	株	穴	m^2	m^2	m^2	m^3	m^2	kg	m^2
193	56	4657		54		2737				2200
43			2401	21	8					
236	56	4657	2401	75	8	2737				2200

强夯	素土挤密桩	CFG 桩	水泥土挤密桩(ϕ40 cm)	C40 混凝土桩(ϕ0.5 m)	换填渗水土	素土垫层	挖出杂填土	挖出黏质黄土	换填 6% 水泥改良土垫层	双向土工格栅(80 kN/m)
m^2	m	m	m	m	m^3	m^3	m^3	m^3	m^3	m^2
	33866					841		3042	2201	
	6830									
	40696					841		3042	2201	

复合地基质量检测									侧	
	CFG 桩		素混凝土桩			水泥土挤密桩				
主身整性检测	单桩载荷板试验	复合地基载荷板试验	桩身完整性检测	单桩载荷板试验	复合地基载荷板试验	桩身密度检测	单桩载荷板试验	C25 钢筋混凝土	HPB300 钢筋
根	组	组	根	组	组	根	组	m^3	kg
								28	535
								28	535

沟及侧沟平台			集水井及横向排水管								堆载预压		
C25混凝土	挖基（土）	沥青麻筋	个数	铸铁井盖	C25钢筋混凝土	钢筋HPB300（ϕ8 mm）	ϕ15 mm PVC管	回填C25混凝土	挖槽	沥青麻筋	土方	复合土工膜	沉[illegible]测[illegible]
m^3	m^3	m^2	个	个	m^3	kg	m	m^3	m^3	m^2	m^3	m^2	[illegible]
			2	2	1	36	16	4	5	1			[illegible]
38	65	4											
38	65	4	2	2	1	36	16	4	5	1			1

路表 03

接地端子	被动防护网	用地界桩			备注
		C25混凝土	φ6钢筋	挖土	
个	m	m^3	kg	m^3	
23					
7					
		1	14	1	
30		1	14	1	

× 年 ×× 月

路基地面排

新建铁路宝鸡至兰州客运专线施工图（甘肃境内）

顺序号	起讫里程	工程名称	线路左侧		线路右侧		C25 钢混凝
			长度	断面形式或尺寸	长度	断面形式或尺寸	
			m		m		m^3
1	IDK848+370.00~IDK848+500.00	排水沟	170	II-(3)	170	II-(3)	
2	IDK852+105.00~IDK852+144.00	天沟	80	II-(3)	80	II-(3)	
3	IDK852+105.00~IDK852+136.35	侧沟		见设计图		见设计图	
4	IDK852+136.35	侧沟引水沟	30	II-(3)	30	II-(3)	
	BLTJ-7 合计						

填表：××× ××××年××月

数量总表

路表 05

第 1 页　共 1 页

路堑								
土方			石方				共计	合计
Ⅱ	Ⅲ	小计	Ⅳ	Ⅴ	Ⅵ	小计		
								4794
5764		5764					5764	6418
5764		5764					5764	11212
5764		5764					5764	11212

复核：××× ××××年××月

路基土石方数量调配汇总表

新建铁路宝鸡至兰州客运专线施工图（甘肃境内）

BLTJ-7 DK827+579~DK852+136.35				
土、石类别	施工方法	运距 /m	施工方数 /m³	备注
Ⅱ	挖掘机（挖土利用）	300	654	6% 水泥改良土
Ⅱ	挖掘机配自卸汽车（挖土利用）	5000	782	6% 水泥改良土
	施工方挖土利用（6% 水泥改良土）小计		1436	
Ⅱ	挖掘机配自卸汽车（挖土弃方）	5000	4328	
	施工方挖土弃方小计		4328	

填表：×××　××××年××月

调配明细表

路表 07

第 1 页　共 1 页

自何处来 / 向何处去	土石等级	运距 /m	施工方法及数量 /m^3			备注
			挖自掘卸机汽配车	挖掘机	爆破自卸汽车机械打眼小炮	
来自中川隧道弃碴	C 组填料					接运 3 km
来自 IDK852+105~IDK852+136.35	6% 水泥改良土					
运往本段	Ⅱ	300		654		6% 水泥改良土
运往 IDK848+398.23~IDK848+500	Ⅱ	5000	782			6% 水泥改良土
弃往中川隧道弃碴场	Ⅱ	5000	4328			
本段利用	6% 水泥改良土					
			5110	654		
			5110	654		
			5110	654		

复核：×××　××××年××月

区间防护

新建铁路宝鸡至兰州客运专线施工图（甘肃境内）

序号	起讫里程	侧别	3.0 m/单
1	IDK848+398.23~IDK848+500	双	
2	IDK852+105.00~IDK852+136.35	双	
	BLTJ-7 合计		

填表：××× ××××年××月

工程数量表

路表 11

第 1 页　共 1 页

地段					桥梁地段				备注
			路堑段		灌木/株		乔木/株		
	靠近用地界乔木		侧沟平台低矮常绿乔木						
/株	植物名称	数量/株	植物名称	数量/株	植物名称	数量/株	植物名称	数量/株	
4	常绿乔木	204							
			常绿乔木	26					
					灌木	20848	常绿乔木	1 304	
4		204		26		20848		1304	

复核：×××　××××年××月

接触网支柱

新建铁路宝鸡至兰州客运专线施工图（甘肃境内）

基础型号	工程数量	C30 混凝土 /m^3		M39 地脚螺栓 Q345/kg		ϕ18 钢筋 HRB335/kg	
		单重	合计	单重	合计	单重	合计
JB-4	6	2.12	12.95	112.00	684.20	148.00	904.12
JA-3	1	1.80	2.47	84.00	115.46	124.00	170.44
BLTJ-7 合计	7		15.42		799.65		1074.56

填表：××× ×××× 年 ×× 月

.3～IDK848+500.00地基处理及路堤坡面防护工程

10~20 m，地下水有氯盐
为 L_2、H_2。

速度为 0.2 *g*，相当于地震
0.45 s。

段采用桩板结构处理，桩
1.0 m，桩嵌入板底为0.1 m，
n。结构端部与桥、隧道相
方向设桩 3 根，桩中心间
段桩横向间距为 4.6 m，纵
见“桩板结构纵断面图”“横
路基通用结构详图》。
浇筑，板厚为 0.7 m
为 1.0 m，板顶与其他地
内渐变，板厚在纵向由
配筋同 1.0 m 板厚配筋），
筋网，钢筋采用 HRB400 级。

(3) 桩板结构与桥相接处，在桥台背部设牛腿，将板置于牛腿上，并与桥台尾之间预留 3 cm 的伸缩缝，伸缩缝内填充泡沫橡胶板。

(4) 桩板结构与隧道相接处，桩中心距隧道仰拱间距 1.0 m，并与隧道之间预留 3 cm 的伸缩缝，伸缩缝内填充泡沫橡胶板。

(5) 框架涵顶用混凝土铺设至板底高程。

(6) 桩板结构的接地。

1) 每根桩基础内应该有一根钢筋与连续顶板内的一根纵向钢筋连接；每块连续顶板内与桩基础连接的 2 根纵向钢筋再通过 2 根横向钢筋连接成闭合圈。连接处采用搭接焊；桩基础内的钢筋的混凝土保护层最小厚度不得小于 70 mm。

2) 在每块连续顶板内的闭合钢筋圈两端各有一个连接点焊接一根截面为 50 mm^2 的镀锡铜缆，长度约为 2 m。

3) 焊接工艺要求：焊缝长度为单面焊接长度不小于 100 mm、双面焊接长度不小于 55 mm，钢筋间十字交叉时采用 14 mm 或 16 mm 的“L”形钢筋进行焊接（焊接长度同前）。

4) 施工要求：镀锡铜缆应穿过级配碎石层露出，待轨道施工完成后接至轨道板的接地端子。轨道专业施工时的接地端子应按照预留镀锡铜缆的位置设置。

2. 素土挤密桩

IDK848+398.23~IDK848+500.00 段地基采用素土挤密桩处理，正三角形布置，桩径为 0.4 m，桩间距为 1.0 m，桩长为 10 m；挤密桩处理宽度为路堤两侧坡脚外 3.0 m 范围内。

IDK848+398.23~IDK848+440.00，路堤每填筑 1.5 m 高冲击碾压 40 遍。

（二）路基填料、压实标准及过轨设施

(1) 桩板结构板顶以上采用级配碎石掺 5% 水泥填筑；板底混凝土垫层下 0.4 m 及板左右两侧采用 6% 水泥改良土填筑；

勘察设计院集团有限公司新建铁路宝鸡至兰州客运专线施工图	图号	宝兰客专施路 02-07-27-02
	比例尺	
98.23~IDK848+500.00 地基处理及路堤坡面防护工程设计说明	日期	2012.11
	第 1 张　共 10 张	

改良土以下采用 C 组填料填筑。路基填料压实标准详见宝兰客专的《路基通用结构详图》。

(2) 电力电缆井过轨管埋设于 IDK848+450、IDK848+480 两处，分别预埋 3 根 ϕ150 mm 和 10 根 ϕ100 mm 过轨管。基床表层级配碎石施工完毕后，沿每组过轨管长度方向进行开槽，开槽后应夯实整平槽底，先铺一层 10 cm 厚的 C25 混凝土，然后埋设过轨管，再用 C25 混凝土将槽填平。

（三）边坡防护

(1) 边坡坡率：路堤 1 ：1.5。

(2) 路基两侧路肩设电缆槽，外侧设置 C25 混凝土护肩，护肩上设泄水孔，分别采用 ϕ80 mm 圆形 PVC 管和 ϕ80 mm 半圆形 PVC 将水引出。详见宝兰客专的《路基通用结构详图》。

(3) 工点范围内电缆槽设防盗盖板。参见《铁路路基电缆槽》[通路（2010）8401-11]。

(4) 边坡防护措施。

坡面防护工程段落及措施

序号	起点里程	终点里程	侧别	措施
1	IDK848+398.23	IDK848+440.00	双侧	路堤边坡采用 C25 混凝土骨架护坡 + 栽植灌木进行防护，骨架内回填 8 cm 厚含草籽的种植土
2	IDK848+440.00	IDK848+500.00	双侧	路堤边坡采用混凝土空心砖 + 栽植灌木进行防护，空心砖内回填 8 cm 厚含草籽的种植土混合料

IDK848+398.23~IDK848+440.00 双侧路堤边坡内铺设 3.0 m 宽的双向土工格栅，竖向间距为 0.6 m。

(5) 混凝土空心砖及骨架护坡图详见宝兰客专的《路基通用结构详图》。

（四）路基排水

(1)IDK848+399、IDK848+450 两处设集水井（集水井底面置于桩板结构板上表面处
水井内的汇水通过预埋的

(2) 集水井结构尺寸详

（五）沉降观测

桩板结构施工完成后
按照“沉降观测断面布设
足《客运专线铁路无砟轨
〔2008〕147 号）的要求，

（六）与路基本体同步

(1) 电缆槽、声屏障基
与路基同步施工，必须保
时不得损坏和污染路基。

(2) 各设施的设置里程

(3) 横断面布置详见宝

（七）施工

1. 桩板结构施工

(1) 施工放线。按设计
线并做标记。

(2) 桩施工工艺。桩孔
桩采用 C45 钢筋混凝土灌

(3) 桩顶处理。桩施工
应对桩头进行处理，距桩顶
并清除干净，以满足桩顶

(4) 顶板施工工艺。桩
C40 钢筋混凝土。

2. 素土挤密桩施工

(1) 成孔方式：挤密桩
小于 10 mm 的钢管。

(2) 路堤地段先清除地
土挤密桩。桩施工后，清

设计者	
复核者	郭钢
审核者	
审定者	

丙端及先浇段①施工中由

强钢筋，加强钢筋数量为

筋，加强钢筋插入两侧

板内纵向钢筋采用闪光对

的抗拉强度。

处并相互错开，“同一截

L不小于 500 mm] 纵向钢

为 50%。

设计规范(2015 年版)》

凝土的密实性，增强混

土的强度，桩的最外侧钢

板的最外侧钢筋混凝土

构设计规范(2015年版)》

。钢筋混凝土钻孔灌注

波法对全部基桩进行成

行覆盖、保湿、保温养护

间暴露，受温度变化影响，

护。

理调整混凝土的配合比，

强水泥，降低水泥用量，

同时加强保湿养生工作。

线及其他可能产生影响的

15) 桩顶板填级配碎石前不允许运梁车通过。

(7) 铺设土工格栅。

1) 土工格栅采用双向经编土工格栅，极限抗拉强度不小于 25 kN/m。

2) 土工格栅铺设前填土表面必须平整，不得有坚硬凸出物，严禁机械设备直接在表面碾压。

3) 土工格栅铺设时拉紧不得有褶皱，接头间必须绑扎粘牢，连接强度不得低于其容许抗拉强度。

4) 土工格栅铺设后及时填筑填料，避免阳光长时间直接照射。

(8) 施工中严格按照有关规范规定加强检测工作，保证工程质量。

(9) 查明施工范围内的油气、光缆、缆线及其他工程设施，迁改并保证安全后再施工，排查和论证施工对场地附近油气管线等设施可能造成的影响，确保安全

(10) 现场施工应同时满足有关质量、环境和职业健康等的相关要求，加强施工现场管理，严格控制施工场地、便道数量，明确标识边界。严格执行保护环境、水源、植被和野生动物等相关规定。

(11) 路基防护应安排在适宜的时间施工并及时完成，使之起到防护作用。各种防护应在稳定的坡脚和坡体上施设。

(12) 施工应排查安全隐患和潜在危险源，确保施工人员的人身安全。

(13) 施工中若发现设计与现场实际情况不符，请及时与配合施工人员联系。

(14) 未尽事宜见有关规范及宝兰客专的《路基通用结构详图》，确保工程质量。

五、本图尺寸单位除注明者外，均以米计

工 程

工程名称		单位	数量	备注
基床表层	级配碎石掺5%水泥	m^3	725	
	C25混凝土	m^3	32	防水层
	C25混凝土护肩	m^3	63	
	沥青麻筋	m^2	4	
	ϕ8 cmPVC管	m	51	
	ϕ8 cmPVC半圆形管	m	90	脚墙
骨架护坡及空心砖边坡防护	C25片石混凝土	m^3	183	
	C25混凝土	m^3	390	骨架截水槽及空心砖
	C25混凝土预制块	m^3	37	
	挖槽	m^3	20	0~3 m无水
	挖基（土）	m^3	646	脚墙基坑回填
	夯填二八灰土	m^3	193	
	草籽与种植土混合料	m^3	56	
	栽植灌木	株	4 657	
	穴植容器苗	穴		
	沥青麻筋	m^2	54	
	双向土工格栅	m^2	2 737	25 kN/m
侧沟及平台	C25钢筋混凝土	m^3		
	HPB300钢筋	kg		
	C25混凝土	m^3		含边坡平台
	挖基（土）	m^3		0~3 m无水
	沥青麻筋	m^2		
沉降观测	沉降观测标识	个	8	
集水井	集水井	个	2	
	铸铁井盖	个	2	
	C25钢筋混凝土	m^3	1	
	钢筋HPB300(ϕ8 mm)	kg	36	
	ϕ15 cmPVC管	m	16	横向排水管
	回填C25混凝土	m^3	4	
	挖槽	m^3	5	
	沥青麻筋	m^2	1	集水井与排水管连接处

设计者	
复核者	郭钢
审核者	
审定者	

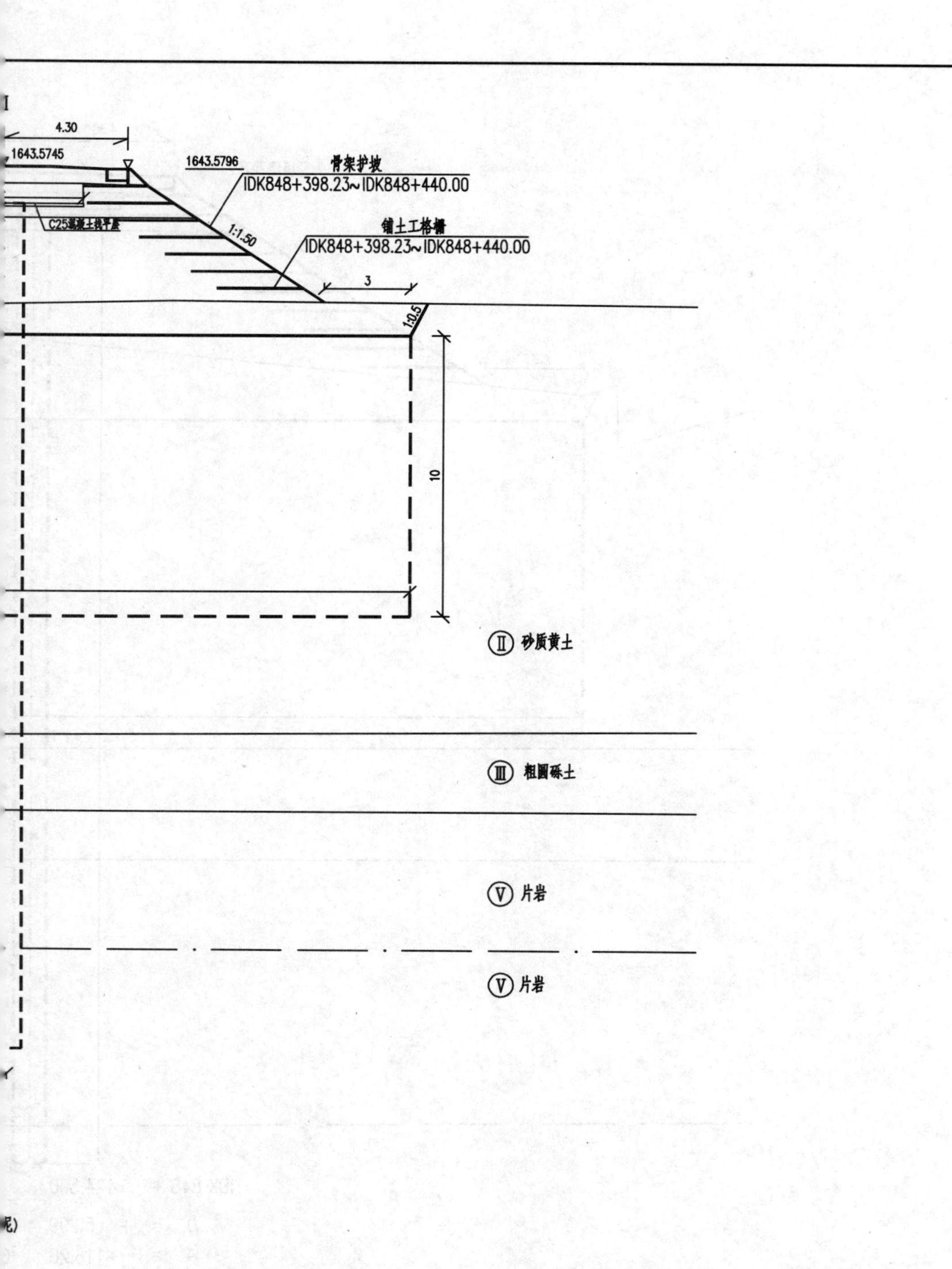

23中川村牛谷河大桥

家设计院集团有限公司新建铁路宝鸡至兰州客运专线施工图	图号	宝兰客专施路 02-07-27-06
23~IDK848+500.00 地基处理及路堤坡面防护工程横断面图	比例尺	1 : 200
	日期	2012.11
		第 6 张　共 10 张

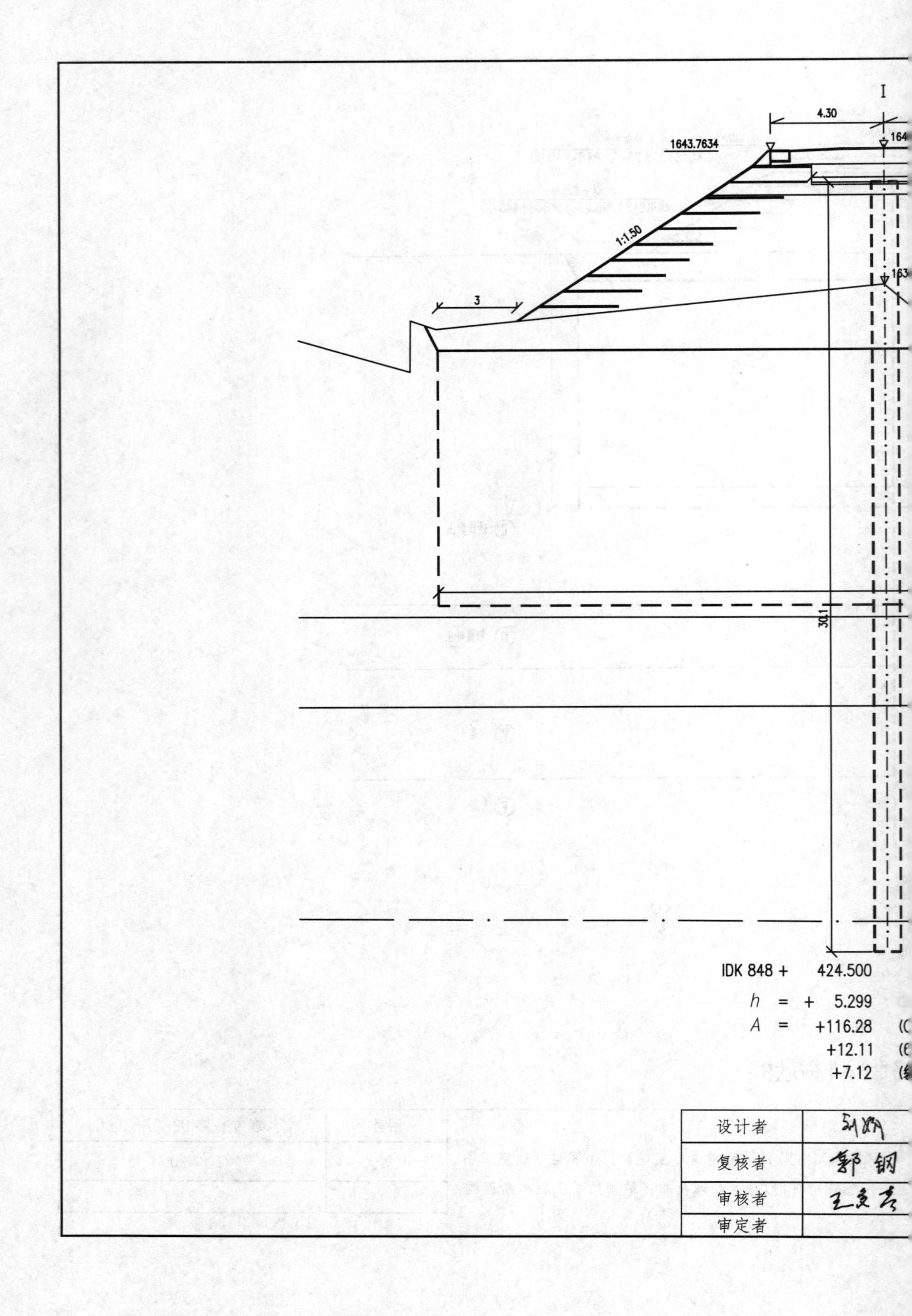

I
4.30
1643.7634
1:1.50
3
30.1
IDK 848 +　424.500
h = + 5.299
A = +116.28
+12.11
+7.12
设计者
复核者
审核者
审定者

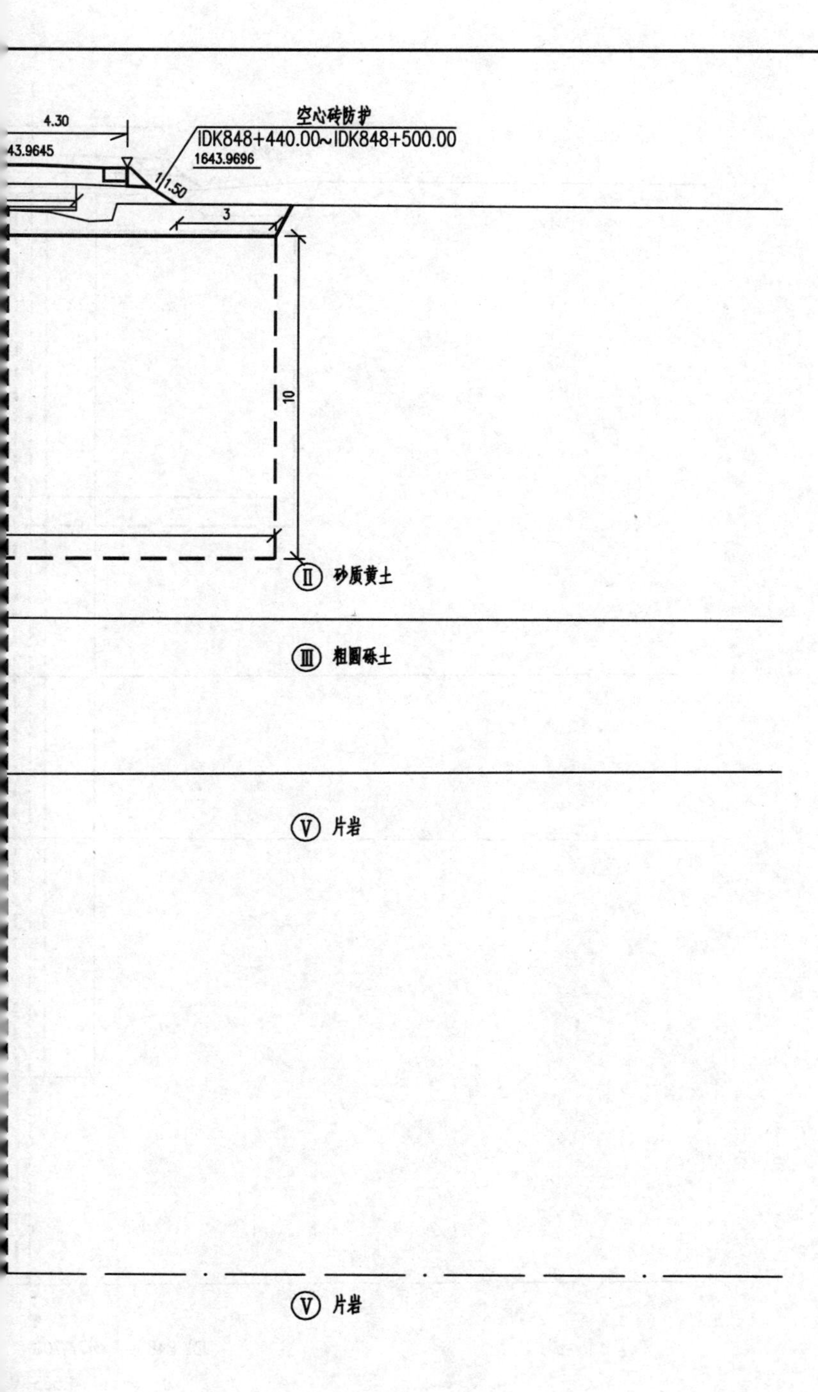

…察设计院集团有限公司新建铁路宝鸡至兰州客运专线施工图 …8.23~IDK848+500.00 地基处理及路堤坡面防护工程横断面图	图号	宝兰客专施路 02-07-27-08
	比例尺	1 : 200
	日期	2012.11
	第 8 张　共 10 张	

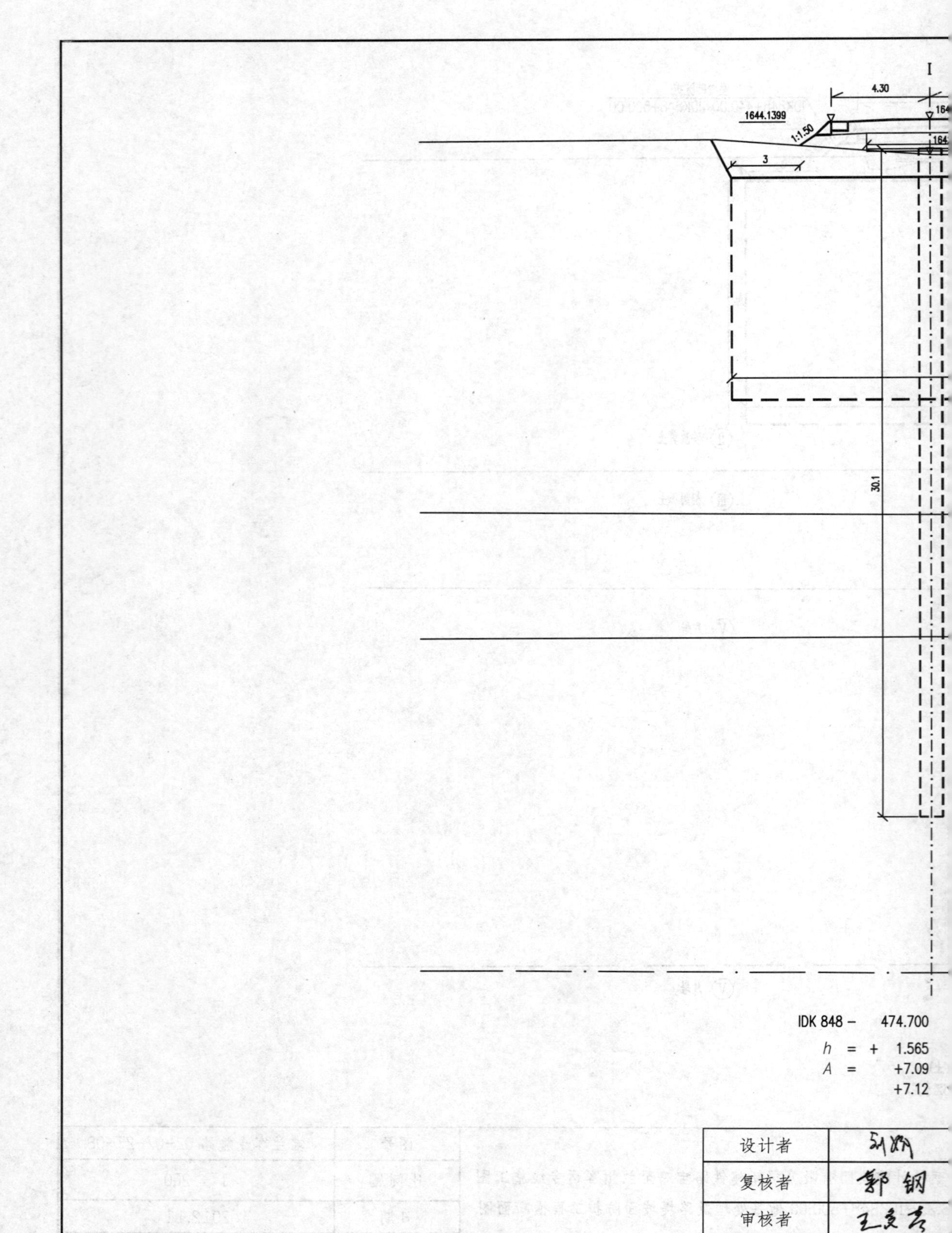
I
4.30
1644.1399
1:1.50
3
30.1
IDK 848 –   474.700
h = + 1.565
A = +7.09
+7.12
设计者
复核者
审核者
审定者

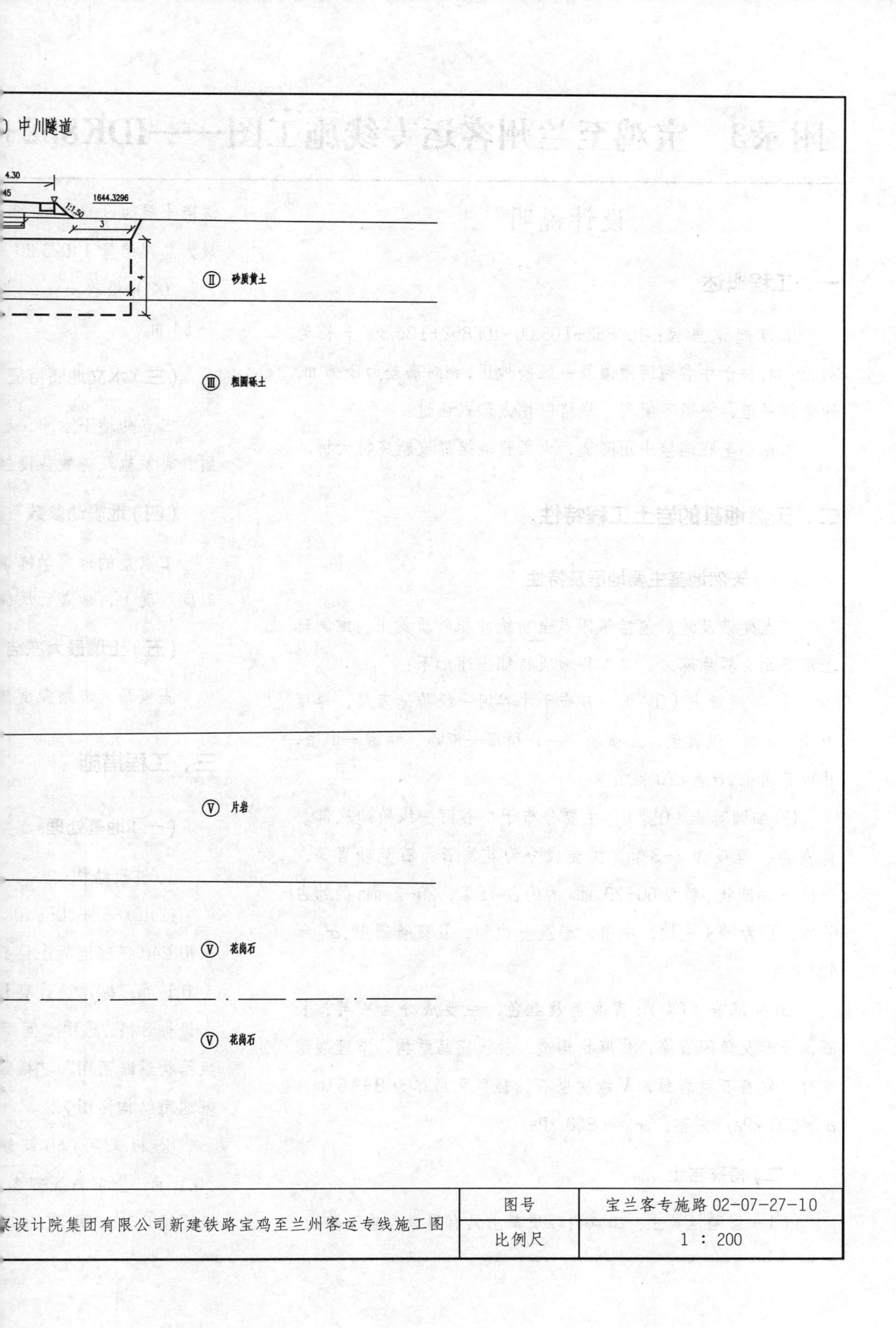

家设计院集团有限公司新建铁路宝鸡至兰州客运专线施工图	图号	宝兰客专施路 02-07-27-10
	比例尺	1 ： 200

附录3 宝鸡至兰州客运专线施工图——IDK852+

设计说明

一、工程概述

工点起讫里程：IDK852+105.00~IDK852+136.35，全长为31.35 m，位于牛谷河河漫滩及一级阶地区，相对高差为3~6 m，地势较平坦，交通不便利。线路以挖方形式通过。

工点小里程端接中川隧道，大里程端接那坡新庄特大桥。

二、天然地基的岩土工程特性

（一）天然地基主要地层及特性

工点处涉及地层包括第四系全新统冲积砂质黄土、细圆砾土及下元古界片麻岩。其工程地质特征描述如下：

(1) 砂质黄土（Q_4^{a13}）：分布于牛谷河一级阶地表层，厚度为9~14 m。浅黄色，土质较均一，稍湿—潮湿，稍密—中密，Ⅱ级普通土，σ_0=120 kPa。

(2) 细圆砾土（Q_4^{a16}）：主要分布于牛谷河一级阶地底部，青灰色，厚度为2~3 m，主要成分为花岗石、石英砂岩等，圆棱－浑圆状，粒径60~20 mm的约占15%，20~2 mm的约占55%，余为砂土充填，中密，潮湿－饱和，Ⅱ级普通土，σ_0＝400 kPa。

(3) 片麻岩（P_{T1}^{Gn}）：青灰色及红色，主要成分为石英、长石、云母及角闪石等，片麻状构造，粒状变晶结构，节理裂隙发育，发育石英岩脉，Ⅴ级次坚石，强风化层厚为8~16 m，σ_0=600 kPa。完整，σ_0 ＝ 800 kPa。

（二）特殊岩土

（1）湿陷性黄土：工点内砂质黄土具有Ⅲ级自重湿陷性，湿陷土层为9~12 m。工

最大总湿陷量1 020.20

（2）松软土：工点

9~14 m。

（三）水文地质特征

工点处地下水水位埋

质具有氯盐及硫酸盐侵蚀

（四）地震动参数

工点处的地震动峰值

烈度八度），地震动反应

（五）土壤最大冻结

土壤最大冻结深度为

三、工程措施

（一）地基处理

1. 桩板结构

(1)IDK852+105~IDK

采用C40钢筋混凝土钻孔

为0.1 m，桩顶设计高程

向设桩3根，桩中心间距

板结构纵断面图”“横断

基通用结构详图》。

(2) 板采用C40钢筋

10.1 m，上部与底部各

板下设0.1 m厚C25混凝

观测，沉降观测元器件
亍埋设。沉降观测值应满
平估技术指南》（铁建设
无砟轨道。

设施

罔管、接触网立柱基础等
的整体性和密实性，施工

详见各相关专业设计图。
路基通用结构详图》。

主孔位置及板边缘进行放

钻孔，现场绑扎钢筋笼，

土强度达到80%以上时，
围内的桩头应人工凿除，
确保桩头质量。
邦扎钢筋网，立模、浇筑

去成孔。桩管选用壁厚不

7 m时，施工素土挤密桩。
的桩头、桩间土松动层，

(3) 挤密桩地基处理检测：

1) 检测内容包括桩身及桩间土湿陷系数及复合地基载荷试验。

2) 对桩身质量进行检验。检验数量不应少于总桩数的2%。，且不少于3根。在全桩长范围内，在桩心附近采用钻机取样，每2 m采取试样测定干密度，满足压实系数≥0.97(轻型击实)。

3) 对桩间土的处理效果进行检验。沿线路纵向连续每50 m抽样检验不少于3处。在桩间形心点、成孔挤密深度范围内采用钻机取样，每2 m取样测定干密度并进行压缩试验，对湿陷性黄土还应进行湿陷性试验，满足挤密系数≥0.93（轻型击实）。

4) 复合地基进行载荷试验，承载力特征值不小于150 kPa。

3. 垫层

桩板结构下填筑0.4 m厚6%水泥改良土垫层后，于其上铺设0.1 m厚C25混凝土找平层。

四、施工注意事项

(1) 施工人员应认真阅读相关的设计文件，理解设计意图，对设计文件有疑问时应及时联系解决，现场核对地形地貌，尤其应查明对路基有影响的窑洞、水窖、菜窖、沼气池、隐蔽墓穴、掏砂洞及其他坑洞等。

(2) 施工前及施工期间应采用适宜的方法和手段加强地质资料核对（含地下水），如发现与设计文件不符，应及时通知设计单位。

(3) 施工前应做好排水系统工程，仔细调查分析地面水流

设计者		中铁第一勘察设计院集团有限公司新建铁路宝鸡至兰州客运专线施工图 IDK852+105~IDK852+136.35 地基处理及路堑坡面防护工程设计说明	图号	宝兰客专道路 02-07-28-01
复核者	郭钢		比例尺	
审核者			日期	2012.11
审定者			第2张　共10张	

情况，核对设计措施，防止降水和地表水危害基床和路基本体，路基排水工程与相邻桥、隧道工程的排水设施衔接紧密，保证排水能力和系统顺畅。

(4) 地基处理施工之前应进行工艺性施工，以验证或修正设计参数，确定施工参数。

(5) 素土挤密桩施工注意事项。

1) 地基处理先采用素土挤密桩消除地基上部黄土的湿陷性（先两边后中间、隔排施工的原则进行施工）。

2) 土料中有机质含量不得超过 5%，不得含有冻土或膨胀土，使用时应过 10~20 mm 筛，混合料含水量应满足土料的最优含水量，其允许偏差不得大于 ±2%。

3) 填料前孔底必须夯实。

4) 施工过程中，应有专人检测成孔及回填夯实的质量，并应做好施工记录。

5) 雨期或冬期施工前，应采取防雨、防冻措施，防止土料和水泥受雨水淋湿或冻结。

(6) 桩板结构施工注意事项。

1) 施工单位应制订专门的施工技术方案，桩板结构施工顺序：先开挖换填至板底高程→整平碾压→进行钻孔灌注桩的施工→去桩头→找平层及板的施工→板两侧夯填 6% 水泥改良土→ 水沟及平台。

2) 应严格控制桩位，钢筋混凝土桩采用钻孔或人工挖孔灌注法施工，严禁水钻，钻孔深度到位后，应检查桩端情况。起落钻头应均匀，不得过猛或骤然变速，以免碰撞孔壁。

3) 灌注桩施工工艺和施工要求应严格按照《灌注桩基础技术规程》（YS/T 5212—2019）相关施工规范办理。

4) 桩成孔钢筋笼就位后，混凝土浇筑应加强对桩孔孔壁的变形观测，以保护施工人员安全。

5) 桩施工完成后，进行板施工，板采用水化热较低的混

凝土。

6) 板采用一次浇筑。

中“钢筋混凝土连续板施

7) 连续板的施工缝（

于其他原因间断处）位置

纵向钢筋的 50%，钢筋

混凝土深度不小于 1 m。

8) 钢筋连接要求：

①桩顶板为钢筋混凝

接焊，焊接接头强度不低

②焊接接头应设在承

面”[35*d*(*d* 为接头钢筋的

筋的焊接接头不应大于纵

③同一根钢筋应少设

④未尽事宜严格按《

(GB 50010—2010) 及相关

9) 混凝土浇筑应加

凝土的连续性和整体性，

筋混凝土净保护层厚度不

保护层厚度不小于 7 cm。

10) 混凝土强度测试

年版）》(GB 50010—201

11) 桩施工后，对桩

桩施工完成 28 天后，采

桩质量检测。

12) 混凝土板施工后

1~2月。养护期结束后，

板面覆盖不小于 5 cm 厚

13) 为了减小混凝土

量 表

			工程名称	单位	数量	备注
地基处理	桩板结构	桩	根数	个	18	
			总桩长	m	290	
			C40 钢筋混凝土	m^3	227	
			HRB400 钢筋	kg	11 672	
			HRB335 钢筋	kg	5 568	
			ϕ1.0 m 钻孔	m	193	土
			ϕ1.0 m 钻孔	m	97	石
			清运桩孔+(运距 2 km)	m^3	228	
			钢护筒	m	90	
			检测管	m		
		板	C40 钢筋混凝土	m^3	222	
			HRB400 钢筋	kg	33 578	
			HRB335 钢筋	kg	9 666	
			C25 混凝土找平层	m^3	32	
			麦草	kg	158	
			涂沥青	m^2	317	
			泡沫橡胶板	m^2	14	
		托梁	C40 钢筋混凝土	m^3		
			HRB400 钢筋	kg		
			HRB335 钢筋	kg		
	素土挤密桩			m	6 830	ϕ=40 cm
	素土垫层(填方地段)			m^3		厚度 1 m
	6% 水泥改良土垫层(填方地段)			m^3		厚度 1 m
	挖除垫层			m^3		
	冲击碾压			m^3		
其他接口工程	电缆槽		长度	m	63	
			开挖沟槽	m^3	42	
			透水碎石	m^3	14	
			回填 C25 混凝土	m^3	3	
			M10 水泥砂浆	m^3	3	找平层
			热镀锌钢丝网	m^2	1	160 mm×160 mm
			T 形钢扣板	个	132	
			钢铰线	m	60	防盗盖板
			U 形扣	个	13	
			电力电缆井	个	2	
	贯通地线		开挖沟槽	m^3	1	
			回填改良土	m^3	1	
			接地端子	个	7	
	过轨管		过轨管长度	m	130	
			钢丝	m	260	
			引接线	m	10	锌锡铜线
			C25 混凝土	m^3	12	
			开挖沟槽	m^3	13	

察设计院集团有限公司新建铁路宝鸡至兰州客运专线施工图

~IDK852+136.35 地基处理及路堑坡面防护工程工程数量表

图号	宝兰客专道路 02-07-28-02
比例尺	
日期	2012.11
第 2 张 共 10 张	

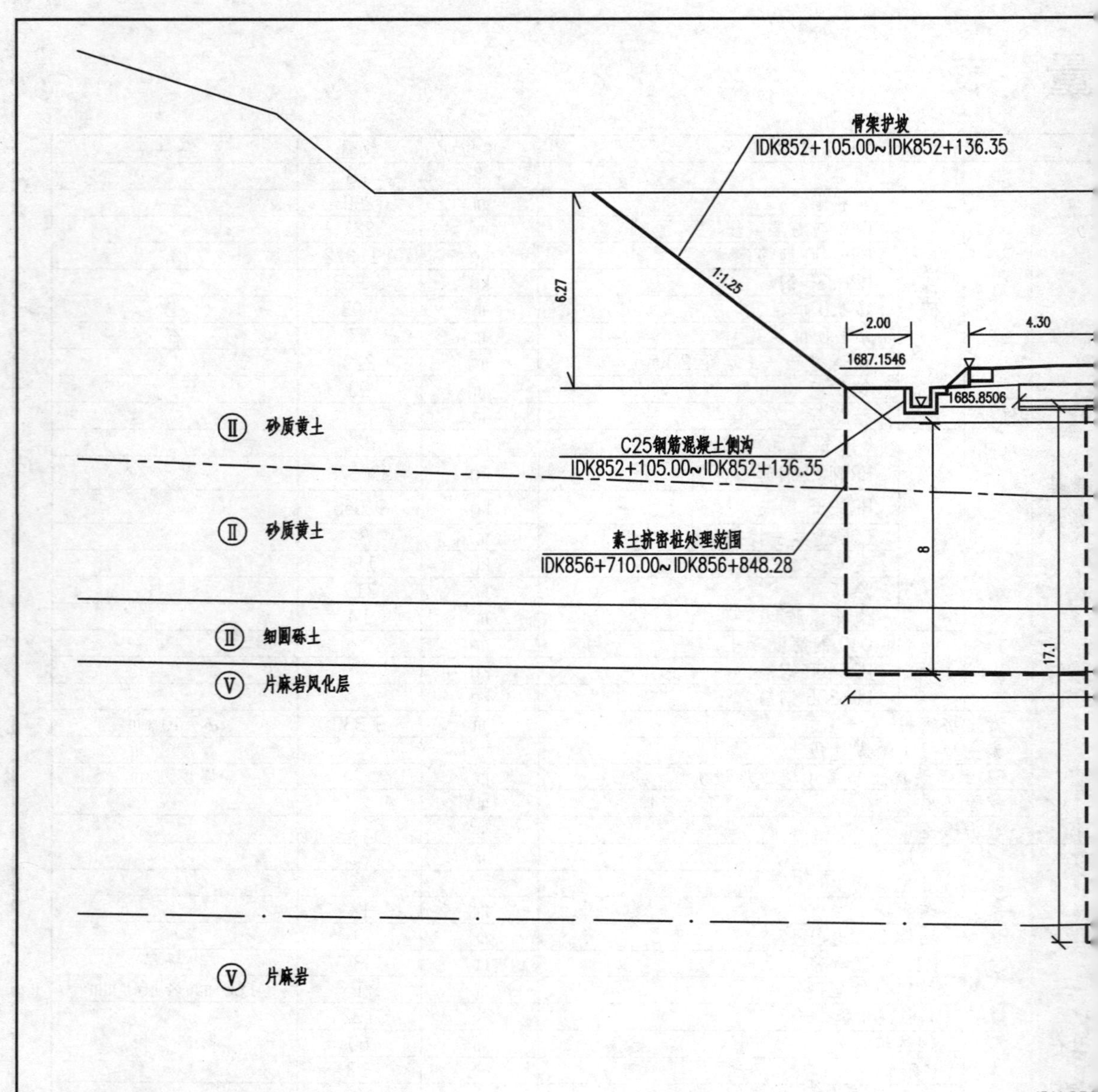

IDK 852

h

A

IDK848+500.00

设计者	孙娟
复核者	郭钢
审核者	王向阳
审定者	

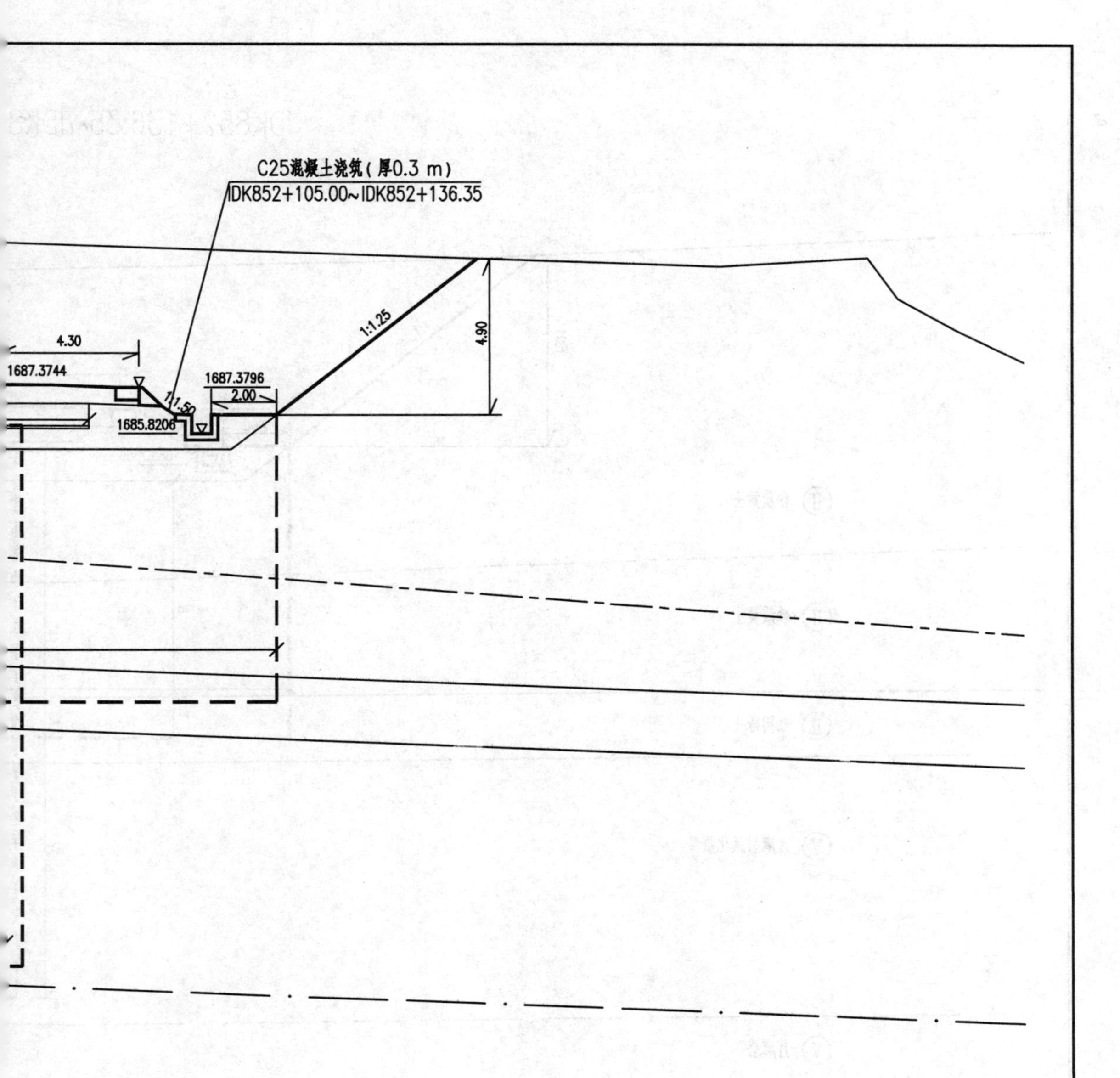

	图号	宝兰客专道路 02-07-28-07
察设计院集团有限公司新建铁路宝鸡至兰州客运专线施工图	比例尺	1 ： 200
5~IDK852+136.35 地基处理及路堑坡面防护工程横断面图	日期	2012.11
	第7张　共8张	

IDK852+136.35~IDK8

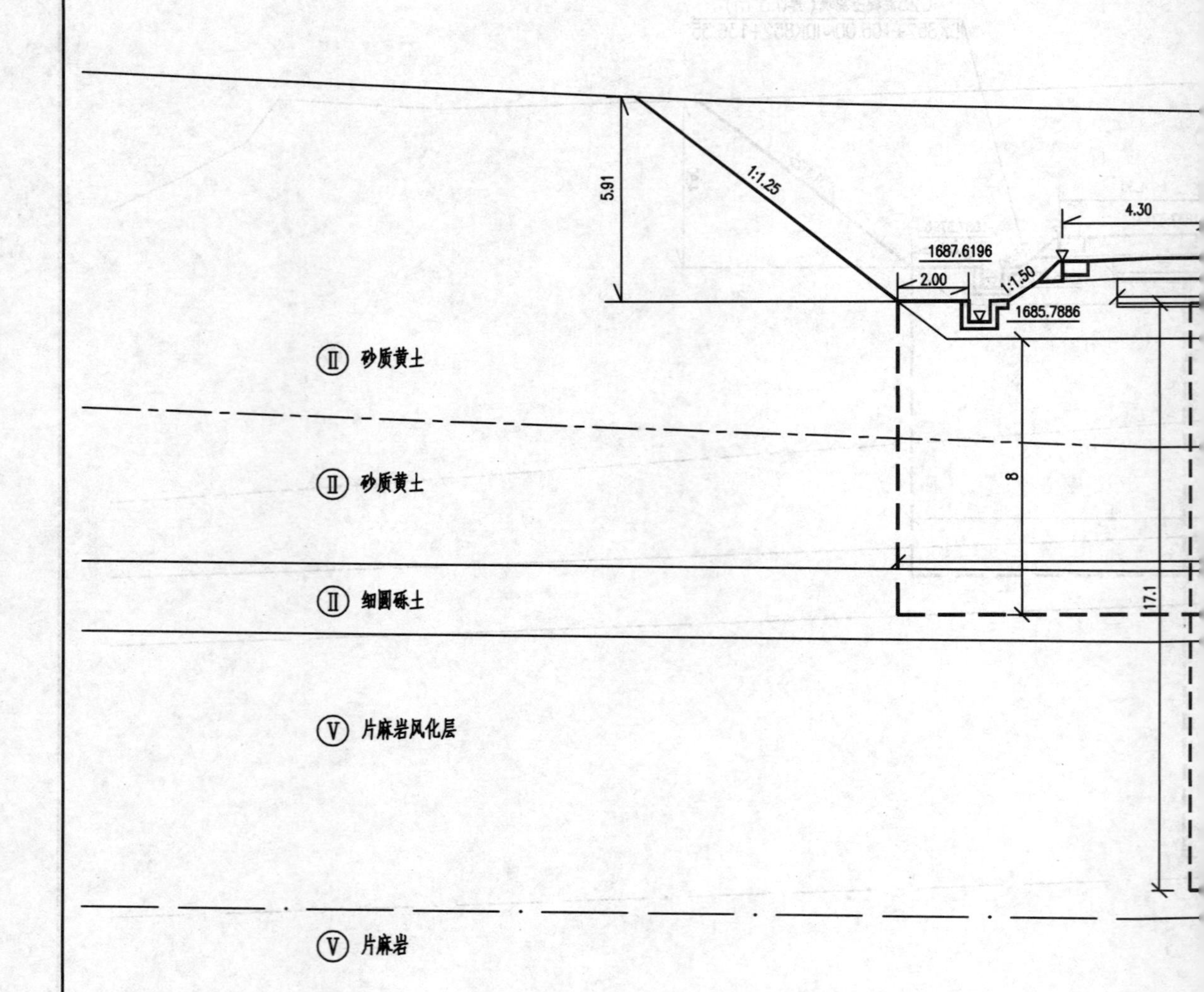

IDK 852

设计者	
复核者	郭钢
审核者	
审定者	

—DK848+228中川村牛谷河大桥

桥

线施工图

谷河大桥

48+228

一册

专施桥43

有限公司

×××

序号	图名
1	封面
2	目录
3	全桥总布置图
4	桥址平面图

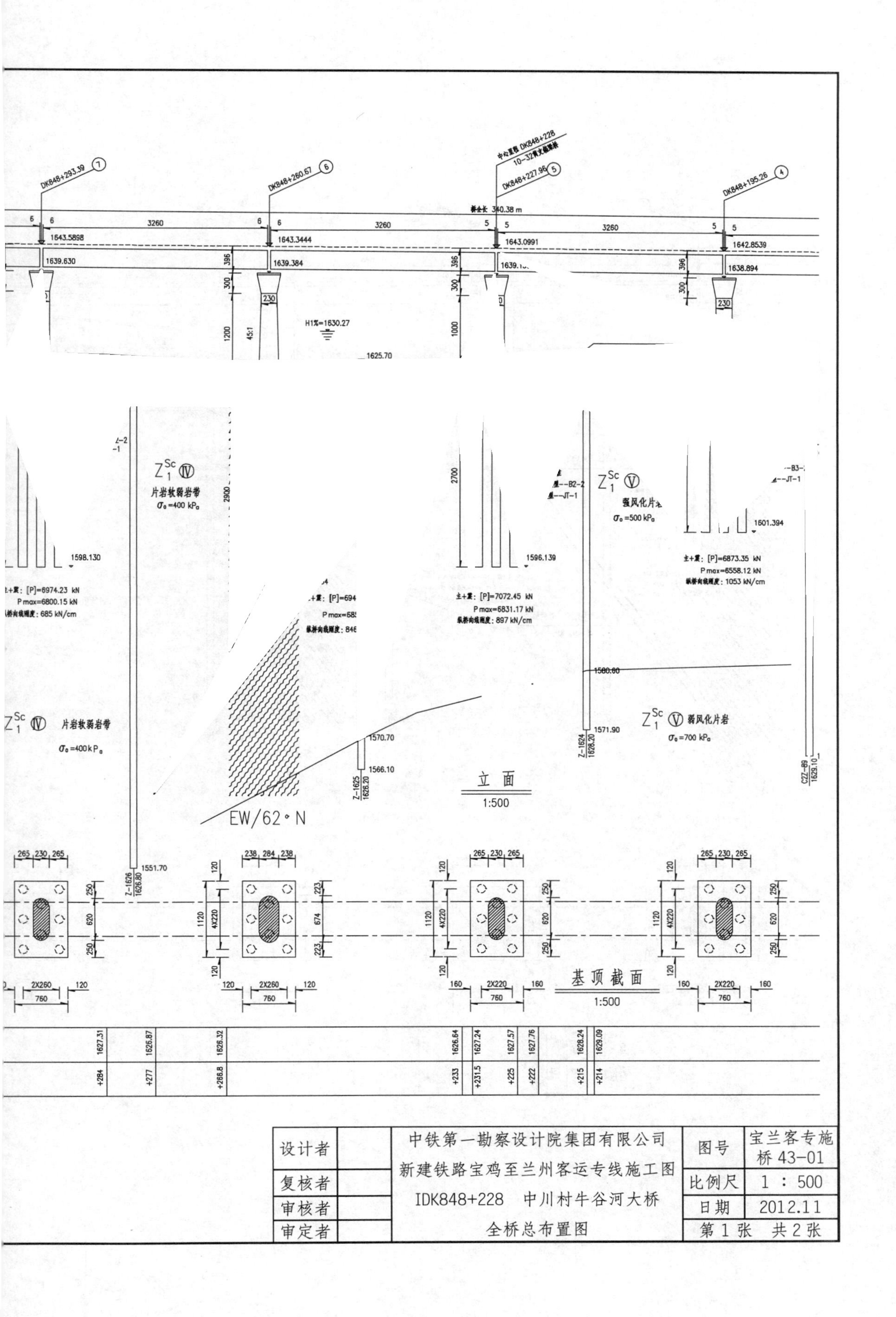

DK848+293.39 ⑦
DK848+260.67 ⑥
中心里程 DK848+228
10-32m简支箱梁桥
DK848+227.96 ⑤
DK848+195.26 ④
桥全长 340.38 m
3260
1643.5898
1643.3444
1643.0991
1642.8539
1639.630
1639.384
1638.894
H1%=1630.27
1625.70
片岩软弱岩带
σ₀=400 kPa
强风化片岩
σ₀=500 kPa
弱风化片岩
σ₀=700 kPa
1598.130
1596.139
1601.394
主+附: [P]=6974.23 kN
Pmax=6800.15 kN
纵桥向线刚度: 685 kN/cm
主+附: [P]=7072.45 kN
Pmax=6831.17 kN
纵桥向线刚度: 897 kN/cm
主+附: [P]=6873.35 kN
Pmax=6558.12 kN
纵桥向线刚度: 1053 kN/cm
1580.80
1571.90
1570.70
1566.10
1551.70
EW/62°N
立 面
1:500
基顶截面
1:500
设计者
复核者
审核者
审定者
中铁第一勘察设计院集团有限公司
新建铁路宝鸡至兰州客运专线施工图
IDK848+228 中川村牛谷河大桥
全桥总布置图
图号
宝兰客专施桥 43-01
比例尺
1 : 500
日期
2012.11
第 1 张 共 2 张

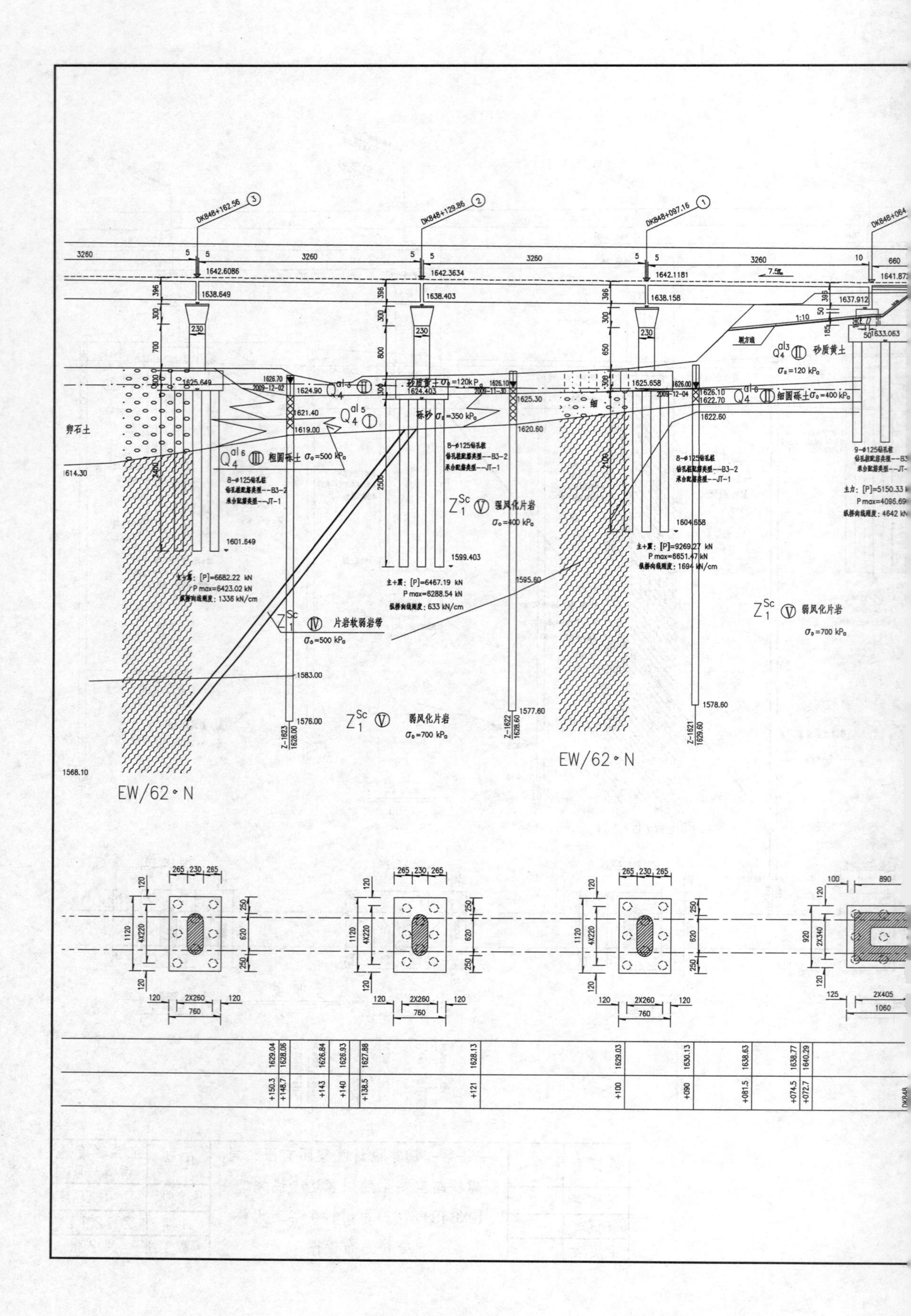

DK848+162.56
DK848+129.86
DK848+097.16
DK848+064
3260
1642.6086
1642.3634
1642.1181
1641.872
1638.649
1638.403
1638.158
1637.912
1625.649
1624.403
1625.658
1633.063
卵石土
粗圆砾土 σ_0=500 kPa
砂质黄土 σ_0=120 kPa
细圆砾土 σ_0=400 kPa
砾砂 σ_0=350 kPa
弱风化片岩
σ_0=400 kPa
片岩软弱岩带
σ_0=500 kPa
弱风化片岩
σ_0=700 kPa
1601.649
1599.403
1604.658
主+震：[P]=6682.22 kN
P max=6423.02 kN
纵桥向线刚度：1336 kN/cm
主+震：[P]=6467.19 kN
P max=6288.54 kN
纵桥向线刚度：633 kN/cm
主+震：[P]=9269.27 kN
P max=8651.47 kN
纵桥向线刚度：1694 kN/cm
主力：[P]=5150.33 kN
P max=4096.69
纵桥向线刚度：4642 kN
1583.00
1576.00
1577.60
1578.60
1568.10
1614.30
Z-1623
Z-1622
Z-1621
EW/62°N
EW/62°N

续表

	工程项目			部位及说明	单位	合计
	挖基	土石	0~3 m 土/石	不带挡土板 无水	m^3	1 100/
			0~3 m 土/石	不带挡土板 有水	m^3	
			0~6 m 土/石	不带挡土板 无水	m^3	3 890/
			0~6 m 土/石	不带挡土板 有水	m^3	
			$H>6$ m 土/石	不带挡土板 无水	m^3	
			$H>6$ m 土/石	不带挡土板 有水	m^3	
	基坑回填	土（利用方）		基坑回填	m^3	1 100
		C15混凝土/3：7灰土		基坑回填（台后）	m^3	89.7/560
	刷方石/土				m^3	
	C25混凝土			台尾人行道与路肩连接	m^3	4.8
	锥体	干砌片石			m^3	17.0
		M10浆砌片石		坡面铺砌	m^3	65.3
属		碎石垫层		坡面铺砌	m^3	15.7
		M10浆砌片石		锥体基础	m^3	14.1
程		夯填土		锥体组填料	m^3	270
	草袋围堰				m^3	1 200
	检查梯	C25混凝土		台尾路基边披	m^3	20.8
	挖基土/石				m^3	
	回填土				m^3	

设计者		中铁第一勘察设计院集团有限公司 新建铁路宝鸡至兰州客运专线施工图 IDK848+228 中川村牛谷河大桥 全桥总布置图	图号	宝兰客专施桥43-01
复核者			比例尺	1 ： 500
审核者			日期	2012.11
审定者			第1张	共2张

主要工程数量表（二）

工程项目		部位及说明		单位	数量
主体工程	排水设施	PVC 排水管	外径 180 mm；壁厚 8.6 mm	m	30
		弯管	外径 180 mm	个	8
		管卡	50×3×515 mm	套	16
		M12 螺栓预埋件		套	16
		汇水口处铺砌	C20 混凝土	m^3	1
	综合接地	明挖基础接地钢筋	HRB335(ϕ＞10mm)	kg	
		接地钢筋	HRB335(ϕ＞10mm)	kg	123.2
		接地端子		个	121
		不锈钢连接线	200 m^2	m	44
		M16 带帽螺栓		套	121
	墩台	墩顶预埋钢料	移动模架施工用	kg	13 200
	泥浆外运			m^3	2 740.3
	弃土外运			m^3	4 220
	桩基检测（桩长＜40 m）			根	90
	桩基检测（桩长＜40 m）			根	
附属工程	锥体	PVC 泄水管	锥体坡面泄水管	m	55
	刷方	土		m^3	2 290
		石		m^3	
	边坡防护	排水侧沟	C25 钢筋混凝土	m^3	45.5
			HRB335 ϕ＞10	kg	1 346.8
			C25 混凝土	m^3	32.8
			沥青麻筋	m^2	71.0
			挖基土	m^3	91
			3 : 7 灰土	m^3	145
		M10 浆砌片石		m^3	303
		碎石垫层		m^3	10.6
	河岸防护	M10 浆砌片石		m^3	
		碎石垫层		m^3	
		C25 混凝土		m^3	1 300
		夯填土		m^3	13 000
	限高架（桁架式）（宽 B=7，高 H=4.5）			个	

集中排水方式，构造详
列。
可靠防护缓冲设施，构

拉槽开挖部分设纵向排
过程中可以根据实际地
冲刷桥墩，拉槽开挖及

对刷方后的坡面进行
方式相同，沿桥梁纵向
水引致沟底排出；数量

后，基坑应及时用不
分层夯分填，高出原地
缘范围，数量已计列。
路、沟渠，保证车辆正

下游 100 m，左岸上
业设计图，数量已计列。
2009）9301”施工，数

柱基础条件，具体位置
筋见梁部通用参考图。
及预留位置见通信、信
预留电缆上下桥条件按
下桥槽道按相关参考图

的里程范围和侧向见环
消该处桥面栏杆，预留
专业设计文件，但单侧

包含桥面遮板、栏杆、
保护层，梁缝位置均设
伸缩缝构造详见“通桥

26. 其他施工注意事项。

（1）施工时，必须满足有关施工规范及相关技术要求的规定。

（2）施工前应探明各类地下管线位置，严禁盲目施工而危及管线安全。

（3）斜坡上的桥墩台基础应严格按照先下后上的施工顺序施工，下坡方向的桥墩基础施工完成后，才能开始上坡方向桥墩基础施工，下坡方向的桥墩基坑应按照设计的基坑开挖边坡线，回填线及边坡防护进行施工，如与设计文件不符，应及时通知设计单位研究处理。

（4）为防止桥墩偏压现象，影响桥墩安全，桥下不得随意弃碴，弃碴应就近弃至弃碴场，严禁向沟、河、湖、塘、农田内弃碴，以免污染环境。

（5）当周围大气温度与养护中的混凝土表面温度之差超过 20 ℃时，混凝土必须覆盖保温。

（6）冬季浇筑混凝土时，混凝土入模温度不低于 10 ℃，夏季混凝土入模温度不宜高于气温且不超过 30 ℃。

（7）新浇混凝土结构如承台、墩台身等应及时做好防排水处理，混凝土浇筑后 7 日之内不得受雨水或其他水源浸泡。

（8）本桥位于寒冷地区，桥涵结构各部位混凝土最大水胶比，胶凝材料最低用量以及混凝土中引气剂掺量，混凝土含气量等应严格按有关要求办理，以达到桥涵结构混凝土耐久性要求。

（9）墩台施工完成后，支座锚栓孔等预留孔应排除杂物，积水后将孔口临时封闭，待架梁或安装支架前，打开预留孔冲洗干净后方可进行安装，杆件安装后应及时采用砂浆或混凝土灌注封闭，预留的孔径及深度，应与安装杆件的尺寸和长度相适应，不得随意加大、加深。

（10）湿陷性黄土地区的基础避免在雨期施工，如必须在雨期施工时，应有专门的防洪排水措施，保证基坑不受水浸泡，混凝土养生水也应注意不得浸泡基坑，换填土和回填土不应采用渗水土。

27. 本图未尽事宜应按有关规范规定办理。

设计者		中铁第一勘察设计院集团有限公司 新建铁路宝鸡至兰州客运专线施工图	图号	宝兰客专施 桥 43-01
复核者			比例尺	1 ： 500
审核者		IDK848+228　中川村牛谷河大桥	日期	2012.11
审定者		全桥总布置图	第 1 张　共 2 张	

项目编辑 | 瞿义勇
策划编辑 | 李　鹏
封面设计 | 易细文化

免费电子教案下载地址
www.bitpress.com.cn

北京理工大学出版社
BEIJING INSTITUTE OF TECHNOLOGY PRESS

通信地址：北京市丰台区四合庄路6号
邮政编码：100070
电话：010-68914026 68944437
网址：www.bitpress.com.cn

关注理工职教
获取优质学习资源

ISBN 978-7-5763-3567-5

定价：58.00元
（含配套图纸）